KB265792

광복 후 북한현대문학 연구

광복 후 북한현대문학 연구

광복 후 북한현대문학 연구

선우상열

도서출판 역락

들어가는 말

　광복 후 북한* 현대문학에서 가장 굵은 선으로 안겨 오는 것이 이 수령문학이다. 수령형상문학을 떠나서는 북한 현대문학을 이해할 수 없다는 말이 되겠다. 앞으로 통일문학사를 쓰는데도 이것은 중요한 한 갈래가 되겠다. 그래서 필자는 나름대로 이 부분 연구를 시작했다. 좀 늦은 감이 들기는 했으나 일종 사명감이 북받쳐 올라 최선을 다했다.

　저의 보잘 것 없는 논저이나마 오늘 이렇게 햇빛을 보게 해 준 역락출판사 이대현 사장님 그리고 이은희 편집실장님께 진심으로 고맙게 생각하는 바이다.

　본 저서의 내용구성 면의 이해를 돕기 위해 여기서 우선 필자가 수령문학이라고 명명한 개념적 내연과 외연을 밝혀 두는 것이 논리적 순서로 되겠다. 수령문학이라고 한데는 다음과 같은 내연적 의미로 씌었다. 첫째, 작품에 직접 창조된 수령과 준수령 형상들을 가리킨다. 수령이라 할 때 북한에서는 1차적으로는 물론 명실공히 수령으로 떠받들린 김일성·김정일 부자를 가리키고, 2차적으로는 이들의 후광을 입어 준수령으로 받들리고 있는 김씨가문 사람(김

---

* 필자는 본 저서에서 「북한」과 「조선」을 혼용하여 쓸 때가 있는데 구체적인 문맥에서 그 지칭하는 바를 파악하기 바란다.

일성일가)들을 가리킨다. 북한에서는 필자가 말한 1차적인 수령만 수령이라 하고 2차적인 준수령같은 개념은 없다. 그러나 북한에서 실제상 김씨 가문사람들이 수령 다음으로 떠받들리고 있는 상황을 고려할 때 필자가 정립한 준수령 개념이 타당할 줄로 안다. 둘째, 수령과 준수령들이 창작한 문학작품을 가리킨다. 북한의 수령과 준수령들 속에는 문학적 재질이 뛰어난 분들이 많은 지라 직접 창작한 문학작품을 선보이고 있다. 수령문학이라고 한데는 다음과 같은 외연적 의미로 씌었다. 무릇 문학작품에 부각된 김일성·김정일 부자를 비롯한 김씨가문의 모든 사람들 및 이들이 부각된 모든 문학장르 그리고 이들이 직접 창작한 모든 문학작품을 가리킨다. 본 저서의 「제1편(1)」에서는 문학작품에 직접 부각된 수령형상을 연구한다는 차원에서 「수령형상창조문학연구」라고 명명했다. 「제1편(2)」에서는 「제1편」의 속편으로 문학작품에 직접 부각된 준수령형상들을 연구한다는 차원에서 「준수령형상창조문학연구」라고 명명했다. 「제2편」에서는 수령과 준수령들이 창작한 문학작품에 대해 연구한다는 차원에서 「수령과 준수령들이 창작한 문학작품연구」라고 명명했다.

그리고 「부록 1」로 총서 관련 주요 작가들의 개황을 소개하고 「부록 2」로 「한국-조선 문학사관계 북한 주요 학위 논문일람표」를 실었다. 워낙 어렵게 얻어 본 「논문일람표」인지라 불완전할지라도 여기에 싣도록 했다. 아울러 중국 측 한국-조선 문학사연구의 일단을 잘 보여줄 수 있는 것으로 사료되는 「한국-조선 문학사관계 중국 주요 학위 논문일람표」도 싣도록 했다.

선우상열

제1편(2) 김씨가문성원들의 문학형상일별

제2편 수령 및 준수령들이 창작한 문학작품 연구

부 록

제1편 (1)

수령 형상 창조문학 연구

수령이라 할 때 정치수령, 종교수령, 문화수령 등 여러 가지로 상정해 볼 수 있을 것이다. 필자가 본 논문에서 거론하는 수령은 막강한 파워로 전반 사회를 리드해 가는 정치수령을 가리킴을 일단 여기서 밝혀두는 바이다.

수령과 문학의 관계도 여러 가지로 상정해 볼 수 있을 것이다. 그러나 그 기본 관계 양상은 수령의 문학에 대한 관여, 참여와 문학의 수령에 대한 형상화문제로 정립해 볼 수 있다. 필자는 본 논문에서 후자 즉 문학의 수령에 대한 형상화문제를 다루어 보도록 한다.

문학의 수령에 대한 형상화 문제, 동서고금을 막론하고 문학사의 보편적인 한 현상이다. 민족의 원형질과 얽히고 섥힌 많은 신화전설 속의 신성한 존재로 눈부시게 군림하는 始祖, 國祖들 및 그 후세들의 문학적 형상화 그리고 조대가 바뀔 때마다 쏟아져 나오는 歌功頌德의 송가는 그 한 보기로 되겠다. 그런데 그 후세들의 문학적 형상화는 때로는 초라한 부정적인 모습으로 안겨오기도 한다. 중국고대문학사에 백거이의 장시 <장한가>1)를 비롯하여 면면히 이어져 내려온 여색에 빠져 나라를 망쳐먹은 교훈을 남긴 당명황-李隆基, 조선고대문학사의 원형이미지로 줄기차게 노래되어 온 애짭짤한 「님」의 노래 그리고 <임진록>의 피난가기 바빴던 선조임금은 그 한 보기로 되겠다. 이런 것은 좀 고리타분한 옛 임금들2)에 대한 노래나 문학형상화얘기니 우리와 좀 가까운 근현대 수령들에 대한 노래나 문학형상화얘기로 논의를 확대해 보도록 하자. 그렇게 우상을 반대하고 唯我獨尊적인 개성을 추구한다는 근현대의 서양사람들이건만 수령의 문학형상화도 눈에 안 띄이는 것은 아니다. <나플레옹전>, <워싱톤전>, <아, 선장! 우리의 선장님!> 등은 그 보기로 되겠다. <나플레옹전>은 자산계급 법전을 내세워 프랑스 내지는 유럽의 자본주의 기틀을 마련했다는 나플레옹, <워싱톤전>은 미합중국을 세웠다는 건국의 아버지로서 워싱톤을 傳記형상으로 내세워 뭇사람들을 매료하고 있다. <아, 선장! 우리의 선장님!>는 미국이라는 거대한 함선을 풍랑을 헤가르며 운행해 가다가 불의에 거꾸러진 린컨 대통령에 대한 다함없는 추모의 정을 토로하고 있다. 이렇게 놓고 볼 때 수령의 문학형상화를 마치 사회주의 나라에서 개인숭배를 위해 벌인 부정적인 특유한 문학현상으로 매도하려는 학계의 일부 논조는 어불성설이다. 물론 사회주의 나라들에서 독특한 정치체제 및 인문환경 등으로 말미암아 수령의 문학형상화가 돋보이고 있음은 더 말할 것도 없다. 사회주의 시조인 구소련의 경우를 보면 건국시조로서의 레닌, 소비에트공화국의 키잡이로서의 스탈린에 대한 문학형상화가 단연 돋보인다.

---

1) 당명황의 애짭짤한 사랑얘기는 안사의난이 있은 후부터 우선 민간에 널리 유전되기 시작했다. 그러다가 문인들의 작품에도 자주 올랐다. 그 대표적 작품들을 꼽아 보면 당조 때 백거이의 장시 <장한가>외에 전기소설 <장한가전>, 송조 때 <양태전외전>, 원조 때 백박의 작품 <오동우>, 명조 때 오세미의 극작품 <경홍기>, 청조 때 홍승의 극작품 <장생전>을 수 있다.

2) 필자는 이런 옛임금들의 문학형상도 본 논문의 넓은 의미에서의 수령형상창조문학 범주에 드는 것으로 보고 있다. 물론 이런 옛임금들이 근현대적 수령의 의미와 본질적으로 동질의 것은 아니다. 그러나 그것이 異質同構적인 상사형을 나타내고 있다 할 때 동일범주로 취급해도 무방할 줄로 안다. 이런 각도에서 놓고 볼 때 수령의 문학형상화는 시대적, 민족적, 계급적 차이에 관계없이 본 논문의 연구대상으로 될 수 있다. 그러나 본 논문은 어디까지나 북한의 수령형상-김부자형상을 대상으로 논의를 전개하는 만큼 이 부류의 다른 형상은 거저 언급하는데 거치고 말도록 한다.

이를테면 1920년 레닌의 50탄신을 맞으며 쓴 <울라지미르 일리치>, 1923년 3월에 레닌이 중병으로 앓고 있다는 소식을 듣고 쓴 <우리는 믿을 수 없다>, 1924년 1월 21일 레닌이 서거하자 쓴 <공청단의 노래>, 그리고 장편서사시 <레닌> 등 마야꼽스키의 레닌을 노래한 일련의 호방한 시작과 막심·고리키가 쓴 <레닌에 대한 회상> 등 실화문학이 구소련에서 수령송가의 전편을 이룬다면 제2차 세계대전 때 파시즘독일을 물리친 스딸린의 공적을 노래한 일련의 스탈린송가들은 그 후편을 이룬다 하겠다. 중국의 경우를 놓고 보면 일찍 1940년대 延安해방구에서 모택동을 동방에 솟는 태양으로 비유한 섭북민요조의 <東方紅> 노래가 불리서부터 지금도 모택동에 대한 다함없는 그리움의 노래로 사람들 속에서 울려퍼지고 있다. 그리고 모택동을 망망대해에서 항행할 때의 타수로 비긴 <大海航行靠舵手>도 일대 추억을 불러일으키며 사람들 속에서 불리고 있다. 그리고 근간에 모택동으로부터 등소평에 이르는 혁명1세대 수령들의 혁명 활동 및 업적에 대한 문학형상화가 심심찮게 눈에 띈다. 모택동의 신출귀몰하는 전략전술을 보여준 시나리오 <大決戰>, 등소평의 휘황찬란하고 위대한 일생을 보여주고 있는 <鄧小平紅相冊(上·下)>3)가 그 보기로 되겠다.

북한에서 수령형상창조문학은 일찍 1928년에 김일성을 조선의 희망의 별로 노래한 <조선의 별>로부터 수령형상창조문학의 시발점을 이루고 광복 후 <김일성장군의 노래>를 비롯한 대량의 송가작품이 창작되고 그 다음 1950~60년대 계속 이어져 내려오다가 1970년대에 들어서 조직적인 본격화로 나가면서 김일성을 부각한 총서 「불멸의 역사」가 창작됨은 물론 1990년대부터는 김정일을 부각한 총서 「불멸의 향도」도 창작되고 있다. 그리고 수령형상창조에 관한 일련의 이론이 창조되기도 했다.

이상 문학사적 현상을 약간 정리해 보면 우리는 수령의 문학형상화는 그 어떤 필연률이 내재해 있음을 알 수 있다. 수령은 그 자체의 희소가치 그리고 사회정치 및 문화심리 등 복합적인 요소들의 유기적인 작용하에 문학작품의 한 단골 제재로 됨을 알 수 있다. 그리고 그것은 단지 긍정적

---

3) 중공중앙문헌연구실 편저, 중공당사출판사 1998년 9월.

형상만이 아닌 부정적인 형상으로도 창조됨을 알 수 있다.

필자가 본 논문에서 광복 후 북한현대문학에서의 수령형상창조문학에 대한 접근을 시도한 것은 다음과 같은 나름대로의 이유 때문이다.

첫째, 종적인 차원에서 볼 때 이 시기 북한현대문학에서 수령형상창조문학은 점차 주되는 흐름을 이루고 상승선을 그으며 시종일관 관통되어 왔기 때문이다.

둘째, 횡적인 차원에서 볼 때 이 시기 북한현대문학에서 수령형상창조문학은 거의 문학의 모든 장르에 걸쳐 창작되었으며 총서라는 독특한 형식을 개발해 내기도 했기 때문이다.

한마디로 말하여 광복 후 북한현대문학에서의 수령형상창조문학은 그 양과 질, 폭과 심도 등 여러 면에 있어서 세계상 그 유례를 찾아 볼 수 없는 가히 이 시기 북한문학을 대표할 수 있는 특이성이 있기 때문이다.

이렇게 놓고 볼 때 광복 후 북한현대문학에서의 수령형상창조문학을 떠나 이 시기 북한문학을 이해한다는 것은 本末을 전도하는 愚를 범할 수 있다.

광복 후 북한현대문학에서의 수령형상창조문학에 관한 연구는 북한 자체 내에서는 나름대로 연구가 되고 있으나 그 외의 곳에서는 아직 활발한 연구가 되지 않고 있다. 남북통일의 문학의 장을 열어가기 위해서도 이 수령형상창조문학에 대한 다각적인 연구는 시급히 필요하다. 그래서 필자는 이런 다각적인 연구를 촉구하는 하나의 試論으로서 가치론적인 판단을 앞세우기보다는 1차적으로 광복 후 북한현대문학에서의 수령형상창조문학에 대해 주로 사회구조 등 여러 시각과 차원에서 그 생성원인을 규명하면서 본격적인 접근을 위한 바탕을 마련하도록 한다. 그 다음 2차적으로 사실적인 소개 및 그 특성을 밝히면서 본격적인 접근을 시도해보도록 한다. 그리고 그 본격적인 논의에 있어서는 광복 후 북한현대문학에서 수령형상창조문학을 집대성하고 대표할 수 있는 총서 작품을 중점으로 다루었음을 밝혀두는 바이다.

1. 북한의 수령형상창조문학

　필자가 여기서 수령이라는 말을 김일성·김정일 부자를 가리키는 특정 개념으로 사용함을 밝혀 둔다. 광복 후 북한현대문학고찰에서 수령형상은 한 개 독특한 문학현상으로 안겨 온다. 그것은 독특한 역사시점에서 시작되어 주요 흐름을 이루면서 날이 갈수록 상승선을 그어 왔다. 그것은 김일성이 권력의 권좌에 오르고 개인우상화의 카리스마적인 신적인 존재로 나아가면서 동반된 문학현상으로 보아 무방하다. 그것은 현재도 계속되고 있는 일종 문학적 우상금자탑이다. 실로 수령형상을 떠나 북한현대문학을 운운할 여지는 없다. 수령형상을 빼면 북한현대문학은 텅텅 비게 된다. 그럴진대 우리는 그것이 좋든 궂든 일단은 접하고 알아야 하며 나아가서는 연구를 해야 한다. 이것이 통일문학을 열어 가는 전제 조건이다.

1.1 연구상황

　광복 후 북한현대문학에서의 수령형상문학에 대한 연구는 상반되는 두 극단을 달리고 있다. 북한 자체에서는 이 세상 최고 문학으로 하늘만큼 올리추고 있음은 더 말할 것도 없다. 수령형상문학연구가 모든 연구의 으뜸으로 취급되고 있다. 너도나도 경쟁적으로 하고 있음에도 불구하고 연구 시각, 이론 및 방법이 획일적이고 따분함은 더 말할 것도 없다. 세계적인 시각, 문학본체론적인 시각보다는 「우리 식」4)의 틀 속에서 자화자찬의 좋을씨구 뿐이다. <수령형상문학>, <송가문학연구>, <총서 「불멸의 역사」 연구> 등은 그 보기로 되겠다. 북한을 제외한 지역의 경우를 보면 대개 개인숭배, 개인미신으로부터 초래된 개념화, 도식화된 작품들이라는 선입견을 가지고 일고의 가치도 없는 것으로 북한수령형상문학을

---

4) 여기서는 이른 바 북한의 독창적인 「주체문예학」을 가리킨다.

매도해 버리거나 거저 거론하는 정도에 거치고 말았지 별로 구체적이고 심도 있는 논의는 전개되지 못한 줄로 안다. 그런데 한국에서 1987년부터 북한서적에 대해 해금이 되면서 근래에 수령문학 관련 북한 작품들이 한국에서 선을 보여 사람들의 눈을 끌며 서서히 활발한 연구의 국면이 나타나고 있다. 김일성이 창작했다는 극작품 <피바다>, <꽃피는 처녀>를 북한 4·15문학창작단에서 소설로 각색한 것을 한국에서 재판한 것이나 <북한문학의 역사적 이해>(김재용, 문학과지성사 1994. 7), <북한문학사론>(김윤식, 새미 1996. 1)은 그 한 보기가 되겠다. 북한수령형상문학이 북한현대문학을 이해하는 키포인트로 된다고 할 때 이는 바람직한 상태가 아니다. 우리는 북한과는 다른 시각, 이론 및 방법으로 그것을 연구하여 그 실상에 접근하여야 한다.

필자는 이런 취지하에서 북한수령형상문학연구를 일단은 시작해 놓고 본다는 알량함으로 필을 들었다.

1.2 북한에서 수령형상창조문학의

사회구조적 등 여러 시각의 접근

여기서는 북한의 수령형상창조문학에 대해 주로 사회구조적, 국제정치관계학적, 문화심리학적, 문학도구론적 차원에서 그 생성원인을 규명해 보도록 한다.

1) 사회구조적 접근

조선은 기원 전후 3국 시대로부터 20세기 말까지 장장 2천년의 봉건사회 역사를 가지고 있다. 봉건사회는 한마디로 말하여 가부장제 사회다. 家를 보면 정상에 嚴父가 좌정해 있고 그 중간에 慈母가 아래위를 돌보고 있으며 최하층에 孝子孝女가 포복하고 있는 피라미드 구조를 이루고 있다. 國을 보면 정상에 仁君이 좌정해 있고 그 중간에 淸白吏가 아래위를 돌보고 있으며 최하층에 백성들이 포복하고 있는 피라미드 구조를 이루고 있다. 보다시피 家國은 상사형을 이루고 있다. 國을 家의 확대판으로 보면 된다. 그래서 君은 父이요, 臣은 母요, 百姓은 子요하는 신라 향가 <安民歌>가 자연스럽게 흘러나올 수 있었던 것이다. 그러나 가부장제 사회는 어디까지나 가부장의 一言堂이 통판치는 사회다. 지엄한 아버지, 임금은 최고 권위를 가지는 우상적인 존재다. 그러니 집에서는 아버지에게, 나가서는 임금에게 무조건적인 복종과 모심이 강요된다. 이른바 권위주의의 지고무상 대 노예주의의 전전긍긍의 양극단의 사회구도를 이룬다. 여기에 父나 君, 母나 臣의 의식적·무의식적인 화기애애한 혈연적 가족부위기 조성은 이런 사회구도를 封建이라는 봉폐된 울타리 속에 강력하게 접착시킨다. 신라 향가 <安民歌>에서 君은 父로서 백성들을 어엿비 여기면 백성들은 다른 데로 가지 않고 고스란히 모여든다는 얘기는 그간의 사정을 잘 말해주고 있다. 이로부터 백성들은 무의식적인 내심의 감동과 공감 속에 國父·國母를 인지하며 만세 만만세를 고창하게 된다.

마르쿠스는 이를 가리켜 중세기 아세아적 全體主義와 專制主義라고 개괄하고 있다. 정치면에서의 이런 아세아적 全體主義와 專制主義는 유럽의 경우와 매우 좋은 대조를 이루고 있다. 유럽의 경우를 보면 원래 기사들의 사적인 徒黨이 점차 국가적인 공적인 통치기구로 발전해 가기는 했지만 그 어떤 통일적인 강력한 왕권중심을 형성한 것은 아니었다. 그것은 大一統이 깨어진 상황하에 놓여있는 상대적 독립성을 가진 나름대로의 지역적 조직이었다. 따라서 그것은 지역분권제로 나아갔으며 지역적인 민주화가 추진되었다. 즉 정치면에서 본 유럽 봉건제도의 특징은 그것이 기사계층에 의한 지방분권적인 통치제도였다. 중앙집권적인 全體主義와 專制主義에 따른 권위주의가 형성되지 못했다는 말이 되겠다. 유럽에 있어서의 도시국가의 생성발전은 그간의 사정을 잘 말해주고 있다. 그리고 중세기 유럽에 있어서의 신성로마교회의 교황으로 상징되는 敎權과 세속왕권의 병립, 제휴 및 상호 견제는 중앙집권적인 全體主義와 專制主義가 형성될 소지가 그 만큼 미약했다. 한마디로 유럽의 지방분권적인 평등,

자유는 자산계급적 근현대 사상을 일찍 싹트고 빨리 퍼져나갈 수 있게 했던 것이다. 아세아에 있어서 이런 全體主義와 專制主義는 근현대에 들어서면서 다분히 자산계급적 색채를 띤 자유, 민주, 평등, 박애, 개성 등의 요구에 의해 큰 충격을 받으며 무너지기 시작했다. 조선에서도 미약하게 나마 이런 태동은 있었다. 조선조말기에 이르러 조선 자체내의 자본주의경제 요소의 맹아, 발전 및 北學을 통한 서양문물의 접촉 그리고 제국주의열강들의 강제적인 문호개방압력 등등 주객관적 요인들은 피동적이나마 조선조도 역사의 필연에 눈띄게 했으며 순응하기 위해 노력했다.官邊측으로부터의 1884년 갑신정변의 「3일천하」, 1894년 갑오경장, 1909년의 광무개혁 이 세 차례에 걸친 근대적 지향의 개혁 그리고 애국지사들의 자발적인 문화계몽운동 및 교육구국운동은 그간의 사정을 잘 말해준다. 그런데 극악한 일제의 식민지병탄 때문에 조선의 근대화 지향은 꺾이고 말았다. 조선근현대사는 민족모순이 항상 사회의 주요 모순으로 되어 있었기에 이런 아세아적 全體主義와 專制主義를 청산하기는커녕 오히려 이것이 민족의 구심점이 된 만큼 더 조장된 감을 준다. 고종황제의 붕어가 일제를 향한 전민족적인 울분의 분출구가 되고 1919년 3·1운동 때 반봉건적이기보다는 반식민지적인 전민족적 궐기가 이것을 잘 말해준다. 이것은 중국의 1919년 5·4운동의 경우와 매우 좋은 대조를 이룬다. 중국의 5·4운동은 신문화운동 때로부터 선각자들이 내건 반제반봉건의 민주와 과학의 기치가 전반 중화민족의 공감대 속에서 고양되었던 것이다. 그러나 조선은 일제의 식민지통치에 따른 神祠참배, 경례日天皇같은 奴化교육의 심화 및 병참기지에로의 전환 때문에 민주와 과학같은 진정한 의미에서의 현대적인 가치관들이 정립될 사이도 없이 전근대적인 아세아적 全體主義와 專制主義가 더 조장되었다.

그러다가 1945년 광복 후 북에서의 사회주의제도건립은 이런 봉건적인 아세아적 全體主義와 專制主義를 부정하고 새로운 의미의 사회주의적 全體主義와 專制主義를 형성했다. 이를테면 사회주의사회에서의 중앙집권제적 專制主義, 공유제를 기초로 한 全體主義가 이루어졌던 것이다. 물론 봉건적 全體主義와 專制主義를 사회주의적 全體主義와 專制主義에 비길 때 외형상 상사형을 이루고 있다하더라도 본질상에 있어서는 상당히 다른 면모를 보이고 있다. 봉건적 全體主義가 내실을 기하지 못한 일종 허위적 색채를 띠고 있는 것이라면 사회주의적 全體主義는 근본이익이 일치한 전제 조건하에서 위력을 발휘할 수 있는 내실을 기하고 있다. 사회주의 혁명과 건설의 초기 단계에 있어서 백성들의 충천하는 열정은 이를 잘 말해주고 있다. 그리고 봉건적 專制主義는 맹목적인 세습 및 절대적 지위에 있는 君 자체의 昏暗으로 쉽사리 폭정으로 흐른다. 그러나 사회주의적 專制主義는 수령 자체의 通才적인 리드쉽 및 여러 감독기관이 가동되기에 현대 민주정치와 직결되어 있다. 사회주의 혁명과 건설의 초기 단계에 있어서 토지개혁을 비롯한 제반 민주개혁 및 절대 다수 백성들의 대폭적인 지지는 이를 잘 말해주고 있다. 그러나 봉건주의나 사회주의를 막론하고 이런 全體主義는 개인이익, 개성을 홀시하고 무시하는 맹점이 있어 몰개성적인 도구를 量産하기 쉽고 專制主義는 장기집권이라는 산파를 통해 권위주의에 맹종하는 시녀를 낳기 쉽다. 이런 全體主義와 專制主義 사회형태에 있어서 사람들의 보편적인 의타심 그리고 사회주의사회에서 수령은 일 개인이 아니고 어디까지나 집단이라는 수령집단 내지는 당을 강조했음에도 불구하고 쉽게 개인미신, 개인숭배가 조장되는 것은 바로 그간의 사정을 잘 말해주고 있다. 북한에서 全體主義는 수령, 당, 대중의 일심단결의 사회정치적 생명체로 표현된다. 專制主義는 수령이 이런 사회정치적 생명체의 뇌수로 군림하는 데서 나타난다. 이로부터 전반 사회적 분위기가 하나의 대가정과도 같다. 북한에서 1960년대부터 잘 불러진 '하늘은 푸르고 내 마음 즐겁다/손풍금 소리 울려라/사람들 화목하게 사는/내 조국 한없이 좋네/우리의 아버지 김일성원수님/우리의 집은 당의 품/우리는 모두다 친형제/세상에 부럼없어'5)라는 <세상에 부럼 없으라>(집체작)는 이 대가정의 좋은 주석으로 된다. 북한에서 강조되는 충효의 논리도 이런 맥락에서 충분히 이해된다. 이런 全體主義와 專制主義에 입각

---

5) 본 저서의 통속성을 기하기 위하여 북한작품인용은 필자가 될 수 있는 한 한국식으로 고쳤다.

한 대가정적인 분위기 속에서 자연스럽게 우러러 나오는 수령에 대한 숭배는 수령형상창조문학 형성의 1차적인 바탕이 된다.

2) 국제정치관계학적 접근

한국은 역대로 대국의 틈바구니 속에 부대껴 왔다. 그래서 유럽의 많은 나라들보다 큰 그리 작지 않은 한국이 약하고 초라하게 작게 보였다. 북으로 아세아대륙과 접하고 동으로 일본열도와 임해 있으며 남으로 태평양으로 뚫린 지정학적 위치가 그렇게 만들었다. 어쩌면 숙명적인지도 모른다. 짓궂은 외세의 간섭, 침입은 가뭄이나 홍수 같은 자연재해보다 더 잦았다. 2천년 봉건사회에 800 내지 천여 차례나 되는 외침이 있었다니 2년에 한번 꼴인 셈이다. 세계 최다 기록으로 볼 수 있다. 대충 큰 것만 꼽아 보아도 아득한 고조선시기 漢의 침략, 삼국시기 隋·唐의 침입, 고려 때 거란, 몽고의 침입, 조선조 때의 임진왜란, 병자호란, 근세 열강들의 조선반도에서의 아귀다툼, 일제의 식민지병탄… 육당 최남선의 말을 빌면 조선사람은 한평생 열 번 피난살이를 하지 않고 살 수 있다면 행복한 편이다는 것이다. 너무나 잦은 외세의 집적거림은 韓민족들로 하여금 시시각각 강대국의 눈치를 보게 만들었으며 그기에 상응한 삶의 지혜를 개발해내게 하였다. 그것은 밖으로는 강대국의 역학관계를 이용하는 것이며 안으로는 단일민족의 피줄을 강조하며 똘똘 뭉치는 것이다. 안으로의 내부적인 결집, 이것은 위기극복의 관건이다. 근대사에 있어서 일제에 의한 식민지병탄은 이를 교훈적으로 잘 입증해주고 있다. 김일성은 일찍 1920년대 길림에서의 초기 혁명단계에 종파나 당파를 무어 말싸움이나 하거나 헤게모니를 쥐기 위해 올리 뛰고 내리 뛰며 암투를 벌리는 민족주의자들과 초기 공산주의운동자을 풍자한 연극 <3인1당>을 조직, 공연한 것도 같은 맥락에서 이해할 수 있다. 이런 내부결집을 이루는데는 그 결집의 중심이 필요하다. 그 결집의 중심은 그 어떤 이념 혹은 종교적인 신앙 등등 여러 가지가 될 수 있겠는데 현대 조선에 있어서 그것은 수령으로 부상되었다. 1928년에 나온 김혁이 지은 최초의 김일성송가로 꼽히는 <조선

의 별>에서의 후렴구 '2천만 우리 동포 새별을 보네', 그리고 광복후 대표적인 김일성송가로 꼽히는 1946년 이찬의 <김일성장군의 노래>에서의 후렴구 '아 그 이름도 그리운 우리의 장군/아 그 이름도 빛나는 김일성장군'은 애초부터 강한 김일성의 이미지를 심어주며 전 민족의 희망의 결집중심을 제시하고 있다. 조선은 현재 수령을 중심으로 똘똘 뭉쳐 있다. 조선에서 수령은 그 어떤 개인적인 차원을 떠나서 이미 민족적인 상징매체로 승화되어 있다. 북한에서 많이 외우는 김일성주의, 김일성민족같은 것은 그간의 사정을 잘 말해준다. 그래서 관건적인 시각에 수령결사옹위정신을 총폭탄, 육탄이 되어 행동에 옮기는 사람들이 바로 조선인민들이다. 그러나 안온한 평상시에는 현재 조선에서 가장 많이 불리워지고 있는 노래의 하나인 <하늘처럼 믿고 삽니다>에서처럼 장군님만 하늘처럼 믿고 사는 것이다. 조선에서 자주 듣게 되는 「당신이 없으면 조국도 없다」[6), '우리 운명의 수호자…', '운명을 맡기고 삽니다…' 등등의 운운도 같은 맥락에서 이해할 수 있다.

수령을 민족의 결집중심 및 상징매체로 내세우는 현대 조선의 국제정치의 역학관계에서의 대처방식이 결국 수령형상창조의 외부적 촉매제의 하나로 작용했다고 볼 수 있다.

3) 군사문화적 접근

위에서 언급한 한반도의 숙명적인 지정학적 특징은 조선이 항상 정치군사적 충돌의 초점으로 되게 했다. 근현대에 있어서 강대국들의 각축장, 전쟁터로의 전락 그리고 2차대전후 세계적인 냉전구도 속에 조선민족이 본의 아니게 겪은 민족상잔의 비극 및 세계적인 냉전시기는 끝났어도 조선반도만에 여전히 감도는 냉전의 찬바람은 이것을 가장 극명하게 나타내주고 있다.

이러한 정치군사적 충돌의 초점으로서의 돌출은 역대 韓민족 애국지사

---

6) 현재 조선에서 많이 불리워지고 있는 노래의 제목이다. 여기서 「당신」은 노래가사에서도 밝히고 있듯이 김정일을 가리키고 있다.

들의 강한 정치군사적 의식을 틔워주었다. 근현대에 있어서 제국주의열강들의 침략에 맞서 韓민족은 인도 간디식의 무저항주의가 아니라 어디까지나 맹렬한 무장투쟁을 해왔다. 의병들의 독립투쟁, 의렬단, 한국광복군, 조선의용군, 항일빨찌산… 조선의 독립, 광복, 해방은 이런 선열들의 피어린 싸움과 갈라놓을 수 없다.

김일성의 경우를 놓고 볼 때 14의 어린 나이에 독립의 뜻을 품고 중국동북에 건너 가 장장 15년이란 항일투쟁을 진행한 끝에 개선했다. 김일성 자신이 직접 총을 잡고 빨찌산을 이끌고 장백산밀림을 누비며 간고한 싸움을 벌렸던 것이다. 바로 이런 싸움에서 김일성은 위대한 전략전술가, 백전백승의 장군으로 부상했던 것이다. 이로부터 김일성은 수령, 주석이기에 앞서 우선 어디까지나 군인이었고 군사가였다. 한마디로 말하여 그에게는 군사문화가 몸에 배였다. 군사문화, 그것은 지고무상한 권위, 리드쉽을 선양하기 마련이다. 그리고 그것은 명령·복종적이고 획일적이며 정신성, 집단성, 단순성을 요구한다. 모종 의미에서 김일성은 항일빨찌산시기 몸에 배인 이런 군사문화의 관성으로 사회주의 혁명과 건설을 영도해 왔다고 할 수 있다. 주체사상, 천리마운동, 전국요새화, 전민군대화, 전군간부화, 일당백, 육탄 등등은 군사문화의 전형적인 보기들로 되겠다. 세계적인 냉전체계는 사회주의 혁명과 건설시기 군사문화정착의 객관적 요소로 되겠다. 현재 북한에서 김정일이 先軍정치를 펴며 김일성의 뜻을 받들어 나가는 것도 같은 맥락에서 이해할 수 있다. 국내적으로 연이은 자연재해, 국외적으로 미국을 위시한 서방나라들의 봉쇄라는 악열한 주객관적 환경하에서 사회주의를 견지하고 「우리 식」을 견지하려는 북한으로서는 어쩌면 이런 군사문화의 강화가 무엇보다 중요한 지도 모른다. 현재 북한에서 많이 외우고 있는 '당이 결심하면 우리는 한다'는 구호는 바로 이런 군사문화의 자연스러운 한 표출이다. 이로부터 문학에서는 '수령의 형상을 화폭의 중심에 내세우고 모든 형상 요소를 수령의 위대성을 보여 주는데 집중시켜야 한다', '수령을 형상하는 작품에서는 수령에 대한 최대의 정중성과 충성심을 반영할 것을 중요한 요구로 제기한다'와 같은 수령형상창조원칙이 나올 수 있었던 것이다.

보다시피 북한에서 수령형상창조는 군사문화의 한 표출로 볼 수 있다.

4)문화심리학적 접근

중국은 神話의식을 빨리 종식한 만큼 역사의식이 일찍 싹텄다. 진정한 의미에서의 인문이 일찍 개발되었다고 볼 수 있다. 문자사용만 보아도 갑골문을 시발점으로 할 때 적게 쳐서 장장 5천년의 역사를 기록하고 있다. 春秋戰國시기 다양한 찬란한 문화의 꽃으로 피어난 諸子百家는 이미 중국문화의 기본 기틀을 마련했다. 그래서 그들의 선진적인 漢文化는 물이 높은데서 낮은 데로 흐르듯이 자연히 주변국으로 흘러들었다. 이로부터 중국사람들은 자연스럽게 中華사상이 싹트기 시작했다. 그래서 결과적으로 형성된 것이 또한 자타가 공인하는 세계 가장 중요한 문화권의 하나인 漢文化圈이다. 지정학적 원인 때문에 조선은 역사적으로 정치, 경제, 군사, 외교, 문화 등 거의 모든 면에서 중국의 절대적인 영향을 받았다. 후기에 오면 올수록 더 小中華로 자처하고 事大主義외교를 펴왔다. 스스로 「臣服」을 했던 것이다. 실록을 보면 조선 역대 임금을 통털어 가장 현명하다고 할 수 있는 세종대왕도 「致誠事大」를 주장했다. 사대의 虛는 어디까지나 명분뿐이고 實은 실리를 챙기는 외교라고 하지만 그것이 굴욕적임은 더 말할 것도 없다. 임금의 등극이라는 가장 중요한 국가대사도 일일이 중국황제에게 고하고 허락을 받아야 했으니 당당한 주권국가라고 하기에는 어쩐지 꺼림직한 데가 있다. 그리고 조선 임금은 황제라 부를 수 없고 다만 왕으로 밖에 부를 수 없으며 만세로 축수할 수 없고 다만 천세로 밖에 축수할 수 없다는 국가 대 예의규범은 말 그대로 일개 대국의 제후국으로 취급하고 있는 셈이다. 그리하여 중세 漢文化圈에서 임금을 상징하는 도안사용을 놓고 보아도 남성적인 용이 중국 천자를 상징하는 무늬가 되었다면 여성적인 봉황은 조선왕을 상징하는 무늬로 되었다. 역대 조선왕이 집무하는 正殿의 천장에는 반드시 봉황을 그려야 하게끔 되어 있은 것은 그간의 사정을 잘 말해준다. 이로부터 韓민족들에게는 서러운 恨의 응어리가 맺힌다. 우리는 왜 대국이 못되는 거야, 우리 임금은 왜 황제라 못 부르는 거여… 조선조 중엽의 멋쟁이 사나이 임제, 그렇게 조선을 사랑하고 조선적이면서도 임종 때 작은 조선을 서러워하며 자식들의 눈물을 그치게 했다는 일화는 그 恨을 죽어서도 못 잊는 짓궂은 情念임을 알 수 있다. 이루러한 민족의 서러운 恨은 한민족의 일종 집단무의식적인 情念이 되어 수시로 발산의 출구를 찾는다. 1894년 청일전쟁 후 오랜 중화의 지배에서 벗어나 타의에서나마 1898년 조선조 왕 고종의 독립국으로서의 대한제국 선포 및 황제 등극 그리고 故書를 勅書로 바꾸는 등 일련의 王制에서 皇帝制로의 전환 그리고 그 후속 조치로 당시 고종이 집무하던 경복궁 勤政殿 천장에 그려졌던 봉황이 지워지고 용의 도안으로 바뀐 것, 이 모든 것은 그 내실을 떠나서 한민족의 이 집단무의식적인 情念의 최초의 시원한 발산으로 된다. 그리고 고종의 붕어는 이 발산의 일종 좌절로 안겨왔을 것이다. 고종의 장례에 자발적으로 이룬 인산인해의 눈물바다는 그간의 사정을 말해준다. 광복 후 현대 북한에 있어서 김일성은 몇 천 년래 처음으로 맞이한 조선민족의 위대한 수령으로 부상한다. 이에 조선민족들은 「만세! 만만세!」 소리 드높이 그 민족의 집단무의식적인 情恨을 마음껏 발살한다. 조선인민들은 항상 말한다. 우리는 세상에서 가장 행복한 사람들이라고. 그것은 「수령복」이 있기 때문. 이것은 일종 과시다. 우리에게도 이젠 「만세! 만만세!」를 마음껏 부를 수 있는 「황제」가 있다는 과시다. 물론 조선민족에게 있어서 「위대한 수령 김일성 동지」에서 알 수 있다시피 김일성은 의식적인 차원에서는 어디까지나 「동지」적인 수령이다. 그러나 민족의 情恨을 푸는 집단무의식의 발산 차원에서 볼 때 김일성은 분명 이 세상 최고의 「황제」이미지다. 여기에 김일성의 세상에 부러움 없는 나라 건설 비전제시는 이 「황제」이미지에 相乘작용을 가져온다. 이로부터 충효동들이 막 솟아난다. 그래서 북한의 수령들은 스스로 「인민복」이 있다고 말하곤 한다. 그런데 1994년 김일성의 사망은 이 민족의 집단무의식발산 매체의 상실을 안겨 주었다. 허전하고 답답하고 안타까움 그 자체였다. 북한 전 국토의 눈물바다는 이런 허전하고 답답하고 안타까움의 발산이다. 이에 김일성을 영생의 모습으로 모셨다는 금수산기념궁전건설 및 많은 영생탑의 건립은 조선인민의 그 허전하고 답답하고 안타까움을 잘 카타르시스해 주었다. 그리고 북한의 새로운 수령으로 「위대한 영도자 김정일동지」의 부상 및 그가 제시한 남의 눈치를 보지 않는 「우리 식」의 「정치대국」, 「강성대국」 건설의 비전제시 그리고 초강대국 미국과도 당당히 맞서는 패기 등은 새로운 민족의 집단무의식 情恨을 발산할 수 있는 통로를 마련한 셈이다.

북한에 있어서 수령과 인민의 유별난 관계, 그것은 세계의 이목을 경이롭게 하기에 족하다. 수령형상창조문학도 수령과 인민의 이 유별난 관계에서 이루어지는 심층적인 집단무의식적인 恨풀이의 일종 형태로서 볼 수 있다.

5) 문학도구론적 접근

한국을 포함한 동양의 전통적인 문학관은 「文以載道」의 「經世致用」적인 도구론 일변도다. 문학 자체의 본연의 모습을 잃기 쉬운 실용주의적인 문학관이다. 그래서 특히 문학의 사회적 작용을 강조한다. 사회주의사회에서 집단주의, 공동한 이상 등의 강조는 동양의 이런 전통적인 문학관이 뿌리내릴 온상을 제공한다. 그러다가 사회주의종주국 레닌의 그 유명한 「치륜과 나사못」으로서의 문학의 부속품적 성격의 고전적 정의는 그것이 싹틀 수 있는 일종 촉매제가 되었다. 그래서 옛 사회주의권 문학은 도구론적인 색채가 진하다. 북한도 여기서 예외가 아니다.

김일성과 김정일은 특히 문학작품을 중시했다. 김일성의 회고록 <세기와 더불어>(1) p.209에 보면 김일성은 일찍 무송이나 팔도구에 있을 때 <춘향전>, <심청전>, <이순신전>, <서유기>와 같은 옛날 생활을 담은 책들을 많이 읽었고 길림육문중학시절에는 막심·고리키와 노신을 비롯한 혁명작가들이 쓴 <어머니>, <원쑤>, <철의 흐름>, <축복>, <아Q정전>, <압록강가에서>, <소년방랑자>와 같은 혁명적인 소설과 당시의 현실생활을 담은 진보적인 소설들을 많이 읽었다고 한다. 그는 이런 혁명적 문학작품의 영향을 받아 혁명의 길에 나서게 되었다고 의미심장하게 회억하고 있다. 그리고 '훗날 무장투쟁을 하면서 고난의 행군과 같은 어려운 시련에 부딪쳤을 때에도 나는 길림시절에 본 <철의 흐름>과 같은 혁명적인 소설들의 내용을 회상하면서 힘과 용기를 얻곤 하였다. 문학작품은 사람들의 세계관형성에서 중요한 작용을 한다. 그래서 나는 작가들을 만날 때마다 혁명적인 소설들을 많이 써내라고 말하곤 한다. 지금은 우리 작가들도 혁명적인 대작들을 많이 써내고 있다.' 그리고 <김일성저작집> 18권 (p.444)에 보면 '… 위대한 역사적 사건들을 줄거리로 하여 조선혁명의 발전과 함께 투쟁 속에서 자라나는 주인공들의 전형적인 모습을 그려낸다면 과연 하나의 대작이 되지 않겠습니까? 이런 작품을 써야 사람들에게 과연 혁명이란 파란곡절이 많구나 하는 것을 깨닫게 할 수 있으며 사람들을 혁명적 낭만주의정신으로 교양할 수 있으며 감옥에 있는 동무들에게도 힘과 용기를 줄 수 있습니다'라고 했다. 김일성은 직접 많은 문학작품을 창작하기도 했으며 혁명문학건설, 혁명적 대작창작에 관한 이론을 천명하기도 했다. 그리고 많은 문학예술작품들을 직접 보며 평가를 하기도 했다. 이를테면 총서 작품은 금보다 더 값있다고 하며 창작되는 족족 보아주기도 했던 것이다. 김정일의 말(<주체혁명위업의 완성을 위하여> 제1권 p.196)에 의하면 김일성은 '혁명의 길에 나서신 첫 시기부터 문학예술을 혁명투쟁의 강유력한 무기의 하나로 보시고 혁명의 요구와 인민의 지향에 맞는 혁명적 문학예술을 발전시키기 위한 조직지도사업을 정력적으로 벌리시었으며 이 과정에 우리 문학예술의 빛나는 혁명전통을 창시하셨다'는 것이다. 김정일도 문학예술에 남다른 흥취와 자질을 가지고 일찍 어린 시절에 문학작품을 직접 창작하기도 했다. 그리고 1960년대에는 수령형상창조이론을 내놓고 1970년대에는 4·15문학창작단을 이끌고 문학창작실천에 옮겼다. 김정일은 문학작품의 사회적 작용 및 가치에 대해 '한 편의 혁명적인 시는 천만자루의 창검을 대신할 수 있다'7)고 높이 평가하고 있다. 이로부터 그는 '수령은 시대와 인민대중을 대표하는 주체형의 공산주

______

7) <김정일선집> 12권 p.524.

의혁명가의 최고전형'인만큼 수령형상을 창조해야 사람들이 그 '숭고한 정신세계를 알게 되고 그 위대한 풍모를 크나큰 감동 속에 따라 배우게 된다'(<주체문학론>)고 강조했다.

북한에서 수령들의 문학의 도구론적 가치에 대한 강조 및 이론적 정립 그리고 전문창작조직체의 결성은 풍성한 수령형상창조문학을 꽃피운 직접적인 현실적 원인으로 된다.

2. 수령형상문학의 이론과 실천

북한에서 수령형상문학은 우선 이론적 준비 및 안받침이 착실히 됨과 동시에 출발했다. 북한에서처럼 수령이 문학에 많이 관여한 나라도 없다.

2.1 김일성 및 평론가들의 혁명적 대작건설이론

김일성은 일찍 해방공간에 있어 항일투쟁의 역사를 정통으로 내세우며 혁명전적지 답사단을 무어 파견하기도 하고 그것의 문학형상화를 촉구했다. <위대한 수령 김일성동지 문학영도사 2>[8]의 「제4절 혁명전통주제의 작품창작에로 작가들을 고무추동, 장편서사시 <백두산> 창작사업지도」(p.102~107)에 보면 김일성은 1946년 4월 6일 작가들에게 항일혁명투쟁을 어떻게 쓸 것인가 하는 문제에 대해 거론하고 있다. 1946년 5월 7일에 작가들과 한 담화 <항일유격대의 특징과 발전역사에 대하여>(<김일성전집> 3권) 에서는 작가들에게 항일무장투쟁이 어떤 투쟁이며 그것을 어떤 방향에서 어떻게 형상할 것인가 하는 문제에 대해 얘기하고 있다. 결론적으로 '항일혁명선열들의 빛나는 전기는 오늘 우리 문필가들의 손에 의하

---

8) 문학예술종합출판사, 1993년.

여 기록되어야 할 것이며 후손만대에 길이 전해져야 할 것입니다.' 그리고 작가들에게 항일투쟁에 관해 많은 이야기를 해 주었으며 그것의 의의에 대해 강조했던 것이다. 김일성의 이런 항일혁명전통주제에 관한 논의는 자연스럽게 이 혁명의 영도자로 나선 김일성 자신의 형상부각으로 귀결된다. '수령님의 혁명활동은 곧 우리 당과 우리 인민의 투쟁을 영도하시는 과정인 것만큼 수령님의 혁명활동을 폭넓게 잘 수록하여야 합니다'(<혁명송가문학>, p.76)라는 김정일의 말은 그간의 사정을 잘 시사해주고 있다. 이로부터 놓고 볼 때 그것이 훗날 김일성의 '불멸의 역사'를 부각하는 총서 작품에 관한 原論으로 됨은 더 말할 것도 없다.

그러다가 김일성은 1960년대 초에 <혁명적 대작을 더 많이 창작하자>(1963년 11월 5일), <혁명적 문학예술을 창작할 데 대하여>(1964년 11월 7일), <사회주의문학예술론>과 같은 일련의 글들에서 혁명적 대작창작의 이론실천적 문제에 대해 체계적으로 천명했다. 이런 일련의 글들에서 김일성은 항일무장투쟁 참가자들의 회상기는 여러 권이 출간되었으나 항일무장투쟁이나 조국해방전쟁(6·25동란. 필자 주)을 다룬 소설은 별로 없다9)고 하면서 혁명적 대작형식으로 이 방면의 내용을 다루어보는 것이 좋다고 했다. 김일성에 의해 총서 창작과 직결되는 혁명적 대작창작 논의가 최초로 전개된 셈이다. 그리고 <사회주의문학예술론>(p.475)에서는 '…우리에게는 혁명적 대작이 필요합니다. 혁명적 대작은 사람들에게 혁명발전과정을 보여주며 혁명투쟁방법을 가르쳐 주는 중요한 작용을 합니다'고 대작의 특성 및 사회적 작용에 대해 언급하고 있다. 그리고 1963년 11월 5일에 천세봉 등 여러 작가들을 접견하는 자리에서 혁명적 대작을 많이 창작할 데 대해 강조하면서 재차 주제방향과 미학실천상 문제들을 밝혀 주었다. 그리고 또 1966년 1월 어느 휴양소에서 천세봉 등 여러 작가들을

---

9) 1960년대 초까지 김일성과 그의 항일무장투쟁사나 조국해방전쟁사를 형상화한 것으로 '대작에 접근했다고 볼 수 있는 것은 조기천의 장편서사시 <백두산>(1948년)과 한설야의 장편소설 <역사>(1953년), <대동강>(1953년), 박웅걸의 <조국>(1956년), 송영의 희곡 <밀림아 이야기하라>(1958년) 등이 있다.

불러들여 무려 17일간에 걸쳐 혁명문학건설방향과 항일무장투쟁시기에 실재했던 생활소재들을 두세 시간 지어 대여섯 시간씩 들려주었다. 이는 훗날 총서 창작을 유도하고 그 원칙적인 문제를 해결해 주었으며 직접 소재를 제공해 준 셈이 된다. 김일성의 이런 혁명적 대작논의와 더불어 당시 북한의 많은 평론가들도 열띤 대작논의를 펼쳤다. 이를테면 <혁명적 대작의 창작은 시대의 요구이다>(「머리글」, <조선문학> 1964년 4월)에서는 혁명투쟁을 다루는 대작, 곧 혁명적 대작이란 서사적 화폭을 펼침으로써 그 시대의 주인공들을 보다 심오하고 풍부하게 형상화할 수 있는 형식이라고 규정하고 있다. <혁명적 대작과 구성의 기교(2)>(엄호석 <조선문학> 1965년 11, 12기)같은 데서는 혁명적 대작창작에 있어서 슈제트를 비롯한 여러 기교문제에 대해 천명하고 있다. <혁명적 대작의 성과와 제기되는 몇 가지 문제>(엄호석 <조선문학> 1966년 12월)에서는 혁명적 대작은 시대정신의 높이를 보여주는 인물을 주인공으로 삼되 '성격장성(長成)의 역사'를 보여주어야 한다고 했다. 이런 혁명적 대작논의는 주로 항일혁명역사반영을 모토로 시작되었지만 결과적으로는 수령을 형상화하는 원칙과 방법들을 마련하는 계기가 되었다. 결국 그것은 김일성을 주인공으로 내세우는 '영웅서사시' 창작으로 귀결되었다. <혁명전통 주제의 대작창작에서 제기되는 중요한 사상, 미학적 요구>(장형준 <조선문학> 1967년 9월), <혁명적 대작의 사상, 미학적 요구>(엄호석 <조선문학> 1968년 5월)가 그 보기로 되겠다. 이를테면 <혁명전통 주제의 대작창작에서 제기되는 중요한 사상, 미학적 요구>에서는 혁명적 대작이 반영하는 혁명역사는 조선혁명의 역사이며 공산주의운동의 발전역사였다. 그런데 이 과정은 김일성에 의해 주도되었으므로 그 역사는 또한 김일성의 구상과 정치노선 및 전략, 전술적 방침이 실현되는 과정이어야 한다고 주장했다. 이런 혁명적 대작의 원칙들은 「불멸의 총서」를 통해 충실히 구현된다.

2.2 김정일의 <주체문학론>을 통해 본 수령형상창작이론

김정일은 일찍 대학시절인 1960년 12월에 연극 <조국산천에 안개 개인다>를 감상, 지도하면서 수령형상창조이론을 제출10)했다. 이를테면 <수령을 형상하는 것은 혁명적 문학예술부문 앞에 나서는 중요한 과업이다>라는 제목의 담화에서 수령형상작품창작에서 제기되는 원칙적인 요구들과 미학실천적인 방도들에 대해 언급했다. 그리고 김정일은 1960년대 중반부터 이미 영화제작에 관여하기 시작했고 1969년 영화 <피바다>제작을 계기로 일기 시작한 혁명영화. 혁명가극, 혁명연극 등의 혁명적 문예전통의 계승작업을 주도하기 시작했다. 이러한 창작지도경험을 바탕으로 하여 1973년 4월 <영화예술론>을 내놓은 데 이어 1990년대에 들어서 육속 <무용예술론>, <건축예술론>, <음악예술론>, <미술론>을 집필하여 여러 분야 예술에 대한 소양을 보인다.

1992년 1월 20일에 발표된 김정일의 <주체문학론>11)은 그간의 수령형상창조 이론과 실천을 총화하고 집대성한 장편논문이다. 말 그대로 주체사상을 문학에 도입하여 문학 전반에 걸쳐 주체적인 문학 사상, 관점, 방법을 내리풀고 있다. 이는 두말할 것도 없이 조선에서 전시기의 문학 사상, 관점, 방법을 집대성하고 앞으로의 창작비전을 밝힌 가장 권위성적인 문학지침으로 되고 있다. 이 가운데 「4.사회정치생명체와 문학」의 「2) 수령의 형상을 창조하는 것은 우리 문학의 지상의 과업이다」에서 수령형상창조의 중요성과 창작 원칙, 방도에 대해 설명하고 있다. 북한에서는 김정일의 수령형상창조이론에 대해 레닌의 문예사상이 '사회주의, 공산주의 문학예술건설에서 노동계급의 당이 반드시 해결하여야 할 가장 중요한 근본 문제, 수령의 혁명위업에 관한 문제와 결부'되지 못하고 '사회주의, 공산주의 문학예술건설의 합법칙성에 대한 원리적 해명에 관심을 돌

---

10) <비범한 예지로 수령형상창조의 원리를 밝히시여> 안희열, <조선문학>, 2000년 9월.
11) <김정일선집>(1991.8~1992.1) 12에 실린 <주체문학론> p.428~452.

리면서 그것을 당의 문예방침으로 정책화하여 구현하기 위한 구체적인 실천적 방도들을 전면적으로 밝히지 못'한 약점을 미봉하는 '진리성과 독창성'12)이 있다고 높이 평가하고 있다.

그럼 아래에 그 주요 내용들을 좀 보도록 하자.

'수령의 형상을 창조하는 것은 주체문학건설의 기본의 기본이다. 우리의 문학에서는 수령의 형상을 창조하는 것을 주선으로 확고히 틀어쥐고 나가야 한다.' 그것은 '수령은 시대와 인민대중을 대표하는 주체형의 공산주의혁명가의 최고전형'이기 때문이다. 수령형상을 창조해야 사람들이 그 '숭고한 정신세계를 알게 되고 그 위대한 풍모를 크나큰 감동 속에 따라 배우게 된다'는 것이다. 수령의 일반 속성과 문학의 도구론으로부터 결국 김일성의 '숭고한 형상을 창조하는 것은 우리 인민과 세계 혁명적 인민의 절절한 염원이며 최대의 희망이다'고 결론짓고 있다. 여기서 수령형상창작 논의는 결국 김일성 형상창조 논의임을 알 수 있다. 이어서 수령형상창조의 목적의식성과 지도체계, 조직체계 등에 대해 강조했다.

그리고 수령형상창작에서 '무엇보다 중요한 것은 수령의 위대성을 잘 그리는 것이다'고 하며 그 원칙, 방도 차원에서 논의를 전개하고 있다. 그 내용을 다음과 같이 개괄해볼 수 있다.

1) '걸출한 사상이론가로서의 수령의 위대성을 깊이 있게 형상하여야 한다.' 김일성의 경우에는 '불멸의 주체사상과 독창적인 혁명이론, 영도방법을 창시하고 발전풍부화시키신 과정을 전면적으로 깊이 있게 형상하여야 한다.' 그 다음 구체적 작품분석을 통해 이를 안받침하고 있다.
2) '정치가, 전략가, 영도의 예술가로서의 위대성을 깊이 있게 형상하여야 한다.' 김일성의 경우에는 그 '위대한 정치, 위대한 전략, 위대한 영도예술을 깊이 있게 그려 내여 주체혁명위업을 승리에로 이끌어 나가시는 수령님의 풍모를 격이 있게 보여 주어야 한다.' 여기서는 추상적인 논의로 전개되고 있다.

---

12) <친애하는 지도자 김정일동지문예사상의 진리성과 독창성> p.206 최언경 문예출판사 1988년.

3) '인간적 풍모의 위대성을 깊이 있게 형상하여야 한다.' 이렇게 하기 위해서는 '수령과 전사, 수령과 인민 사이의 혈연적인 관계를 풍만한 생활로 펼쳐야 한다.' '특히 중요한 것은 혁명전사와 인민의 자애로운 어버이로서의 수령의 위대성을 깊이 있게 그리는 것이다.' 그렇다 해서 '격식화하거나 기정사실화하지 말아야 한다.' 그 구체적 표현 방식으로는 행동이나 대사도 중요하겠지만 내면세계를 펼쳐 보이는 것이 더 중요하다고 지적하고 있다. 여기서는 한 인간으로서의 수령의 인간성제시문제를 논하고 있다. 김일성의 경우에는 '혁명전사와 인민에게 베푸시는 믿음과 사랑의 정치를 잘 그리는 것이 중요하다.'

4) '수령의 형상은 반드시 수령, 당, 대중의 3위1체의 원칙에서 당과 대중과의 연관 속에서 그려야 한다.' 여기서는 정치적 차원에서의 조선식 수령, 당, 대중의 관계를 도입하고 있다. 이렇게 하기 위해서 '중요한 것은 언제나 인민들 속에서 활동하는 수령의 풍모를 그리는 것이다.' 김일성의 경우에는 '한평생을 쉬임없이 이어가시는 현지지도의 노정에 깃든 잊을 수 없는 사연을 감명 깊게 형상하는 것'이 중요하다고 강조하고 있다.

5) '수령의 혁명역사와 업적을 체계적으로, 전면적으로 깊이 있게 그려야 한다.' 그것은 '수령의 혁명역사와 업적에는 수령의 탁월한 사상이론과 현명한 영도, 고매한 인간적 풍모가 집대성되어 있'기 때문이다.

6) '수령의 위대성을 체계적으로, 전면적으로 깊이 있게 형상하기 위하여서는 총서 형식의 장편소설을 창작하는데 힘을 넣어야 한다.' 이를테면 총서 「불멸의 역사」가 그 보기라는 것이다. 그러면서 총서의 구체적 특징에 대해 설명하고 있다.

그리고 같은 논리로 '노동계급의 수령을 형상하는 것과 함께 수령의 후계자를 잘 형상하여야 한다', '사회주의 문학은 마땅히 수령의 위대성과 함께 그 후계자의 위대성을 형상하는 문제를 주선으로 틀어쥐고 나가야 한다'는 것이다. 그것은 '후계자는 수령의 위대한 풍모와 자질을 그대로 이어 받은 뛰어난 사상가, 정치가, 전력가이'기 때문이다. '그러므로 문학에서 후계자의 형상을 창조할 때에는 수령형상창조의 기본 원칙을 그대로 구현하여야 한다.' 김정일 자신이 이미 김일성 후계자로 내정된 상황하에서 이러한 논의를 전개하는 것은 자화자찬 및 여기에 동조할 것을 은근히 내비치고 있다.

그리고 「4.사회정치생명체와 문학」의 「3)수령형상작품에는 고유한 생리가 있다」에서는 수령형상창조의 구체적 요구, 방법에 대해 설명하고 있다. 그 내용을 다음과 같이 개괄해 볼 수 있다.

1) '수령을 형상하는 작품에서 중요한 것은 혁명과 건설에서 차지하는 수령의 지위와 역할을 감명깊게 그려내는 것이다.' 그리고 '수령의 특출한 지위와 역할에 맞는 문제가 제시되어야 한다.' '장편소설 <혁명의 여명>은 바로 위대한 수령만이 해결할 수 있는 형상과제를 제기하고 예술적으로 깊이 있게 풀어 나감으로써' 성공했다는 것이다.

2) '수령을 형상하는 작품에는 심오한 철학이 있어야 한다.' 그것은 수령은 다 위대한 철학가로서 그 철학사상에 바탕을 두고 혁명과 건설을 영도하기 때문이다는 것이다. 김일성의 경우는 영생불멸의 주체철학을 창조한 만큼 그 '비범한 철학세계를 깊이 있게 그려내야 한다'고 했다.

3) '수령의 형상을 높은 수준에서 창조하기 위하여서는 다른 인물의 형상에도 응당한 관심을 돌려야 한다.' '부정인물을 그릴 때에도 그들의 힘을 강하게 보여 주어 그것을 타승하는 수령의 위대성이 감명 깊게 안겨 오게 하여야 한다.'

4) '수령을 형상하는 문학작품에서는 역사에 실지 있은 위인을 형상하는 것만큼 수령의 형상을 화폭의 중심에 내세우고 모든 형상 요소를 수령의 위대성을 보여 주는데 집중시켜야 한다.'

5) '수령을 형상하는 문학은 역사에 실지 있은 수령을 직접 형상하기 때문에 작품의 내용을 철저히 역사적 사실에 맞게 하여야 한다.' 역사문헌적 가치를 추구해야 된다는 것이다. 그러나 '이러저러한 사정으로 사료가 인멸되었거나 불충분한 것이 있'을 경우에는 '작가의 예술적 환상과 허구가 필요하다.'

6) '수령을 형상하는 작품에서는 수령에 대한 최대의 정중성과 충성심을 반영할 것을 중요한 요구로 제기한다.' 이것은 수령의 위대성에 대한 일종 예우적 요구로 제출하고 있다.

7) '수령을 형상하는 문학작품의 양상은 밝고 숭엄한 것으로 되어야 한다.'

이것은 '수령의 영상과 수령을 대하는 인민의 감정에 맞는 형상원칙이
다.' 이것은 작품 스찔에 관한 요구로 된다.
8) '수령을 보좌하는 인물의 성격을 잘 형상하는 것이 중요하다.' 측근인물
들을 충신의 전형이 되게 그려야 한다는 것이다.

3. 수령형상창작

여기서 수령형상창조문학의 발생, 발전 및 현황에 대해 주로 사상내용
적 흐름 측면에서 그 대체적인 윤곽을 잡아 보도록 한다. 시간적 순서에
따르되 시기구분은 광복 후 북한의 문학사를 획분지을 수 있는 주요 사회
정치사적 시기 구별에 따르도록 했다. 북한 문학이 정치적 고삐에 끌려
온 문학이라고 할 때 이러한 시기구분은 무난할 줄로 안다.

3.1 수령형상창조의 문학사적 계보

북한에서 수령형상창조문학은 항일혁명투쟁시기 혁명송가문학과 백두
산전설에서부터 시작되어 광복 후 혁명송가 <김일성장군의 노래>와 장편
서사시 <백두산>의 창작을 계기로 새로운 단계에 들어선다. 그 다음 1960
년대 초 희곡 <조국산천에 안개 개인다>의 창작을 거쳐 1960년대 후반기
부터는 소설과 서사시, 희곡과 시나리오 등 여러 장르에서 대량적으로
창작되다가 1980~1990년대에 들어서 그 대전성기가 펼쳐졌다[13]고 결론
을 내리고 있는 듯하다. 북한에서 수령형상창조는 광복 후 본격적으로 가
동되어 그 도를 점점 더 하며 북한 문학 전반 장르에 확산된 만큼 모든
문학 장르를 통해 그 윤곽을 잡아야 되겠지만 여기서는 문학의 주요 장르

---

13) <비범한 예지로 수령형상창조의 원리를 밝히시여> p.13. 안희열, <조선문학>, 2000년
　　9월호.

들인 시가, 소설, 극문학(시나리오 포함), 전설에 치우쳐 살펴보도록 한다. 그리고 이해를 돕기 위해 일부 대표성적인 작품들에 한해서는 창작 경위 및 북한에서의 「고전」적인 평가를 살펴보고 그 내용에 대해 좀 구체적 분석을 가하도록 한다.

1) 시

■ 1925～1945.8(항일무장투쟁시기)
북한에서 수령형상문학의 첫 송가로 <조선의 별>(1928년 김혁)을 꼽고 있다. 그 원문을 보면 다음과 같다.

1. 조선의 밤하늘에 새별이 솟아
   3천리강산을 밝게도 비치네
   짓밟힌 조선에 동은 트리라
   (후렴)2천만 우리 동포 새별을 보네

2. 캄캄한 밤하늘 바라다보니
   신음하는 조국산천 어리어오네
   변치말자 혁명에 다진 그 마음

3. 간악한 강도 일제 쳐물리치고
   3천리에 새별이 더욱 빛날제
   조선아 자유의 노래 부르자

보다시피 <조선의 별>에서는 새별로 상징된 김일성이야말로 일제식민지로부터 조선을 구할 救星이라는 메시지를 던져주고 있다. 총서 「불멸의 역사」 <혁명의 여명>과 김일성 회고록 <세기와 더불어>를 보면 당시 차광수를 비롯한 김일성측근들이 실제로 김성주(김일성의 원래 이름. 필자 주)를 「한, 一」자와 「별, 星」자를 쓰는 「김一星」 또는 「한별」로 부르다가 후에 조선을 밝힐 희망의 태양이 되소서하는 염원을 담아 「날, 日」자와

「이룰, 成」자를 쓰는 「김日成」으로 고쳐 부르도록 조직적으로 결정했다고 한다. 그러기에 <조선의 별>에서는 '2천만 우리 동포 새별을 보네'를 후렴구로 반복하고 있다. 다분히 개인영웅주의 대 민중무능력주의가 내비치기도 한다. 김일성의 말에 의하면 이 시를 지은 김혁은 '시도 잘 짓고 글도 잘 썼다'고 한다. 김혁은 1928년 10월 하순 길림시안의 혁명조직성원들 앞에서 이 시를 처음으로 공개하면서 다음과 같이 말했다 한다. '이 노래는 그 어떤 유명한 시인이나 음악가가 창작한 것이 아니라 우리들이 지혜를 모아 지어본 것입니다. 그러므로 미숙한 점이 없지 않을 것입니다. 그러나 이 노래에는 우리의 지도자 한별 동지를 조선혁명의 향도성으로 맞이한 우리들, 청년공산주의자들의 끝없는 기쁨과 자랑이 깃들어 있는 것입니다. 캄캄한 밤하늘 아래서 피눈물을 뿌리며 헤매이던 우리의 겨레가 찬란한 향도의 별을 맞이한 이 기쁨, 이 영광을 안고 노래를 부릅니다…' 여기서 '우리들이 지혜를 모아…' 운운은 이 작품이 집체작인 듯한 감을 준다. 김정일은 이 노래에 대해 '혁명송가 <조선의 별>은 우리나라에서 처음으로 노동계급의 수령을 노래한 혁명적인 가요이다', '항일혁명투쟁시기에 청년공산주의자 김혁동지는 그 어떤 보수나 명예를 바라고 혁명송가 <조선의 별>을 창작한 것이 아닙니다. 그는 오직 수령님을 조선혁명의 위대한 영도자로, 단결의 중심으로 높이 모시고 수령님을 따라 끝까지 혁명하려는 청년공산주의자들과 조선인민의 충성의 한마음을 담아 혁명송가 <조선의 별>을 창작하고 보급하였습니다'(<주체문학론> 단행본 p.127)라고 언급하고 있다. 이 작품은 김정일이 김일성 초기 혁명시기 송가발굴을 수령송가문학의 뿌리를 찾고 빛나게 계승, 발전시키는 중대한 사업으로 틀어쥐고 국책사업으로 밀고 나가면서 1980년 초에 발굴되었다 한다. 이 작품은 '송가문학발전의 고귀한 본보기로 커다란 문학사적 의의를 가진다'[14]고 북한에서 높이 평가받고 있다. 그리고 김혁(1907. 10.11～1930.8. 25)은 북한에서 김일성을 절대적으로 숭배하며 모신 초기 청년공산의자의 전형으로 되어 「모두다 80년대의 김혁, 차광수가 되자!」[15]라는 슬

---

14) <조선문학사> 8. p..40, 사회과학출판사, 1992년.

로건의 주인공이 될 만큼 혁명적 인기만점이다. 그래서 북한에서는 국가적 차원에서 서거 몇 돐하는 식으로 그에 대한 추모회를 성대히 진행한다. 2000년도 평양에서 그의 서거 70돐 중앙추모회가 성대히 열려 눈길을 끌었다. 1980년대에 들어서 항일혁명투쟁시기 김일성형상을 부각한 동명의 다부작 시나리오 <조선의 별>(1~10부)이 창작되어 북한에서 큰 인기를 얻었다.

김일성을 민족의 태양, 해방의 구성으로 받든 구전가요들로는 <백두산의 장군별>, <백두산장수>, <금란지계전>, <별이 숫네>를 꼽고 있다. <백두산의 장군별> 노래에 대해서는 <혁명송가문학>(p.109)에 수령송가 발굴 상황에 대해 이야기한 대목에 다음과 같이 언급하고 있다.

'일제침략군에 복무하였던 한 일본인은 자기의 회상록 <인민의 절대적인 신뢰를 받고 계신다>에서 이렇게 썼다.

… 그때 조선인민들은 김일성장군님을 민족의 위대한 구성으로 우러러 흠모하였다. 한번은 어느 한 부녀자가 가지고 있었던 것으로 짐작되는 자그만한 노래집을 압수한 일이 있었다. 깨알같은 글씨로 수십곡목의 가요를 수록한 그 노래집에는 책주인이 써놓은 <백두산의 장수별>이라는 글이 두군데나 있었다. 후에 안 일이지만 <백두산의 장수별>이란 김일성장군님을 가리키는 말이었던 것이다. …'

이런 내용은 1940년대 평안남도 양덕군내 인민들 속에서 널리 불리워졌다는 <광명가>에도 반영되어 있다. <금란지계전>에서는 김일성을 광복된 조국의 「정통령」 즉 수령으로 모실 것까지 노래하고 있다. 이 노래는 1937년 여름 조국광복회 북청지구위원회가 회원들의 교양자료로 만든 것이라고 한다.

그리고 새로 발굴되었다는 이 시기 나무에 새겨졌던 구호16)들을 좀 보

---

15) 이것은 1980년대 북한에서 10부작 영화 <조선의 별>이 나와 청년공산주의자들을 따라 배우기 위한 운동을 사회적으로 벌리면서 내건 슬로건이다.
16) 북한에서 김일성·김정일·김정숙관계 이런 구호나무들은 1980년대 후반기부터 전면적인 발굴이 진행되었다.

도록 하자.

<백두산에 장수별 떴다. 백두산 장수별 삼천리를 비친다>를 비롯하여 <장수별 등대로 모여든 수만 애기별>, <김일성장군은 민족의 태양이시다>, <천하 제일 명장 김일성 만만세>, <2천만 아버지 김대장 받들자>, <항일의 영웅 해방의 은인 김일성대장 받들자>, <8도민 일심 김일성 독립 후 조선 대통령>, <독립 조선 대통령 김일성만세>, <2천만 최고 영수 김일성>, <김일성장군은 2천만 향도성이며 천출위인이시다>, <김일성 반만년 역사에 민족영걸이며 구성이시다>, <만고절세의 애국자 김일성 장군 만세> 등이 말 그대로 구호식이다면 '아 두만강아/네 물결에 담아/천세만세 전해가자/만고영장 김일성장군 계시여/조국은 광복되고 부강한다는 것을', '푸르청청 소나무야/네 자랑하지 말고/조선의 명장 김일성 장군/천세만세 자랑하라'(함경북도 선봉군 발굴)와 같은 시적인 맛을 풍기는 것들도 있다. 이런 나무구호들은 이 시기 창작되었다는 김일성관계 가요와 전설들의 사상내용을 잘 개괄해 주는 것으로 볼 수 있다. 북한에서는 이런 구호들을 「구호문헌-시」라고 지칭하기도 하는데 그것이 시 장르로 정립될 수 있을지는 아무래도 논란의 여지를 안고 있는 듯하다. 그리고 이런 구호들이 새겨진 나무를 구호나무라고 통칭하고 혁명적 구호 문헌이라고 높이 평가한다. 그리고 이런 구호문헌들이 발굴되었다고 하는 백두산밀영지구에 영구보존할 조치를 취해 놓았다.

■ 1945년 8월~1950년 6월(해방공간)

8·15광복은 韓민족에게 있어서 더 없는 전민족적인 경사로 되었다. 광복의 감격 속에 만민은 자연히 독립투사들을 노래하게 되었다. 김일성에게도 영광의 개선이라는 만민의 찬사가 쏟렸음은 말할 것도 없다.

김일성은 「장군」, 「수령」, 「만고의 빨찌산」, 「절세의 애국자」, 「민족의 영웅」, 「인민의 태양」, 「우리의 영도자」, 「새 조선의 자랑」 등등 누구보다도 대단한 영예를 한 몸에 안는다. <김일성장군 개선기>(<문화전선> 1946년 7월)를 쓴 한재덕은 김일성의 개선을 「세기의 시극(詩劇)」으로 명명하고 있다. 이 시기 김일성을 노래한 시에서 최초로「수령」이란 낱말도 선보이기 시작했다. <장군을 맞던 날>(1945년 민병균)에서 '우리는 다시 봅니다/저마다 자기를 찾아/자기 곁으로 개선하신/친애로운 인민의 수령을!'로부터 토지개혁 직후 발표된 <감자현물세>(1946년 김광섭)의 '수령의 초상화'로 이어진다.

<해방공간의 현실주의문학연구>(김승환, 한국 一志社 1991.5. p.101~106.)에 보면 해방공간[17]에 있어서 민주기지건설이라는 평양노선 확립은 창작에 있어 구체적으로 김일성의 영웅화로 나타났다는 것이다. 이를테면「북조선예술총연맹」에서 1946년 8월 15일에 발간한「김일성 장군 찬양 특집」이라는 부제가 붙은 총 127페이지로 된 단행본 <우리의 태양> 첫 장을 펼치면 김일성의 사진이 실려 있고, 그 하단에는「북조선임시인민위원회 위원장 김일성 장군」이라고 기재되어 있는데 김일성은 여기서부터「태양」으로 부상되었다고 했다. 그러면서 구체적 목차를 들어 설명을 가하고 있다.

김일성 장군 약력	편집국
김일성 장군 유격대 전사	한재덕
헌가 김일성 장군	작사 이찬
	작곡 김원균
	작사 박세영
	작곡 황보태
	작사 홍순철
	작곡 주선규
헌시 찬 김일성 장군	이찬
해볕에서 살리라	박세영
김일성 장군의 과거는 몰라도 좋다	박석정

---

17) 이 개념은 한국 김윤식 교수가 <해방공간의 문학>(<해방전후사의 인식> 2, 한길사, 1985년 p.489~492)에서 최초로 사용하고 권영민 교수를 비롯한 많은 연구가들이 동감을 표시했다. 이들은 대개「해방공간」을 광복 후부터 분단이 확정되어 간 1949년까지로 잡고 있는 듯한데 필자는 그 상한선을 좀 더 넓혀 6·25발발까지로 잡도록 한다.

헌사	김귀련
송(訟)김일성 장군	한명천
찬(讚)김일성 장군	한식
김일성 장군에게	배영주
김일성 장군	소올민
소설 혈로(血路)	한설야
희곡 뇌성(雷聲)	김사량

김일성을 영웅화하는 초기 단계의 집대성이라고 할 수 있는 이 책에서 많은 작가·시인들이 앞장서서 갖은 첨사(諂辭)를 써 김일성을 신격화하고자 노력했다는 것이다. 이를테면 <해볕에서 살리라>(1946년)는 박세영이 월북 시인 신분에서 김일성의 해빛같이 따사로운 품에 안긴 감격을 토로하고 있으며 김일성을 역사의 암흑을 헤치고 떠오른 '위대한 우리 나라의 태양'으로 칭송하고 김일성을 민족의 '영도자'로 부른 낱말도 처음으로 사용하고 있다. 그리고 박석정은 「김일성 장군의 과거는 몰라도 좋다」에서 '김장군의 과거는 물어서 무엇하랴/그대가 가는 곳에 인민이 있고/인민이 가는 곳에 장군이 있다'라고 읊어 맹목적인 추종을 선동하였는가 하면, 한식은 찬가 「김일성 장군」에서 '우리는 김일성 장군을 아직 만나본 적이 없었다/그러나 우리는 김일성 장군을 잘 안다/우리의 빛나는 자랑 김일성 부대는/기어코 이기고야 말았다'라고 읊어 영웅적 전적을 선전하였다. 그리고 이찬은 「김일성 장군의 노래」로 많이 알려진 헌가 <김일성 장군>을 작사하여 김일성의 노래가 온 세상에 울려 퍼지게 했다는 것이다.

여기서 <김일성장군>창작에는 김일성이 자기의 혁명 전우로 가장 높게 산 김책이 직접 발기하고 관여한 걸로 알고 있다. <혁명송가문학> p.120의 다음과 같은 말은 그간의 사정을 잘 말해 주고 있다. "친애하는 지도자 김정일동지께서는 다음과 같이 지적하시였다. '… 해방직후에 김책동지는 수령님께서 그렇게 만류하시었지만 혁명송가 <김일성장군의 노래>를 만들기 위하여 작가, 작곡가들을 불러다 과업을 주고 자신이 직접 가사도 여러 번 보아주고 고쳐 주곤 하였습니다.…'" 그리고 김일성의 첫 부인 김정숙도 김책과 더불어 이 작품창작에 관여했다. 「혁명송가 <김일성장군의 노래>가 세상에 나오기까지」18)에 보면 김정숙은 시인이 <김일성장군의 노래> 창작에 도움이 되라고 직접 시인을 만나 김일성에 대한 얘기를 많이 해 주었으며 자기가 빨찌산 때부터 소중히 간직하고 있었던 <혁명가요집>을 선사하기도 했으며 여러 차례 가사 원고를 보아주며 어구표현에 이르기까지 바로 잡아주기도 했다는 것이다. 그리고 이 노래의 보급을 위해 방송을 통해 내 보내고 잡지에 실으며 선전선동부를 동원하는 등 온갖 심혈을 다 기울었다는 것이다. <빛나는 영상을 우러러>(p.50)의 「높이 부르자 <김일성장군의 노래>」라는 글을 보면 김정숙이 <김일성장군의 노래>를 직접 발기하고 지도한 것으로 되어 있다. 즉 '… 만세만 부르는 것으로서는 위대한 장군님의 은덕을 다 칭송할 수 없다고 생각하는 우리 인민들에게 장군님에 대한 노래를 지어주면 아주 좋아 할 것이라고 하시면서 지금 우리 인민들은 바로 그런 노래를 요구하고 있다.' 그리고 이찬은 김정숙의 계발과 배려하에 직접 백두산에 올라 창작 영감을 얻기도 했다. 그래서 시인 이찬도 '<김일성장군의 노래>는 결코 내가 창작한 것이 아닙니다'. 그것은 전적으로 김정숙여사께서 몸소 발기하시고 이끌어 주신 덕분에 이 세상에 나올 수 있었습니다'고 술회하고 있다. 김정일은 <음악예술론>(p.116~117)에서 이 작품에 대해 다음과 같이 높이 평가하고 있다. '송가들 가운데서 <김일성장군의 노래>가 제일 잘 된 명곡이다. <김일성장군의 노래>는 부르기 쉽고 부를 수록 좋기 때문에 어린이나 늙은이나 할 것 없이 모르는 사람이 없으며 다른 나라 사람들도 많이 부르고 있다. <김일성장군의 노래>는 여럿이 모여서 불러도 좋고 집단으로 행진하면서 불러도 좋다. 이 노래는 관현악으로 연주하는 것을 들어도 좋고 합창으로 부르는 것을 들어도 좋다. <김일성장군의 노래>는 들을 수록 힘이 솟고 위대한 수령님을 모시고 살며 혁명하는 민족적 긍지와 자부심을 가슴깊이 간직하게 한다.' 그리고 <혁명송가문학>(이수림 p.32. 문예

---

18) <어머님과 노래> 김지현, 안봉수 문학예술종합출판사 1997년 10월 10일 p.85~94.

출판사 1989년)에 보면 김정일은 '혁명송가 <김일성장군의 노래>는 수령님을 흠모하는 우리 인민들의 심정을 송가적인 품격도 있고 통속적인 군중가요의 행진곡 맛도 나게 예술적으로 잘 형상한 훌륭한 명곡입니다. 지금까지 창작된 노래들 가운데서 <김일성장군의 노래>만큼 좋은 노래가 없습니다'라고 평가하고 있다. 이 작품은 북한에서 광복 후 김일성송가의 첫 장을 빛나게 장식한 최고 작품으로 꼽혀 많은 행사장에서 지금도 노래로 불리우고 있으며 개선문에도 새겨져 있다. 이 작품은 모택동을 노래한 중국의 <東方紅>과 매우 좋은 대조를 이루고 있다. 창작경위를 놓고 볼 때 위에서 보다시피 <김일성장군의 노래>가 목적의식적인 인위적인 요소가 많아 가미되었다면 <東方紅>은 무의식적인 자연스러움 그 자체다. <東方紅>은 1940년대 중국공산당의 연안혁명근거지에 사는 한 농부가 아침밥을 먹고 밭에 일하러 나가다가 동녘을 붉게 물들이며 떠오르는 태양이 똑 마치 만백성을 잘 살게 하는 모택동같아 제 흥에 겨우 막 제멋대로 주어넘긴 것이 <東方紅>의 시초를 이룬다. 가사 내용을 놓고 볼 때 <김일성의 장군의 노래>가 '줄기줄기', '굽이굽이', '이야기하라!', '누구인가를!' 등 형용사에 의인, 전도, 반문같은 화려한 수사로 장식되었다면 <東方紅>은 '동쪽을 붉게 물들이며 태양이 솟아오르네/중국에는 모택동이 나타났네/그이는 인민의 행복을 도모한다네/얼씨구 절씨구/그이는 인민의 대구성이라네…'에서 보다시피 직솔적인 소박함 그 자체다. 그리고 가사 멜로디를 놓고 볼 때 <김일성장군의 노래>가 절주가 분명하고 빠르며 박력적이다면 <東方紅>은 느리게 길게 잡아 빼며 애처롭게까지 느껴지는 섬북민요조다. 한마디로 말하여 <김일성의 장군의 노래>와 <東方紅>은 조선과 중국이 각기 자기네들의 수령을 노래한 국가행사가적인 국가급의 노래로서 나름대로의 민족적 기질과 특색을 잘 나타내주고 있다 하겠다. 그리고 이찬의 또 다른 헌시 <찬 김일성 장군>(1946.4.20)은 김일성이 흥남비료공장을 찾았을 때 김일성을 환영하는 연회에 참가한 흥분을 억제할 수 없어 즉흥시로 읊은 것이다고 한다.

이외에 위의 작품집에 실리지 않은 서정시 <당신께서 부르시기에>

(1945년 김조규), <우리의 태양 김일성장군님>(1946년 한식), <등대>(1946년 한식), <감격의 8·15>(1946년 안함광), 송시 <김일성장군만세!>(1946년 황룡), <그이를 우리의 태양이라 노래함은>(1947년 백인준), <더욱 굳게 뭉치리 장군님(그이의) 두리에>(1947년 이찬), <3천만의 화창>(1947년 이찬), <우리의 수도를 아름답게 하는 건>(1947년 이찬), <물결 속에서>(1947년 이정구), <6월14일>(1947년 김북원), <3천만의 태양>(1947년 김우철), <빛나는 그 이름 김일성장군>(1947년 이원우), <인민의 태양 김일성장군님>(1947년 정서촌), <3천만의 태양>(1947년 김우철), <빛나는 그 이름 김일성장군>(1947년 이원우), <인민의 태양 김일성장군님>(1947년 정서촌), <아침마다 부르는 합창시>(1947년 이원우), <해 하나 별 스물>(1947년 박세영), <김일성장군님께 바치는 송가>(1947년 안용만), <헌시>(1948년 집체작), <목숨 바쳐 따라 가오리>(1949년 김북향) <그이를 모시고>(1950년 백인준) 등도 이러한 유에 속한다. 좀 구체적으로 보면 김일성의 토지개혁을 비롯한 제반 민주개혁을 노래했고, 김일성에 대한 흠모와 감사의 정 및 김일성의 새조국 건설방침에 대한 공감과 관철집행을 다짐하고 있다. 이를테면 <감격의 8.15>에서는 김일성을 '조선 건국의 길 민주주의 노선을 소리높이 가리쳤고/토지를 개혁하야 봉건의 철상(鐵床)을 마사버렷스며/20개 정강으로 민주조선의 미래를 약속하였고/노동법령으로 만민의 행복을 선물'한 희망의 등대로 노래하고 있다.

그리고 이 시기에 혁명가유자녀들에게 돌려준 김일성의 사랑과 배려를 노래한 시편들, 이를테면 <태양을 따르는 해바라기처럼>(1949년 김춘희), <우리 품에 포근히 안기라>(1950년 김영철) 등과 보천보전투(1937년 6월 4일)같은 역사 사실을 소재로 취급하여 항일무장투쟁을 승리에로 이끌었다는 김일성의 업적을 한번 더 확인시켜 준 시편들, 이를테면 장편서사시 <백두산>(1948년 조기천)이 있다. <장편서사시 「백두산」에 깃든 불멸의 이야기>(<문학신문> 오태정 1991년 7월 12일)에 보면 '위대한 수령님께서는 이미 전에 보천보전투이야기를 중심으로 하여 서사시를 쓰라고 귀중한 가르침심을 주지 않았던가?'로 보아 김일성 본인이 관여하고 있다. 그리고 당시 일부 사람들이 '표현에서 과장이 지나치오', '작품이 지내기오. 3분의 1로 줄여야겠소' 등 수정의견에 김일성이 '그런 표현들이 생활과 사실에 조금도 어긋나지 않는 이상 별로 문제될 것 같지 않다'고 주장했다고 한다. 김책은 <백두산>창작에도 관여했다. 위의 <혁명송가문학>의 같은 페지 같은 김정일의 교시에 '조기천에게 장편서사시 <백두산>을 쓰라고 과업을 준 사람도 김책동지였으며 호랑이라는 시적 표현을 쓰게 한 사람도 김책동지였습니다. …'라고 한데서 알 수 있다시피 김책은 실로 이 작품창작의 구체적인 세부에 이르기까지 신경을 썼던 것이다. 보다시피 시인 조기천은 김일성, 김책 등의 직접적인 발기와 지도하에 <백두산> 창작에 달라붙었던 것이다. <위대한 수령 김일성동지 문학영도사 2>[19])의 「제4절 혁명전통주제의 작품창작에로 작가들을 고무추동, 장편서사시 <백두산>창작사업지도」(p.114)에 보면,

'시인(조기천. 필자 주)은 위대한 수령님을 직접 만나 뵈운 커다란 감격과 흥분을 안고 그날부터 서사시창작에 자기의 온갖 지혜와 열정을 쏟아 부었다. 그러나 시는 마음과 같이 잘 쓰지지 않았다.

이러한 과정에 그는 <백두산>을 제목으로 한 위대한 장군님에 대한 서사시를 쓰려고 하면서 장군님께서 싸우신 그 백두산에 대하여 자기가 너무도 모르고 있었다는 것을 뼈저리게 통감하였다. 그래서 그는 인차 백두산 답사의 길에 올랐다.…

시인은 백두산 상상봉에 올라 그 웅대하고 숭엄한 기상을 위대한 장군님의 모습으로 받아 안았고 천지의 맑은 물에서 장군님의 푸른 정기와 무한한 슬기를 느꼈으며 줄기줄기 뻗어내린 장백의 아아한 산발들과 골짜기마다에서 장군님의 우렁찬 구령소리와 유격대원들의 돌격의 함성을 마음속으로 듣기도 하였다. 백두산에 대한 현지체험은 그에게 영웅서사시적인 생동한 시적 세계를 안겨주고 시적 환상의 나래를 마음껏 펼칠 수 있게 하였다.

시인은 그 화폭, 그 환상에 이끌리어 백두산마루에서 머리시를 단숨에

---

19) 문학예술종합출판사, 1993년.

쓰고 백두산에서 돌아오면서 보천보에 다시 들려 하루 밤 묵을 때 그 머리시를 다듬고 제1장 초고를 썼다. 그리고 평양에 돌아와서는 며칠사이에 그 방대한 서사시 집필을 다 끝냈다. …'

보다시피 조기천은 <김일성장군의 노래>의 이찬의 경우와 마찬가지로 창작 영감을 직접 백두산에서 얻고 있다. <백두산>은 머리시와 7개장 그리고 맺음시로 구성되었다. 서사시는 1930년대 항일무장투쟁, 그 가운데서도 김일성이 직접 조직지휘한 보천보전투를 역사적 배경으로 하여 '조선은 살아있다'는 기백을 떨친 김일성의 형상을 보여주고 있다. 김일성을 결국 시 첫 부분에서 던진 수사학적 질문, 이를테면 '사지를 문턱인 듯 넘나든 이 그 뉘냐?', '뉘가 인민을 위해 싸웠느냐?/뉘가 민전의 첫머리에 섰느냐?'의 해답체로 내세우고 있다. <백두산>은 김일성의 영웅적 풍모와 그가 이끄는 전사들의 위용, 그리고 그 대열을 좇는 혁명적 인민들을 그렸다. <백두산>은 북한 최초의 수령형상창조 서사시로서 높은 평가를 받고 있다. <백두산>은 김일성을 시조로 내세운 가히 북한의 건국서사시로 볼 수 있다. <백두산>은 김일성의 직접적인 배려하에 <노동신문> 1947년 2월 7일호부터 21일호 사이에 11회에 걸쳐 연재되었다. 그리고 8·15해방 2주년 기념예술축전의 전문부문 1부류 문학작품심사에서 1등상을 수상했다. 당시 <노동신문>은 입상작품들을 소개, 선전하는 글에서 이 작품에 대해 다음과 같이 평가하고 있다. '문학부문 장편시에서 1등의 영예를 차지한 조기천씨는 농민출신의 시인으로서 조선문학계의 혜성적 존재이다. 이번의 당선 작품 <백두산>은 조선민족문학사에서 처음으로 되는 거대하고도 웅건한 장편서사시로서 우리 민족의 태양 김일성장군님의 혁혁한 투쟁을 주옥의 문자로 엮어놓은 대작품입니다.' 이 작품은 또한 대학교재와 각종 사상교육교재로 활용되었고 문학써클의 강독대상이 되어 무려 20만부나 팔려나갔다고 한다. 이 작품은 당창건 40주년이었던 1985년에는 <노동신문>에 다시 연재되었는데 이것으로도 그것이 북한에서 차지하는 위치를 실감할 수 있다. <백두산>은 북한에서 오늘날까지 김일성의 항일무장투쟁사를 훌륭히 그린 본보기의 하나로 꼽히고 있다. <백

두산>이 발표된 직후 당시 북조선노동당선전부장이었던 김창만은 이 '새로운 수확'에 경탄하면서 그것이 갖는 의의는 김일성을 '세계역사의 파동 안에서 약소민족의 투쟁이 갖는 의미를 드높인 민족운동의 찬란한 전형으로 나타낸 데 있다'[20]고 강조했다. 김정일은 '장편서사시 <백두산>이 해방직후에 쓴 시로서는 당의 유일사상이 제일 철저히 구현된 시입니다. 시를 아주 잘 썼습니다. 지금 나오는 시들 가운데도 <백두산>만큼 잘 쓴 시가 없습니다', '우리 조국의 반만년역사에서 새시대를 열어놓은 항일무장투쟁을 취급했을 뿐만 아니라 수령에 대한 서사시적인 첫 송가작품이라는데 이 작품이 가지는 중요한 의의가 있습니다', '장편서사시 <백두산>은 우리 장군님의 불멸의 업적과 위대성을 노래한 것으로 하여 읊으면 읊을 수록 힘이 솟고 긍지와 자부심이 생깁니다'고 평가하고 있다. <백두산>은 <김일성장군의 노래>와 더불어 광복 후 김일성송가의 쌍벽을 이루고 있다.

이 시기 김일성 항일무장투쟁이 찬미되면서 백두산(혹은 장백산)이미지가 많이 등장한다. '장백산 줄기줄기…'로 시작되는 이찬의 <김일성장군의 노래>는 더 말할 것도 없고 조기천 <백두산>처럼 제목에 직접 백두산을 거론한 것도 심심찮게 눈에 띈다. 이를테면 한명천의 <장백산>(1947년)에서는 백두산을 '일즉이 뜻을 품고 만경대를 떠나던/김장군도 여기서 분노의 칼을 갈며 삼천만 겨레의 여명을 바라보던 곳'으로 노래하고 있다. 백두산은 어느새 김일성의 상징적 이미지로 둔갑하고 만다.

■ 1950.6~1953.7(6·25동란시기)

해방공간의 격변기에 있어서 일제잔재숙청, 헌법제정, 토지개혁, 당창건, 건국 등 일련의 이민(利民)적인 정치적 조치로 민심을 얻은 김일성은 북한에서 명실공히 민족의 태양으로 일약 상승하여 전쟁발발 당시에는 이미 유일중심의 최고 권좌에 올랐다. 일반 서민들의 그에 대한 숭배

---

20) 「북조선 문학의 새로운 수확, 조기천 작 장편 서사시 <백두산>을 평함」 김창만 <모든 것은 조국 건설에> p.196, 노동당출판사 1947년.

심은 이미 확고한 것으로 굳어졌다. 그래서 많은 군인들은 '김일성장군만세!', '김일성동지를 위하여!'라는 구호 높이 실로 「김일성」 그 이름 석자에 온 몸을 불살랐던 것이다.

그럼 아래에 구체적으로 시적 분출을 보도록 하자.

이 시기는 전시송가작품이 대량 창작되었다. 전시송가는 헌시와 송가적 서정시라는 두 형식으로 창작되었다. 해방공간에 있어서 간간히 나오던 「수령」이란 낱말도 이 시기에 오면 보편화된 호칭으로 화한다. <수령에의 헌시-해방구 인민들이 드리는 노래>(1950년 홍순철), <수령>(1950년 김순석)에서는 시공간의 제약을 넘어 언제 어디서든 항상 인민들과 같이 있으며 모든 인민들이 마음의 고향이자 지주로 삼는 수령으로 부상한다.

ㄱ. 헌시

헌시란 시를 지어서 직접 드린다는 의미이다. 일반적으로 어떤 구체적 계기가 이루어져 창작된다. 전시헌시들도 여기서 예외는 아니다.

전시헌시는 많은 편은 아니지만 김일성의 위대성 및 여기서 환기된 흠모와 존경 그리고 충성의 맹세를 충분히 노래하고 있다.

<크나큰 그 이름 불러>(1952년 백인준), <헌시>(1952년 홍종린), <수령님께 드리는 노래>(1952년 집체작), <김일성장군님께>(1953년 김영철) 등은 그 보기로 된다. <크나큰 그 이름 불러>, <헌시>는 김일성생일 40돐에 즈음하여 김일성에게 바친 헌시이다. 북한 문학사에서 <크나큰 그 이름 불러>는 전시헌시의 대표작으로 꼽히고 있다. <수령님께 드리는 노래>는 1952년 4월 12일 김일성이 당시 백송리에 있던 김일성종합대학을 찾았을 때 교직원 학생 일동이 지어 바친 것이다.

ㄴ. 송가적 서정시

송가적 서정시란 말 그대로 송시로서의 특성과 서정시로서의 특성을 동시에 갖춘 시가 형식을 말한다. 이 시기 전시송가적 서정시들의 사상내용별로 나누어 보면,

김일성의 현명한 리드쉽과 업적을 노래한 것.

<수령님의 이름과 함께>(1951년 안룡만), <수령님은 우리를 승리에로 부르셨네>(1953년 박세영)는 그 보기로 된다. <수령님은 우리를 승리에로 부르셨네>는 「김일성원수님께 이 노래를 드림」이라는 부제를 단 비교적 긴 시이다.

김일성의 인간성을 노래한 것.

<장군님께서 오신 마을>(1951년 이맥), <사랑의 손길>(1952년 김우철), <경애하는 수령>(1952년 김우철), <사랑의 손길>(1952년 김우철), <원수님의 품속에서 자라는 아이들>(1953년 이원우) 등은 그 보기로 된다.

김일성에 대한 흠모와 충성의 마음을 노래한 것.

<우리의 최고 사령관>(1950년 김북원), <수령>(1952년 차덕화), <수령님은 우리와 함께>(1952년 마우룡), <수령의 노래>(1952년 원진관), <원수님께서 가리키시는 길로>(1953년 박문서), <생산의 불길로>(1953년 이하수), <그이의 음성을 들으며>(1953년 정문향) 등은 그 보기로 된다.

가열처절한 전쟁의 와중이라 그 양은 그리 많은 편은 못 되나 그래도 김일성을 시적 흥분중심으로 하여 여러 면의 내용을 나타내고 있다.

■ 1953.8~1959년(전후복구건설 및 사회주의개조시기)
「전승」의 광장에 김일성을 모신 감격과 드팀없는 충성의 결의를 노래한 시편들.

서정시 <광장에서>(1953년 조벽암), <광장에서 부르는 노래>(1953년 김북원)등은 그 보기로 된다.

전후복구건설과 사회주의적 제반 개조를 승리적으로 조직, 지도했다는 김일성의 업적을 노래한 시편들.

서정시 <우리는 언제나 잊지 않네>(1954년 박산운), <두 번째 오신 날>(1954년 손돈식) 등은 그 보기로 된다.

인민에게 다함없는 배려를 한다는 김일성의 풍모를 노래한 시편들.

서정시 <행복은 이 아침에도>(1954년 강립석), <우리의 최고사령관>(1954년 박승수), <조국 땅 한끝에>(1958년 정문향), <맹세>(1958년 정문향), <그이 가시는 곳엔 전변이 온다>(1958년 박아지), <황금산>(1960년 마우룡) 등은 그 보기로 된다.

김일성에 대한 흠모와 신뢰를 나타내고 있는 시편들.

가사 <김일성원수께 드리는 노래>(1956년 원종소), <위대한 숨결이 살아있는 곳에서>(1958년 김창식), <발자국 소리>(조벽암)는 그 보기로 된다.

<김일성원수께 드리는 노래>에 대해 김정일은 <음악예술론>(p.116~117)에서 '<김일성원수께 드리는 노래>는 아주 잘 된 송가작품이다. 이 노래는 50년대에 인민군협주단에서 만들어 내 놓은 좋은 노래이다. 이 노래는 폭이 넓으면서도 정서가 있다. 선율에 정서적인 굴곡도 있고 노래에 감정조직이 잘 되었다'고 높이 평가했다. 그리고 <혁명송가문학>에 보면 김정일은 '가사가 조그마한 과장도 없이 소박하고 친근하게 되었으며 곡도 부르기 쉽고 친근하게 되었습니다…', '특히 합창 <김일성원수께 드리는 노래>를 공연의 첫 종목으로 내놓은 것은 아주 잘 하였습니다. 그 노래는 1956년에 우리 당이 반당혁명종파분자들을 반대하여 투쟁할 때 인민군대에서 지어부른 노래입니다. 당에서는 반당반혁명종파분자들이 우리 당에 정면으로 도전해 나섰을 때 인민군대는 그 어떤 바람이 불어도 끄떡없이 수령님의 두리에 굳게 통일단결되어있다는 것을 보여주기 위하여 의도적으로 <김일성원수께 드리는 노래>를 지어 부르도록 하였습니다. 그때 인민군협주단에서는 그 노래 첫 공연을 수령님을 모시고 모란봉극장에서 하였습니다'고 했다.

김일성의 사상과 영도를 견결히 옹호하고 관철해 나가는 충성심을 노래한 시편들.

서정시 <회의록의 한 토막>(1958년 김철), <수령의 전사들>(1959년 전동우) 등은 그 보기로 된다.

■ 1960년대(주체사상확립준비시기)[21]

전후복구와 사회주의건설을 통하여 김일성을 노래하고 있다.

서정시 <시대의 유산>(1961년 김윤식), <그이의 발자국>(1961년 김희종), 가사 <세상에 부럼 없어라>(1961년 집체작), 장시 <인민은 노래한다>(1962년 집체작) 등은 그 보기로 된다. 여기서 <시대의 유산>에서는 과수업 발전을 위해 직접 과수나무를 심는다는 김일성을 노래하고 있다. <그이의 발자국>에서는 간석지건설사업을 현지에서 지도하는 김일성의 형상을 노래하고 있다. <인민은 노래한다>는 전쟁의 폐허 위에서 사회주의강국을 일떠 세우고 인민들에게 끝없는 행복을 안겨준 김일성의 현명한 영도와 고매한 덕성, 불패의 혁명업적을 폭넓은 서사시적 화폭과 강렬한 열정의 토로 속에서 형상하고 있다. 장시는 <서시>, <높은 언덕에서>, <이 강산에 꽃이 핀다>, <천리를 내다보신다>, <세상에 부러움 없으라>, <태양은 오누리에 비친다>라는 소제목으로 나뉘어져 있다. <서시>에서 시인들은 인민의 한결같은 심정을 대변하여 「以民爲天」을 좌우명으로 삼고 만대에 길이 빛날 혁명업적을 쌓아올리신 김일성에 대한 다함없는 존경과 흠모의 마음을 담아 열렬히 칭송했다.

<높은 언덕에서>는 김일성의 크나큰 사랑과 현명한 영도에 의하여 전후 파괴된 용광로를 웅장하게 복구하고 첫 쇠물을 뽑게 된 감격적인 사변을 기본내용으로 하여 김일성의 불멸의 업적과 현명한 영도의 역사를 폭넓게 일반화하였다.

<이 강산에 꽃이 핀다>에서는 인민들에게 유족하고 문명한 생활을 마련해 주기 위하여 온갖 심혈을 다 기울이는 김일성의 한없이 고매한 풍모와 언제나 인민들 속에서 그들의 생활을 세심히 보살피는 크나큰 사랑과 은정에 대하여 노래하였다.

<천리를 내다보신다>에서는 김일성이 지닌 비범한 예지와 영도의 현

---

21) 학계에서는 일반적으로 1967년을 주체사상확립기로 보는데 필자는 이와 관점을 조금 달리 하여 1967년 좌우 전반 1960년대를 주체사상 촉발, 준비기로 보고 1970년대에 주체사상이 본격적으로 확립된 것으로 본다.

명성을 높이 칭송하면서 인민의 모든 승리는 오직 김일성이 있음으로 하여 이룰 수 있었다는데 대하여 노래하였다.

<세상에 부러움 없어라>에서는 어린이들에게 돌려주는 김일성의 사랑과 배려에 대하여 높이 칭송하고 있다.

<태양은 온 누리에 비친다>에서는 김일성의 혁명역사에 대해 높은 긍지와 크나큰 자부심을 가지고 칭송하면서 김일성에 대한 인민들과 세계 혁명적 인민들의 흠모와 충성심을 절절한 송축적 정서로 노래하고 있다.

시 전반에 흐르는 것은 조국의 번영과 인민의 행복을 위해 한 평생을 바쳐 온 김일성의 위대성에 대한 열렬한 찬양의 목소리이며 열화같은 흠모 그 자체다.

김일성의 숭고한 풍모를 노래한 시편들.

서사시 <연풍호반의 새봄>(1962년 안충모), <행복>(1968년 안충모), <어느 한 농가에서>(1968년 이용악), <우리 당의 행군로>(이용악), <남호두의 초병>(김희종), <공산주의자>(김우철), <당>(김순석), <자유의 길>(김순석), <혁명의 대하가 흐른다>(1970년 정렬) 등은 그 보기로 된다. <연풍호반의 새봄>에서는 그처럼 바쁜 가운데서도 연풍호반을 찾아 이곳을 훌륭한 휴양지로 꾸리려는 김일성의 원대한 구상과 크나큰 은덕에 대한 감동적인 이야기를 통하여 오로지 인민의 행복을 위해 밤잠도 휴식도 잊고 끝없이 이어가는 김일성의 현지지도의 길은 이 땅 모든 사람들의 가슴속에 흘러드는 위대한 사랑의 젖 줄기라는 주제사상을 밝히고 있다. <우리 당의 행군로>에서는 '진주를 다듬어 천리에 간다 한들/이 길처럼이야 어찌 빛날까/조국의 광복을 만대에 이으신/김일성동지!'라고 하여 조선노동당의 뿌리가 김일성이 영도한 항일무장투쟁에 있음을 노래했다.

그리고 <기쁨의 담시>(1961년 최승철), <대동강에 흐르는 이야기>(1962년 백인준), <동트는 전선 길>(1969년 권용일) 등 일군의 담시들도 이 부류에 속한다. <기쁨의 담시>에서는 이발사의 직업을 천하게 생각하는 노인의 그릇된 생각을 바로 잡아 주는 김일성의 인간적 가르침에 대해 얘기하고 있다. <대동강에 흐르는 이야기>에서는 대동강오염을 고려하여

화학공장터전을 다른 곳으로 잡도록 하는 김일성의 인민들에 대한 세심한 배려를 노래하고 있다.

항일무장투쟁시기를 시대적 배경으로 하여 김일성의 혁명 역사와 업적, 숭고한 풍모, 뛰어난 지도력 및 인간성을 무한한 흠모와 존경의 마음으로 노래한 일군의 서정시와 서사시들.

서정시 <샘골 마을에서의 김일성장군>(1959년 박승수), <찬가>(1962년 허남기), <무지개>(1963년 이맥), <조선>(1965년 정서촌); 서사시 <날이 밝는다>(1959년 정서촌), <크나큰 사랑>(1959년 최영화), <눈보라만리>(1961년 박팔양), <봄우뢰>(1961년 최승칠); 장편서사시 <밀림의 역사>(1962년 박세영), <태양에로의 길>(1966년 이호일), <사령부의 방차대>(1967년 백하) 등은 그 보기로 되겠다. 여기서 <샘골 마을에서의 김일성장군>과 <크나큰 사랑>에서는 유격대원들과 백성들에게 돌려준 김일성의 친어버이같은 사랑을 노래하고 있다. <날이 밝는다>는 깊은 밤 밀영에서 국내진군의 작전을 구상하는 김일성의 숭엄한 모습을 보여주고 있다. <밀림의 역사>는 김일성 탄생 50돐에 즈음하여 창작된 것이다. 이 시는 머리시와 6개의 장으로 구성되었다. 그 내용은 김일성이 친솔한 조선인민혁명군이 보천보전투에서 승리한 후 집요하게 달려드는 일제의 '토벌대'를 유인하여 간삼봉에서 격멸소탕한 이야기를 기본줄거리로 하여 김일성의 탁월한 전략전술가이며 백전백승의 강철의 영장 그리고 인민을 위해 모든 것을 다 바치는 인민의 수령으로서의 '위대함'과 '비범함'을 보여주고 있다. 이를테면 '영광이여라/간삼봉 제일봉에/민족의 영웅 김일성 장군이 오르셨다./동에서 번쩍 서에서 번쩍/일제의 등골에 우뢰와 번개치던/만고의 애국자 김일성 장군이 오르셨다'고 노래한다.

김일성의 주체사상의 위대성과 생활력을 노래한 시편들.

<위대한 진리 앞에>(1968년 김응하), <수령님의 해발이 비치는 곳마다에서>(1968년 집체작), <먼 대양과 대륙의 끝에서도>(1970년 조령출) 등은 그 보기로 된다.

김일성의 전략전술가 풍모를 노래한 시편들.

서정시 <3천만의 봄을>(1962년 이효운), <최고사령부의 밤>(1968년 박세옥), <1211고지>(1970년 김송남) 등은 그 보기로 된다. 첫 편은 항일무장투쟁시기를 배경으로 하고 뒤의 두 편은 6·25동란시기를 배경으로 노래하고 있다.

혁명과 건설을 승리에로 이끌었다는 김일성의 업적을 노래한 시편들.

<위대한 사랑의 열매>(1961년 한진식), <우리가 출발한 첫 기슭에서>(1963년 김학연), <가장 큰 표창>(1968년 이맥), <영광의 그 날에>(1968년 송찬웅), <위대한 구상을 안으시고>(1970년 조벽암) 등은 그 보기로 된다.

항상 인민들 속으로 들어가 현명한 현지지도를 한다는 김일성의 풍모를 노래한 시편들.

<수령님께서 걸어가신 자욱>(1961년 김희종), <시대의 유산>(1961년 김윤식), <수령>(1963년 김시권), <그 손길 이르는 곳마다>(1964년 이찬) 등은 그 보기로 된다.

혁명전사와 인민들에게 크나큰 사랑을 안겨준다는 김일성의 덕성을 노래한 시편들.

<어버이 사랑>(1964년 정서촌), <깊어지는 생각>(1967년 이광제), <세상에 부럼 없는 아이들>(1968년 이정술), <씨앗>(1970년 문재건) 등은 그 보기로 된다.

1960년대 후반기에 들어서 김일성을 칭송한 일군의 장시들이 눈에 띄인다.

<수령님께 드리는 송가>(1966년 오영재), <영원히 수령님과 함께>(1967년 전동우), <수령님은 우리와 함께>(1967년 이호일), <조국의 이 영광 끝없어라>(1968년 정문향), <이 강산에 해빛 넘친다>(1968년 집체작), <꽃피는 창성 땅>(1969년 김광호) 등은 그 보기로 된다. 여기서 <수령님께 드리는 송가>는 김일성에 대한 인민의 신념화되고 의지화된 충성심을 폭넓고 깊이 있게 노래하였다. 시인은 김일성의 혁명역사의 전 노정을 포괄하는 거대한 역사적 화폭을 창조하면서 그 화폭에서 체험된 숭고

한 감정의 개방을 통하여 김일성에게 충성다하는 것은 인민에게 있어서 더 없는 행복이라는 사상정서적 핵을 꽃피우고 있다.

장시에서는 먼저 김일성에 대한 인민의 충성심은 뿌리가 깊고 확고부동하며 영원하다는 것을 노래했다.

다음으로 영광스러운 혁명전통을 이룩하였으며 당을 창건한 김일성, 강철의 영장이고 모든 승리의 조직자이고 언제나 인민 속에 있으며 한없이 자애롭고 소탈하고 검박한 인민의 수령 김일성의 위대성에 대한 칭송과 흠모의 감정을 깊이 있게 형상하였다.

김일성에 대한 충성을 노래한 시편들.

<수령이시여 명령만 내리시라>(1967년 석광희), <수령이시여>(1968년 원석파>, <수령님의 동상 앞에서>(1968년 전초민), <대양의 멀고먼 한 끝에라도>(1968년 김송남), <수령이시여 만수무강하시라>(1968년 조령출), <영원히 그 마음으로>(1969년 채영도), <한 순간도 잊을 수 없는 품이여!>(1969년 김시권), <영원히 영원히 수령님을 따라…>(1969년 김학연) 등은 그 보기로 된다. 여기서 <수령이시여 명령만 내리시라>에서는 김일성이 밝힌 경제건설과 국방건설을 병진시킬 데 대한 혁명노선을 높이 받들고 그것을 철저히 관철해 나갈 인민군대와 노농적위대원들의 드넓은 혁명열정과 투쟁결의를 노래하고 있다.

이른바 해외동포, 남조선 및 세계 혁명적 인민들의 김일성에 대한 흠모와 충성 및 축원의 감정을 노래한 시편들.

<수령님께서 지어주신 우리 대학에서>(1962년 남시우), <나의 심장 바로 위엔>(1962년, 정화수), <수령님 손길 따라 승리하리라>(1967년 집체작), <충성의 마음 수놓아 갑니다>(1968년 유해룡), <그 분이 바로 우리 수령님이시네>(1968년 남시우), <마음의 꽃다발>(1968년 최설미), <노래>(1970년 허남기), <60만이 드리는 충성의 노래>(1972년 한덕수), <남녘의 마음>(1972년 렴봉우), <위대한 태양을 우러러>(1970년 이효운), <위대한 전변의 새 역사를 열어셨습니다>(1970년 김창석), <아프리카의 이른 새벽>(1970년 이광근) 등은 그 보기로 된다. <수령님께서 지어주신 우리 대학

에서>는 1960년대 김일성이 일본 동경에 「조선대학」을 설립하고 재일교포자녀들을 공부시킨 사실을 시적 계기로 하여 김일성에 대한 고마움을 나타내고 있다. 김일성은 1950년대 중기부터 1960년대 중기까지 전후 3~4차례의 북송선을 통해 민족기시를 받고 있는 재일교포들이 북한으로 갈 수 있는 조치를 취해 주었다. <노래> 등은 바로 재일교포의 신분에서 김일성의 이러한 배려에 대해 내심으로부터 우러러 나오는 고마움, 감격, 믿음의 마음을 읊고 있다. <60만이 드리는 충성의 노래>는 재일조선인총련합회(조총련) 회장인 한덕수가 김일성의 60돐 생일을 맞아 말 그대로 충성의 노래를 올린 것이다. <나의 심장 바로 우엔>, <그 분이 바로 우리 수령님이시네>, <수령님 손길 따라 승리하리라>, <충성의 마음 수놓아 갑니다>, <마음의 꽃다발>, <남녘의 마음>은 김일성 60돐 생일을 맞아 이른바 남조선인민들이 어떻게 김일성에 대해 축원의 감정을 읊고 있는가를 보여주고 있다. <위대한 태양을 우러러>, <위대한 전변의 새 역사를 열어셨습니다>, <아프리카의 이른 새벽> 등은 이른바 세계 혁명적 인민들의 경우에 해당한다.

이 시기는 송가가사가 대량 창작된 특징을 보이고 있다.

김일성에 대한 존경, 흠모 및 충성을 신념과 의지로 노래한 시편들.

<수령님 모시고 천년만년 살아가리라>(1963년 조룡관), <김일성장군님은 우리의 태양>(1967년 백인준), 서사시 <우리의 태양 김일성원수>(1969년 집체작), <충성의 노래 삼가 드리네>(1969년 집체작) 등은 그 보기로 된다. <김일성장군님은 우리의 태양>에 대해 김정일은 '노래 <김일성장군님은 우리의 태양>을 아주 잘 지었습니다. 노래 <김일성장군님은 우리의 태양>은 최근에 창작된 노래들 가운데서 최고 걸작입니다'(<혁명송가문학> p.32~33)고 평가했다. <우리의 태양 김일성원수>는 김일성생일 57돐에 즈음하여 창작되었다. 이 서사시는 5개장과 머리시와 맺음시로 구성되었다. 1장 「인민의 수령」, 2장 「불멸의 자욱」, 3장 「주체의 기치」, 4장 「위대한 창조」, 5장 「혁명의 홰불」로 구성되어 있다.

「사회주의 낙원」, 「인민의 낙원」22)을 일떠세웠다는 김일성의 업적을

노래한 시편들.

<4천만은 수령을 노래합니다>(1967년 전강우), <인민의 태양>(1968년 주민), <수령님의 높은 뜻 붉게 피었네>(1970년 11월 15일 집체작) 등은 그 보기로 된다. 여기서 <수령님의 높은 뜻 붉게 피었네>는 김정일이 1970년 봄 「만수대예술단」 창작가들에게 김일성의 업적을 송축하는 주제로 새로운 여성중창곡을 창작할 데 대한 과업을 주어 창작된 것이다. 이 가사는 창작가들이 써 올린 것을 김정일이 원작의 '지상낙원'을 '주체의 조선'으로, '아름다운 꽃'을 '영원한 꽃'으로 바꾸는 등 '원작을 알아볼 수 없을 정도로 전면적인 개작'을 가하여 최종 완성시킨 것으로 알려져 있다.23) 이 작품을 김정일이 1970년 11월 15일 조선노동당 제5차대회경축연회공연에서 여성중창으로 부르도록 하여 김일성을 기쁘게 했다고 한다. 이 작품은 북한에서 「사회주의 낙원」, 「인민의 낙원」을 이룩했다는 김일성의 업적을 노래한 새로운 수령송가주제의 개척으로 꼽고 있다. <4천만은 수령을 노래합니다>, <인민의 태양>도 이런 주제를 구현한 가사임에도 불구하고 후에 나온 <수령님의 높은 뜻 붉게 피었네>가 이런 평가를 받게 되는 것은 이 작품 창작에 김정일이 관여한 사정과 관계된 줄로 안다.

김일성의 구체적인 혁명 역사와 사적을 화폭에 담은 시편들.

<만경대의 노래>(1962년 조령출), <포평나루터>(1967년 집체작), <만경대는 혁명의 요람>(1967년 한상호), <올기강 기슭에서>(1968년 윤광연), <노래하라 만경대갈림길이여>(1970년 이종성), <만경대 찾아가네>, <창성은 살기 좋아라>(1970년 박세영) 등 가사는 그 보기로 된다.

김일성의 업적과 덕성을 노래한 송가들.

<아, 영원한 사랑의 품이여>, <아, 수령님 품이여>, <어버이수령님 고맙습니다>, <은혜로운 그 사랑 노래합니다>, <수령님 품 속에서 붉게 핍니다> 등은 그 보기로 된다.

---

22) 이 말은 북한에서 현재까지도 많이 쓰이고 있는 상투어들이다.
23) <혁명송가문학> p.127, p.130.

김일성을 모신 긍지와 자랑, 행복감을 노래한 것.

<인민의 태양>(1970년 박세영), <우리 인민은 가장 행복하여라>(1970년 정서촌)같은 가사가 그 보기로 된다.

■ 1970년대(주체사상확립시기)

1970년대 이후 북한 시문학에서는 김일성의 혁명업적을 칭송하고 찬양하는 이른바 송가문학이 주류를 이루게 되었다. 북한에서는 1960년대부터 '문학에서 반드시 갈등이 존재해야만 하는 것은 아니며 긍정적 정서만 그려진 훌륭한 문학도 얼마든지 있을 수 있다' 는 주장이 대두되었고 그런 논의가 발전해 1970년대부터 송가문학이 본격적으로 개화되었다. 그리고 그 극단적인 표현이 「송가서사시」라는 새로운 장르로 나타났다. 이로부터 북한시문학에서 특징적인 장편화 경향이 나타났다. 이런 「송가서사시」는 혁명역사를 시로 옮기는 데서 사건보다 '칭송이 형상의 기본과제'이며 모든 생할 소재와 감정이 여기에 복종해야 한다는 것을 기본원칙으로 하고 있다. 그렇게 해서 김일성은 단순한 '위대한 지도자'의 수준을 넘어 '살아 있는 신', '해와 달같은 존재'로 칭송되기에 이르렀다. 이런 대표적인 송가서사시로 집체작 <우리의 태양 김일성 원수>(1969), <불멸의 자욱>(1973년 4·15문학창작단), 시집 <수령님께 드리는 충성의 노래>(1968), <당의 기치따라>(1970년), <위대한 노정>(1972년), <우리 인민은 행복합니다> (1972년), <남녘의 마음>(염봉우), <다함없는 충성의 노래>, <어버이수령님만수무강을 축원합니다> 등이 있다.

김일성의 안녕과 만수무강을 축원한 송가들.

<새해 인사를 드리옵니다>, <김일성원수님 만수무강을 축원합니다>(1968년 집체작), <수령님의 만수무강 축원합니다>(1972년 1월1일 집체작), <태양이 누리에 빛나는 이 봄에>(1972년 최영화), <수령님의 영상을 우러러>(1972년 정문향), <민족의 태양을 우러러>(1972년 박산운), <어버이 수령님께 드리는 헌시>(1974년 정서촌), <수령님 밤이 퍽 깊었습니다>(1975년 윤두근), <새해 인사를 드리옵니다>(1975년 이호일) 등은 그 보기

로 된다. 여기서 <수령님의 만수무강 축원합니다>는 만수무강축원이라는 수령송가의 새로운 주제영역을 개척한 본격적인 축원의 노래로 꼽히고 있다24). 물론 이 노래가 나오기 전에 만수축원 관계 노래가 없은 것은 아니다. 그러나 이런 노래들은 양적으로나 질적으로 아직 부족했다는 것이다. 김정일이 1970년 9월 조선노동당 제5차대회경축공연준비를 직접 지도할 때 이른바 시대와 인민의 지향을 반영하여 김일성의 만수무강을 축원하는 높은 차원의 노래를 창작할 데 대하여 밝힌 다음의 말은 그간의 사정을 잘 말해 주고 있다. '지금 위대한 수령님의 만수무강을 축원하는 노래가 없는 것이 제일 가슴아픈 일입니다. 바로 이것이 우리 창작가들이 놓치고 있는 중요한 문제입니다.'25) 김정일의 이런 지적에 시인들은 궐기하여 무려 1년반 가까운 시간에 걸쳐 구체적 세부에 이르기까지 10여 차례나 되는 김정일의 지도를 받으며26) 이 노래를 완성시켰다 한다. 그래서 1972년 1월 1일 김일성을 모신 신년 경축연회석상에서 이 노래를 불러 김일성에게 무한한 기쁨을 줄 수 있었다는 것이다. <혁명송가문학> 에 의하면 사실 6·25동란 때 어린 김정일이 지은 온 나라 인민의 마음을 담아 김일성의 안녕을 빌었다는 <축복의 노래>에서 만수무강축원의 송가적 주제가 이미 싹텄다는 것이다. 이것은 언제나 김정일을 모든 「훌륭한 일」의 귀감으로 내세우려는 북한의 상투적 수법에 지나지 않는다.

김일성의 사상이론적 업적에 대한 송가들.

<우리 인민의 위대한 수령 김일성동지!>(1972년 백하), <태양이 누리에 빛나는 이 봄에>(1972년 최영화), <밀영의 깊은 밤에>(1973년 최승칠),

---

24) 필자가 보건대 <김일성원수님 만수무강을 축원합니다>같은 작품이 만수무가축원의 노래의 전형으로 되기에 하등의 손색이 없음에도 불구하고 후에 나온 <수령님의 만수무강 축원합니다>가 수령송가문학의 새로운 주제영역의 개척으로 그리고 최상의 작품으로 꼽히는 것은 위의 <수령님의 높은 뜻 붉게 피었네>와 같은 경우인 줄로 안다.

25) <혁명문학송가>, p.135.

26) <혁명송가문학>(p.147)에 보면 이 가사의 '해와 달이 다 하도록'같은 어구는 김정일이 직접 부여한 것이며 여기에 계발을 받아 창작가들이 상응되는 '하늘 땅의 끝까지'라는 새로운 비유를 고안해냈다 한다.

<어버이수령님께 드리는 헌시>(1974년 정서촌), <백두밀영의 겨울밤>(1975년 최국산), <주체송가>(1977년 최승철), <위대한 수령님께 드리는 인민의 노래>(1978년 집체작), 서사시 <인민의 위대한 태양>(1978년 이맥, 박세옥, 장건식), <만수대>(1979년 김철) 등은 그 보기로 된다. 이런 작품들에서는 김일성이 어떻게 주체사상을 창조하여 혁명의 앞길을 밝혔는가 하는데 모를 박고 있다.

김일성의 현명한 영도풍모를 예찬한 시편들.

서정시 <불타는 도하장에서>(1971년 권태여), <위대한 의지>(1972년 최승칠), <조선의 새벽길>(1975년 정서촌), <우리 수령님, 우리 당>(1975년 신진순), <조국땅 북변의 한 밤에>(1976년 조성판), <용해장을 찾으신 지도 이슥한데>(1977년 조빈), <12월의 그 눈이 가슴에 내린다>(1979년 윤두만), <끝없는 사랑의 길 위에>(1979년 문성락), <위대한 사랑의 자욱>(1979년 최준경); 장시 <황금산의 노래> (1975년 집체작), <설레이라 벼바다, 강냉이바다여>(1977년 김성조, 안창만) 등은 그 보기로 된다.

김일성의 혁명업적을 포괄적으로 노래한 시편들.

헌시 <어버이수령님께 드리는 헌시>(1977년 오영재); 서정시 <만경대에서 드리는 인민의 노래>(1976년 정동찬) 등은 그 보기로 된다.

김일성의 은정을 노래한 시편들.

항일혁명투쟁을 배경으로 한 은정.

이 시기 서정시 <사령부의 천막가에서>(1975년 이금석), <4월의 아침에 드리는 축원의 노래>(1979년 윤두만), <어버이 수령님께 드리는 축원의 노래>(1979년 박호범), <위대한 수령님께 드리는 인민의 노래> 등은 그 보기로 된다.

현실생활을 배경으로 한 은정.

<조국 땅 한 기슭에서>(1971년 변홍영), <가을의 미소>(1975년 김재원), <해지는 저물녘에>(1979년 이종섭); 장시 <크나큰 사랑의 품>(1977년 백의선) 등은 그 보기로 된다.

김일성을 모신 행복과 민족적 긍지감을 노래한 가사.

<수령님 모신 영예 끝없습니다>(1972년 집체작), <수령님은 인민들과 함께 계시네>(1972년 집체작) 등은 그 보기로 된다.

일편단심 김일성에게로 향한 충성을 노래한 가사.

<수령님 한 분만을 모시렵니다>(1974년 김재화), <창밖에 비가 와도 눈이 내려도>(1977년 김석주), <그 길에 꽃을 심고 금모래를 깔며>(1978년 이재린) 등은 그 보기로 된다.

김일성의 위대한 풍모, 숭고한 덕성을 노래한 가사.

<수령님 밤이 퍽 깊었습니다>(1975년 윤두근) 등은 그 보기로 된다.

이 시기 항일무장투쟁시기에 쌓아 올린 김일성의 업적과 숭고한 풍모를 형상한 시작품들이 많이 창작되었다.

시집 <위대한 노정>(1972년)은 그 보기로 된다. 이 시집에는 김일성의 유년시절과 소년시절을 노래한 작품, 초기혁명활동과 항일무장투쟁에 바쳐진 작품들 그리고 김일성의 혁명전적지와 혁명사적지들을 노래한 작품들이 수록되었다.

광복 후 북한현대사의 주요 역사적 계기에 있어서 김일성의 현명한 지도력과 뛰어난 예지, 비범한 통찰력과 강의한 의지를 노래한 시편들.

서정시 <수령님의 빛발이 비치는 곳마다에서>(1970년 집체작), <해방된 조선의 첫 봄에>(1971년 김진수), <불타는 도하장에서>(1971년 권태여), <주체의 태양>(1972년 오영재), <위대한 구상을 안으시고>(1972년 조벽암), <폭음이 울부짖던 그 밤에> (1972년 손돈식) 등은 그 보기로 된다.

사회주의건설에 있어서 김일성의 현명한 지도와 불멸의 업적을 노래한 시편들.

서정시 <조국 땅 한 기슭에서>(1971년 변홍영), <대안의 구내 길을 걸으시며>(1971년 이광근), <용해장에 오신 수령님>(1971년 한건식), <위대한 의지>(1972년 최승철), <웅기땅 높은 영마루>(1973년 백하), <새벽 마을>(1974년 이동후), <가을의 미소>(1975년 김재원), <영원한 전사의 탄생>(1975년 김기호), <들길 위에 날은 저무는데>(1975년 김석주), <끝없이 설레이라 만풍년의 나락이여>(1977년 조빈) 등은 그 보기로 된다.

이 시기 <탑의 노래>(1970년 심수호), <태양은 누리를 비친다>(1971년 오영재), <혁명의 위대한 수령 김일성원수님께 드리는 충성의 송가>(1972년 조선작가동맹중앙위원회 집체작), <대지에 넘치는 기계바다의 노래>(1974년 오영재, 박세옥), <영생불멸의 김일성장군의 노래>(1975년 집체작) 등 대표적인 송가형식의 장시들과 <우리의 태양 김일성원수>(1969년 조선작가동맹중앙위원회 시문학분과위원회 집체작), <불멸의 자욱>(1973년 조선작가동맹중앙위원회 4·15문학창작단), <새 역사의 흐름>(1977년 정렬), <전환의 봄>(1977년 이범수), <시대의 선언>(1977년 유성옥) 등 서사시는 상대적으로 송가적 장시, 서사시가 그리 많지 않은 상황하에서 단연 돋보인다. 여기서 <우리의 태양 김일성원수>는 송가형식 수령형상서사시의 첫 작품으로 꼽히고 있다. 이 서사시는 반세기에 걸치는 김일성의 영광찬란한 혁명역사와 만대에 길이 빛날 불멸의 혁명업적이 웅대한 서사시적 화폭 속에 정중하게 반영되어 있다.

서사시는 다섯 개 장과 머리시, 맺음시로 구성되어 있다. 매장은 각각 독자적인 사상주제적 내용을 담고 있으면서도 김일성의 불멸의 혁명역사와 찬란한 혁명업적을 전일적으로 폭넓게 보여주려는 하나의 목적으로 일관되어 있다.

「인민의 수령」에서는 억눌리고 천대받던 인민들에게 광복된 조국을 안겨주고 자주적이며 창조적인 생활을 마련해준 김일성의 숭고한 혁명가적 풍모를 끝없는 흠모의 정을 담아 정중하게 노래하고 있으며 김일성의 한없이 자애로운 품속에서 행복을 누리면서 세상에 부럼 없이 사는 인민들의 한없는 기쁨과 행복을 소리 높이 구가하고 있다.

「불멸의 자욱」에서는 영광스러운 혁명전통을 창시하고 당과 조국과 혁명무력을 창건한 김일성의 불멸의 혁명업적에 대하여, 한없이 귀중한 혁명전통을 이어받은 인민의 끝없는 민족적 긍지와 자부심, 혁명전통의 거대한 생활력에 대해 감동적으로 노래하고 있다.

「주체의 기치」에서는 김일성이 주체사상을 창시한데 대하여; 자주, 자립, 자위로 빛나는 사회주의조국의 위용에 대하여; 주체의 혁명적 기치 밑에서 살며 투쟁하는 인민의 불패의 기상에 대하여 박력 있게 노래하고 있다.

「위대한 창조」에서는 불면불휴의 탐구와 지칠 줄 모르는 창조적 열정으로 노동계급의 혁명이론의 보물고를 끊임없이 풍부화해 나가는 김일성의 불멸의 업적에 대하여; 김일성의 예지로 태어난 청산리정신과 청산리방법; 사회주의농촌문제에 관한 테제; 온 사회의 혁명화, 노동계급화방침 등 탁월한 사상과 이론, 방법의 진리성과 정당성, 혁명과 건설의 영재인 김일성을 높이 모신 인민들의 끝없는 행복과 기쁨에 대해 자랑차게 노래하고 있다.

「혁명의 홰불」에서는 김일성이 남조선 혁명과 조국통일에 관한 혁명적인 방침을 내놓고 재일동포들에게 한없는 사랑을 베풀어주는데 대하여; 주체의 혁명적 기치를 높이 들고 싸우는 남조선혁명가들의 영웅적 투쟁; 조국통일과 민주주의적 민족권리를 위한 제일동포들의 투쟁에 대하여 노래하고 있다. 또한 이 장에서는 김일성이 밝힌 반제반미투쟁의 혁명적 기치를 높이 들고 나아가는 세계 혁명적 인민들의 투쟁을 폭넓게 보여주면서 김일성의 숭고한 풍모를 노래하고 있다.

맺음시에서는 인민들에게 영광과 행복을 안겨주는 김일성을 모시고 사는 인민들의 끝없는 민족의 긍지와 자부심, 살아도 오직 김일성을 위하여 참되게 살며 싸워도 한마음 김일성을 위하여 용감하게 싸우며 일편단심 김일성을 위하여 영생의 길을 걸으려는 인민들의 심장의 맹세, 충성의 결의를 절절하게 노래하고 있다.

1960년대에는 종합시집 <수령님께 드리는 송가>와 <수령님께 드리는 충성의 노래>(1968년 집체작) 두 권 밖에 없었다면 1970년대에 들어서 김일성송가작품들을 실은 서정시집, 서사시집 및 종합시집들이 대량 출판되었다. 대표적인 서정시집들로는 <인민은 노래한다>(1970년), <당의 기치 따라>(1970년), <당의 부름 받들고>(1971년), <위대한 노정>, <우리 인민은 행복합니다>(1972년), <다함없는 충성의 노래>(1975년) 등이 있고 서사시집들로는 <수령님은 우리의 어버이시다>(1971년), <불멸의 자욱>

(1973년), <승리의 기치>(1977년), <인민의 위대한 태양>(1978년) 등이 있으며 종합시집들로는 <만경대는 우리의 심장>(1971년), <영광의 땅 만경대, 봉화리>(1972년), <우리 인민은 행복합니다>(1972년), <다함없는 충성의 노래>(1975년), <인민의 염원>(1976년), <인민은 수령님의 만수무강 축원합니다>(1977), <태양은 빛나라>(1978), <인민은 태양을 우러러>(1979년) 등이 있다.

이 시기 김일성송가작품에 있어서 특히 눈에 띠는 것은 1960년대 말과 1970년대 초에 김정일이 직접 창작했다는 가사 <충성의 노래>(1969년), <수령님의 높은 뜻 붉게 피었네>(1970년), <어디에 계십니까 그리운 장군님>(1971년)이다. 이 작품들은 수령송가문학의 본보기를 마련했다고 북한에서 높은 평가를 받고 있다.

이 시기 김정일에 대한 송가가사 <너보다 정다운 곳 나는 몰라라>(1964년 집체작)가 萬綠靑中一點紅식으로 유표하게 눈에 띤다. 이 가사는 인민을 따뜻한 사랑의 품에 안아 온 나라에 행복의 노래소리 넘쳐흐르게 하고 사회주의건설에서 일대 앙양을 일으키며 주체혁명위업의 완성을 앞당겨 나간다는 김정일에 대해 다함없는 경애심과 신뢰의 정을 정열적으로 노래하고 있다.

1970년대에 들어서 김정일이 후계자로 부상됨에 따라 그에 대한 송가는 본격적으로 창작되기 시작했다.

이 시기 김정일을 칭송한 첫 문학형태는 가사이다. 1970년 가사 <이 세상 멀고먼 곳 가면 갈수록>(전금옥)이 먼저 선을 보였다. 이 가사는 조국을 떠나 먼 외국에 간 시적 자아의 체험세계의 개방을 통하여 인민들에게 한없이 자애롭고 은혜로운 사랑을 안겨주며 인민대중의 자주위업에 자기의 모든 것을 다 바치는 김정일에 대한 사람들의 뜨거운 흠모의 정을 노래하고 있다. 이어서 1971년 김정일에게 충성을 다짐하는 가사 <대를 이어 충성을 다 하렵니다>(집체작)가 창작되었다.

뒤이어 1973년에 가사 <우리는 친위대 돌격대>(1973년 집체작)를 비롯한 20여 편이 창작되었다.

그리고 계속하여 가사 <천만년 대를 이어 모시렵니다>(1974 이호일), <친애하는 지도자동지께 영광을 드립니다>(1974년 박영순), <친애하는 지도자동지의 노래>(1974년 석광희), <친애하는 지도자동지 만세>(1976년 송찬웅), <친애하는 지도자동지의 만수무강을 축원합니다>(1976년 백인준), <친애하는 김정일동지의 노래>(1976년 집체작) 등 많은 작품들이 쏟아져 나왔다. 여기서 <친애하는 지도자동지의 만수무강을 축원합니다>는 위에서 본 김일성의 만수무강을 축원한 대표작으로 꼽을 수 있는 <수령님의 만수무강 축원합니다>와 쌍벽을 이루고 있다. 그런데 여기서 좀 웃기는 것은 김일성이 이런 축원의 노래를 받을 때는 그래도 내일 모레 60을 바라보는 환갑 나이에 육박하고 있었지만 김정일의 경우는 이제 새파란 34세의 젊은이라는 데 있다. 그것도 나이 지긋하고 당시 북한에서 최고급 시인으로 꼽히는 백인준이 지어바쳤으니 그것이 풍자인지 진짜인지 좀 헷갈리게 한다. 그러나 그 가사를 보니 진짜이고 진심임이 분명한 듯하다. 잠간 1절만 보도록 하자.

> 자애로운 사랑의 한 품에 안고
> 행복에로 이끄시는 지도자동지
> 우리의 운명과 조국의 미래
> 영원히 맡기고 따르옵니다
> (후렴)친애하는 지도자 김정일동지
> 길이길이 만수무강 축원합니다.

이 노래가 지어진 1976년에 있어서 김정일은 비록 어린 나이지만 이미 당적인 사업을 맡아보면서 크게 두각을 나타낸 줄로 안다. 그래서 그만큼 사회적으로도 인정된 줄로 안다.

<친애하는 김정일동지의 노래>는 그간의 사정을 보다 분명히 확정해 주고 있다.

   1. 백두의 푸른 기상 한 몸에 안고
      조선에 솟아 오른 향도의 해발
      혁명의 붉은 기발 높이 드시고
      주체의 내 조국을 빛내시네
      (후렴)아 우리의 친애하는 지도자동지
      그 이름 빛나라 김정일동지

   2. 위대한 수령님의 높으신 뜻을
      이 강산에 꽃피우는 은혜론 사랑
      언제나 인민들과 함께 계시네
      영원한 행복을 안겨 주시네

   3. 김일성주의의 기치 드높이
      영광에로 이끄시는 혁명의 기수
      빛나는 예지로 세기를 밝혀
      공산주의 새날로 인도하시네

  이 가사에서 보면 이 시기 「친애하는 지도자」로 불린 김정일은 이미 '조선에 솟아 오른 향도의 해발'로 '위대한 수령님의 높으신 뜻을 받들고 공산주의 새날로 인도하시'고 있으며 인민들은 '아 우리의 친애하는 지도자동지/그 이름 빛나라 김정일동지'로 김정일을 모신 영광을 노래하고 있다. 이런 가사들은 「친애하는 지도자」로 부상한 김정일에 대한 믿음과 신뢰 그리고 자호감과 충성의 맹세를 다지는 것으로 주종을 이루고 있다.

  김정일을 노래한 송가는 가사에 뒤이어 서정시가 나왔다.

  1974년 첫 시집 <2월의 송가>(조선작가동맹 중앙위원회)가 세상에 나왔다. 이 시집에는 <2월의 노래>를 비롯한 초기 송가작품들 가운데서 22편을 골라 편찬했다. 이 시집은 김일성의 혁명위업을 계승한 「친애하는 지도자동지」의 빛나는 영도 및 찬란한 미래에 대한 확신, 「친애하는 지도자동지」의 혁명전사와 인민들에 대한 깊은 사랑 그리고 「친애하는 지도자동지」를 모신 긍지와 자부심 및 충성심에 대해 노래하고 있다. 그 대

표작들로 서정시 <새날이 동튼다>(차승수), <2월의 노래>(이맥), <그이
는 백두산에서 탄생하셨다> (이선을), <푸르른 그 기상 영원하리라>(전
병구), <친애하는 그이의 영상을 우러러>(이광근), <은혜로운 품>(구희
철), <충성의 계단을 오르고 또 오르며>(안정기), <밤늦은 시간에 차는
떠나고>(오영재) 등을 꼽을 수 있다.

가사, 서정시에 뒤이어 서사시가 창작되었다.

김정일을 칭송한 첫 서사시집 <향도의 해발은 누리에 빛난다>가 1977
년 2월 16일 김정일생일축하기념 헌시집으로 발행되었다.

그리고 종합시집 <향도의 해발을 우러러> 1, 2, 3권이 1975년부터
1978년에 걸쳐 발행되었는데 제1권에 41편, 제2권에는 48편의 송가가 수
록되었다. 이 시집의 내용을 사상주제별로 보면 「친애하는 지도자동지」의
위대한 지도력, 빛나는 사상이론활동, 고매한 인간적 덕성을 노래한
것, 김일성에 대한 「친애하는 지도자동지」의 충성심, 「친애하는 지도자
동지」를 모신 민족적 긍지와 자부심 및 충성의 결의를 담고 있다. 그야말
로 전면적으로 「친애하는 지도자동지」를 노래하고 있다. 그 대표적 시작
품으로는 서정시 <2월>(1975년 최영화), <행복>(1975년 조령출), <만수
대의 새벽>(1975년 장건식), <들판의 아침에>(1976년 정용순), <우리 언
제나 그이께 기쁨만을 드려렵니다> (1975년 조성관), <해돋이>(1975년
정서촌), <위대한 선언>(1975년 김종남), <그이께서 임진강기슭을 걸으
신다>(1975년 변홍영), <인민의 염원>(1975년 김우협), <위대한 사랑의
길>(1975년 강현세), <당중앙의 불빛은 누리를 비친다>(1976년 허우연),
<한평생을 바쳐>(1976년 최영화), <생에 대한 송가>(1976년 백인준),
<위대한 사랑의 궤도 위에서>(1976년 전병선), <위대한 사랑의 해발은
대양만리에도…>(1976년 임호권) 등을 꼽을 수 있다.

이 모든 것은 이 시기 김정일의 후계자 위상을 수립하기 위해 여러 시
가 장르에 걸쳐 동시다발적으로 歌功頌德이 이루어 졌음을 알 수 있다.

김정일을 노래한 송가는 1976년부터 주제사상영역에서 새로운 측면들
을 나타내었다.27)

첫째로, 김일성에게 바치는 「친애하는 지도자동지」의 열화같은 충성심을 노래한 내용들이 나타나기 시작했다. 이를테면 서정시 <위대한 수령님 가시는 길을 여시며>, <아침마다 당보를 펼칠 때> 등은 그 보기로 된다.

둘째로, 김정일의 혁명사적을 직접 노래하고 있다. 이를테면 <향도의 해발을 우러러> 2권에 실린 <위대한 사랑은 대양 만리에도>를 비롯한 25편의 작품이 그 좋은 보기로 된다.

주제사상적 측면에서뿐만 아니라 시형식에서도 변화를 가져 왔다.28) 이를테면 1970년부터 1975년까지가 대체로 서정시형식의 송가가 대종을 이루었다면 1975년부터는 서사시, 서정서사시, 장시 등이 창작되기 시작했다.

김정일을 형상한 첫 서사시는 1975년 2월에 나온 <향도의 해발은 누리에 빛난다>(구희철, 이일복, 김석주, 김성조)로 보게 된다. 뒤이어 1976년에는 서사시 <영원히 빛나라 조선의 영광이여>(정문향, 구희철, 김송남)가 창작되었다. 여기서 <향도의 해발은 누리에 빛난다>와 <영원히 빛나라 조선의 영광이여>를 좀 구체적으로 보도록 하자. <향도의 해발은 누리에 빛난다>는 머리시와 맺음시를 제외한 4장으로 구성되어 있다. 「제1장 백두산은 노래한다」에서는 조선혁명의 길을 처음으로 개척했다는 김일성과 주체혁명위업을 빛나게 계승해 나간다는 김정일을 모신 긍지와 영광을 노래하고 있다. 「제2장 불멸의 탑은 빛나라」에서는 새로운 혁명문학, 주체적 문학예술의 본보기를 마련하고 예술인대오를 믿음직하게 키웠다는 김정일의 영도업적을 1960년대 말~1970년대 전반기의 역사적 사실에 기초하여 노래하고 있다. 「제3장 이 강산에 넘치는 사랑의 해빛」에서는 김정일이 인민들에게 베풀었다는 뜨거운 사랑을 구체적 사실로 뒷받침하면서 노래하고 있다. 「제4장 주체의 기치를 높이 드시고」에서는 온 사회의 주체사상화를 선포하고 당도 사회주의건설도 주체사상의 요구대로 이끌어 나간다는 빛나는 향도와 이른 새벽 만수대언덕을 찾아 김일성

---

27) <수령형상문학>, p.439.
28) <수령형상문학>, p.439.

께 충성의 맹세 다지는 김정일에 대해 노래하고 있다. 이 서사시는 구성면에서 일관된 사건선을 가지고 있지 않고 장마다에서 김정일의 위대성에 대해 측면별로 노래하고 있다.

<영원히 빛나라 조선의 영광이여>는 김일성에 대해 한없이 충직한 김정일의 탁월한 영도와 인간사랑의 정치를 뜨겁게 노래하고 있다. 이 서사시는 머리시와 맺음시를 제외한 3장으로 구성되어 있다. 제1장에서는 김일성과 함께 김정일을 모신 영광 및 김정일이 끊임없이 행하는 현지지도의 길은 김일성에게 바치는 다함없는 충성의 길이라는 것을 밝히고 있다. 제2장에서는 사상과 영도의 영재로서의 김정일의 공적을 노래하고 있다. 제3장에서는 김정일이 베푼 인간사랑의 정치를 격찬하고 있다.

서사시 <향도의 해발은 누리에 빛난다>와 <영원히 빛나라 조선의 영광이여>는 김정일의 위대성을 다방면으로 노래한 초창기의 작품들로서 눈에 띄인다.

1970년대 후반기에 와서는 장시가 창작되었다. <백두의 해돋이>는 김정일을 형상한 첫 장시로 된다. 이때부터 동요, 동시도 많이 창작되었다. 시리즈 형식으로 출판된 동요, 동시집 <온 나라 꽃봉오리 영광드려요>가 그 보기로 된다.

<수령형상문학>(p.440)에 보면 이 시기에 있어서 '친애하는 지도자동지를 칭송하는 시문학은 군중 속에 급속히 전파되어 노동자, 농민, 군인, 대학생, 해외동포 등 쓰지 않는 사람이 거의 없게 되었다.

그야말로 친애하는 지도자동지를 칭송하는 시문학은 전 인민적 송가문학으로 발전하게 되었다'고 한다.

■ 1980년대(주체사상고양시기)

1980년대에 들어오면서 수령송가 서정시, 서사시가 더욱 활발히 창작되는 가운데 처음으로 서정서사시가 창작되었다. <새벽>을 필두로 많은 서정서사시가 창작되었다.

김일성을 자주시대의 위대한 태양으로 높이 칭송한 작품들.

서정시 <태양은 빛나라>(1980년 박호범), <해가 솟는다>(1981년 장건식)는 그 보기로 된다.

주체사상의 진리성과 그 생활력을 통하여 김일성의 위대성을 노래한 작품들.

서정시 <만수대>(1980년 김철), <빛나라, 주체사상탑이여>(1982년 차영도), <미래가 걱정되는 때 있거든>(1985년 홍문수), 장시 <자주인간만세>(1980년 노영재) 등은 그 보기로 된다.

부동한 역사시기에 있어서 김일성의 혁명과 건설에 대한 현명한 영도 및 그 업적을 노래한 작품들.

서정시 <영원한 불빛>(1980년 남시우), <개선문>(1982년 차영도), <빛나는 시간>(1987년 권강일), 장편서사시 <눈보라>(1986년 정문향) 등은 그 보기로 된다. <눈보라>는 1930년대 후반 김일성의 무장투쟁을 노래하고 있다.

김일성의 고매한 공산주의적 덕성과 숭고한 인간적 풍모를 노래한 작품들.

서정시 <풍년벌이 설레인다>(1980년 김영근), <우리 어버이>(1982년 장호건), <뜨거운 눈>(1985년 동기춘), 담시 <담배에 대한 담시>(1983년 김경기) 등은 그 보기로 된다.

이 시기는 김일성에 대한 다함없는 충성의 신념과 흠모심을 뜨겁게 노래한 가사작품들도 적지 않다.

영화 <백두산> 주제가로 창작된 가사 <전사의 염원>(1980년 백인준) , <조선의 별>의 주제곡으로 창작된 가사 <동지애의 노래>(1981년 이종순) 등은 그 보기로 된다.

세계인민들이 김일성에 대해 존경과 흠모의 감정을 나타낸 시편들.

서정시 <인민의 한 마음>(1981년 김철), <위대한 이름>(1984년 김학연), <금빛열쇠>(1984년 박미성), <축원>(1986년 차영도) 등은 그 보기로 된다.

1970년대부터 창작되기 시작한 김정일을 노래한 서정시들은 1980년대에 들어서 더욱 활발히 창작되었다. 이와 동시에 서사시가 계속 창작되는 가운데 서정서사시가 등장하기 시작했다. <새벽>은 그 첫 작품으로 꼽힌다. 그 후 많은 서정서사시가 창작되었다.

1980년대 이후 김정일의 후계체제는 더 한층 확고하게 구축되어 김일성과 대등한 위치에 놓이기까지 한다. 이러한 변화에 따라 김정일을 형상화하는 작업이 문학에서 주요한 과제로 떠오르게 되었다.

김정일을 찬양하는 작업은 1970년대부터 이미 시작되고 있었지만 보다 본격적으로 진행된 것은 1980년 조선노동당 제6차대회를 계기로 김정일 후계체제가 공식적으로 정치무대에 등단하면서부터다. 김정일에 대한 찬양은 1980년대 중반을 넘어서면서 김일성과 대등한 수준으로 진행되고 1990년대부터는 오히려 김일성보다 앞서가게 된다. 이제 구체적으로 보면,

김정일의 등단을 노래한 시편들.

서정시 <위대한 날에>(1981년 최영화), <조선이 기쁜 날>(1982년 오영재) 등은 그 보기로 된다.

김정일의 현지지도를 노래한 시편들.

서정시 <세월이여 네가 말해다오>(1983년 김우협), <맑은 하늘>(1983년 서봉재), <백두의 흰눈을 어깨 위에 받으시며>(1983년 김재윤), <해지고 달뜨는 저녁에>(1984년 최준경) 등은 그 보기로 된다.

김정일이 인민에게 베푼 사랑을 노래한 시편들.

<향도의 빛발아래>(1982년 김석주), <묘향산 등산길>(1982년 변홍영), <2월의 명절날 아침에>(1984년 조성판), <조국의 맑은 하늘>(1984년 한기운) 등은 그 보기로 된다.

김일성의 고매한 덕성을 이어 받았다고 노래한 시편들.

<조국 따나 먼 곳에서>(1982년 장호진), <우암령을 내리며>(1984년 윤두만), <꿈길 천만리를>(1984년 김조규), <시중호반의 새벽>(1984년 구희철) 등은 그 보기로 된다.

김일성 후계자로서의 김정일의 충성심과 그 뜻을 계승, 발전시켜려는 의지를 노래한 시편들.

<눈내리는 한밤에>(1982년 계훈), <기쁨의 그 길로 이어주시기에>(1983년 오정로), <백두산에 오르시여> (1983년 김경기), <사과꽃 필 때>(1984년 한상호) 등은 그 보기로 된다.

김정일에 대한 흠모와 존경 및 충성심을 나타낸 시편들.

<사랑의 품>(1981년 문재건), <저 멀리 평양하늘 우러러>(1982년 이광제), <하나의 마음>(1983년 최영화), <내 하나의 생각은>(1983년 김정곤), <2월에 사는 마음>(1983년 김석주) 등은 그 보기로 된다.

김정일을 김일성과 대등한 위치에 두고 노래한 시편들.

<백두의 새날>(1982년 김철), <백두산에 오르시어>(1983년 김경기), <백두의 쌍무지개>(1983년 김경기) 등은 그 보기로 된다. <백두의 새날>에서는 '두 필의 준마', '두 태양'으로 김일성과 김정일을 표상하고 있다.

오, 백두야 조선의 산아 말하라
언제 어느 아침에 두 필의 준마
천지의 맑은 물로 목을 추기고
영광의 만리길을 다시 이어갔더냐

네 그날부터
두 태양을 함께 모시였나니
조선의 어제와 오늘과 내일이
네 우에 함께 빛나도다 백두산!

<백두산에 오르시어>, <백두의 쌍무지개>는 백두산 천지에 내린 '쌍무지개'를 빗대어 김일성·김정일을 노래하고 있다.

이 시기 김정일을 노래한 가사작품들은 1970년대 가사를 이어면서 더욱 왕성하게 창작되었다.

김정일탄생의 역사적 의의를 밝힌 것.

<영원한 조선의 봄>(1980년 최준경), <2월의 새봄>(1980년 안호근), <위대한 탄생>(1984년 오영재) 등.

백두밀영 김정일 고향집을 노래한 것.

<백두산에 흰눈 내리네>(1980년 최준경),

<백두밀영의 고향집>(1987년 박미성), <백두밀영 고향집에 만병초 피었네>(1988년 김석), <눈꽃이 핀 고향집>(1989년 이정술), <흰눈 덮인 고향집>(1989년 오영재), <가고싶은 고향집>(1989년 이정술) 등.

정일봉과 김정일화를 노래한 것.

<빛나라 정일봉>(1988년 이정술), <정일봉에 노을이 피네>(1989년 이범수), <정일봉을 노래하네>(1989년 안호근), <김정일화>(1988년 박미성), <남해 가의 붉은 꽃>(1989년 박미성) 등.

김정일의 혁명 활동 및 업적을 노래한 것.

<혁명의 영도자 김정일동지>(1982년 백하), <그 이름 빛나라 김정일동지>(1987년 이범수) 등.

김정일의 영도 풍모를 노래한 것,

<친애하는 그 품에 꽃피는 청산리>(1980년 김두일), <향도의 해발아래 희망찬 내 나라> (1980년 이범수), <당의 해빛 넘치여 내 조국은 빛나네>(1980년 윤두만), <경애하는 그이 품에 안긴 이 행복>(1980년 김두일), <당의 사랑 넘친 나의 초소>(1986년 이종률), <푸른 하늘 펼치고 싶어라>(1988년 이정술, 박미성) 등.

김정일의 인간성을 노래한 것.

<내 조국은 젊어라>(1980년 김두일), <향도의 해발아래 꽃피는 강산>(1983년 홍기풍), <친애하는 그이는 우리와 함께>(1988년 최준경), <사랑의 미소>(1989년 오영재), <그 품 떠나 못살아>(1989년 신운호) 등.

김정일에 대한 충성심을 노래한 것.

<한생을 변함없이 따르오리라>, <어머니>, <수령님을 따라 천만리 당을 따라 천만리>, <영원히 한길을 가리라>(1981년 이정술) 등.

1970년대 대건설을 승리에로 이끌었다는 김정일의 업적을 노래한 것.

김정일을 노래한 첫 장편서사시 <불타는 해>(1983년 백하)를 비롯한 <대동강>(1985년 오영재), <조선은 빛나라>(1985년 오영재, 구희철), <지

평선>(1986년 장건식), <대동강의 아침노을>(1987년 김응하) 등.

박산운은 김정일의 천재성과 자애로움을 말하기 위해 소설가 박태원의 일화를 소재로 한 담시 <은혜로운 사랑의 품에 대한 이야기>(1989년)를 썼다. 이 시에서는 오래 병석에 누워 있었던 박태원이 아내에게 구술을 하여 <갑오농민전쟁>을 쓴 것은 모두 김정일이 배려한 결과라고 노래하고 있다. 이를테면 '산송장이나 다름없는 자기를 안아 일으켜/동시대 사람들과 발맞출 수 있도록/혁명대오에 세워주신 그이/백년전에 살며 싸운 우리 사람들의/몸짓과 눈빛까지 꿰뚫어볼 수 있게 하신/친애하는 지도자 김정일 동지의/은혜로운 사랑'에 대해 이야기하고 있다.

■ 1990년대(우리 식 사회주의시기)

(1) 김일성관계 시편들.

1992년에 나온 시집 <인민의 태양>(문예출판사)에 실린 <고마움>(1992년 백인준)을 보면,

'아, 내 가슴에 가득찬 이 노래는/어버이 수령님께 드리는 감사!/이 세상을 펼쳐주신 그 은덕 앞에/이 시대를 열어주신 그 사랑 앞에…/위대한 수령 김일성동지!/그이 계시어 저 꽃이 폈고/그이 계시어 나뭇잎도 설레이여라/이 땅 저 하늘도 그이께서 주신 것/…/내 몸도 마음도 꿇어 엎드려/큰 절을 올리노라/한평생 오로지 인민 위해/걸어오신 그 자욱마다 경건히 입맞추며…'

김일성사망 얼마 전에 쓴 이 시는 마치 로마교황 앞의 신자마냥 김일성에 대해 포복요절하며 김일성이 세상을 펼치고 시대를 열며 꽃을 피우고 나뭇잎도 설레게 하며 하늘땅을 주었다고 최고의 경건함을 내비치고 있다.

이 시기 특징적으로 눈에 띄는 것은 1994년 김일성 사망 후 김일성영생을 기원한 이른바 영생기원 시편들이다.

가사 <수령님은 영원히 우리와 함께 계시네>(집체작)는 그 보기로 된

다. 현재 이 노래는 북한에서 많이 불리고 있다. 그 가사 내용을 잠간 보
도록 하자.

    1. 한평생 인민 위해 바친
       수령님의 위대한 사랑
       꿈결에도 안고 사는 마음
       오늘도 그 품을 찾네
       (후렴)위대하신 수령님 영원히
       우리와 함께 계시네

    2. 한평생 조국 위해 바친
       수령님의 거룩한 자욱
       사회주의 이 강산에 빛나
       이 조선 무궁하여라

   김일성의 업적을 그리며 부모 잃은 어린 아이처럼 '꿈결에도 안고 사는
마음/오늘도 그 품을 찾네'라고 절절히 노래하며 '위대하신 수령님 영원
히/우리와 함께 계시네'로 김일성영생을 확신하고 있다.

   여기에는 김만영이 김일성 서거 1주기를 기념하여 지은 <영원한 우리
수령 김일성동지>로 부터 시작하여 <평양시간은 영원하리라>, <번영하
라 김일성조국이여>, <불멸하라, 위대한 영생의 노래여>와 신병강이 김일
성 서거 3주기를 기념하여 지은 <수령님은 영원히 백두산에 서 계신다> 그
리고 <영원하라 동지애의 역사여>, 명준섭의 <영원무궁하라 조선의 미래
여> 등 일련의 서사시군도 포함된다. 이런 서사시들은 북한에서 수령형상
서사시문학을 새롭게 개척한 시대적 걸작이라는 평을 받고 있다. <불멸하
라, 위대한 영생의 노래여>를 잠간 보도록 하자.

   <불멸하라, 위대한 영생의 노래여>에서는 '나는 생각하노라/영생이란
무엇인가'라는 문제를 제기하고 그것은 '우리 인민과 함께 끝없이 사시는
/위대한 수령의 영원한 삶과 투쟁'이다고 대답하고 있다. <영원하라 동지

애의 역사여>에서는 김일성이 동지를 얻고 믿고 사랑하며 그것에 의해 혁명을 진행하고 승리에로 이끌었다는 동지애의 역사에 대해 노래하고 있다. 이 서사시에서는 주로 김일성을 노래하면서도 김정일의 김일성에 대한 충효 및 김일성 그대로인 동지애를 곁들여 노래하고 있다. 이 두 서사시는 북한에서 새 시기 「우리 식」 서사시문학의 본보기를 마련한 걸작이라는 높은 평을 받고 있다.29)

1990년대에 들어서 복잡한 국내외 형세 하에서 김정일은 「21세기 태양」으로 떠받들리면서 그 송가의 톤도 최고로 높아졌다. 이제 그 대표적인 시편들을 좀 보도록 하자.

시집 <향도의 해발을 우러러> 13권인 <세기의 염원>(문예출판사 1990년)에 실린 시들은 구호나무, 김정일화, 정일봉30)을 소재로 김정일의 위대함이 이미 만인 공지의 사실임을 감격에 겨워 읊고 있다.

장편서사시 <창조의 영웅>(1992년 최승칠)은 김정일을 천재적 창조자로 구가하고 있다. 이 서사시는 분산적 일화들을 병립시키거나 기계적으로 연결시키면서 김정일을 '시간을 압축하고 늘리며' 어떤 복잡한 대상도 '단번에 꿰뚫어 보는' 혜안을 가진 철학, 정치, 예술, 군사 모든 방면을 망라한 천재로 노래하고 있다.

가사 <무장으로 받들자 우리의 최고사령관>(신운호)을 비롯한 김정일의 최고사령관 등단을 축하하고 있다.

북한에서 군인들이 행군할 때나 여러 장소에서 가장 많이 부르는 노래다. 가사에는 조선인민군들이 김정일이 최고사령관에 취임하자,

전사들 누구나 감격에 넘쳐
우러러 마음 다지네
걸음걸음 따르자 친애하는 김정일동지
무장으로 받들자 우리의 최고사령관

---

29) <20세기를 빛나게 장식한 기념비적 명작>, 최언경, <조선문학>, 2000년 2월.
30) 김정일이 태어났다는 백두 고향집의 뒤에 있는 해발 216메터라고 하는 산봉우리를 「정일봉」이라고 명명했는데 현재 이 산봉우리에 「정일봉」이라는 세 글자가 박혀 있다.

을 높이 웨치며 군인다운 복종과 충성을 맹세하고 있다.

　북한에서 1990년대 「고난의 행군」31)이 시작되면서 일반 사람들에게 가장 많이 불리워지고 있는 노래들인 <당신이 없으면 조국도 없다>, <하늘처럼 믿고 삽니다>를 좀 보도록 하자.

　　1. 사나운 폭풍도 쳐 몰아 내고
　　　신념을 안겨준 김정일장군
　　　(후렴)당신이 없으면 우리도 없고
　　　당신이 없으면 조국도 없다

　　2. 미래도 희망도 다 맡아 주는
　　　민족의 운명인 김정일장군

　　3. 세상이 열백 번 변한다 해도
　　　인민은 믿는다 김정일장군

　　　　　　　　　　　— <당신이 없으면 조국도 없다> —

　　1. 품고있는 생각도 모두 다 말을 하고
　　　넘쳐나는 희망도 터 놓습니다
　　　(후렴)하늘처럼 믿고 삽니다. 장군님만 믿고 삽니다
　　　천년세월 흐른 데도 김정일장군님만을

　　2. 어려울 땐 그 품에 더 먼저 안겨들고
　　　힘겨울 땐 그 손길 꼭 잡습니다

　　3. 온 나라가 운명을 맡기고 삽니다
　　　온 세상이 미래를 의탁합니다

　　　　　　　　　　　— <하늘처럼 믿고 삽니다> —

---

31) 1994년 김일성사망 후 연속적인 자연재해와 이른바 제국주의자들의 봉쇄로 말미암아 북한이 경제적으로 가장 어려운 처지에 놓이게 되자 여기서 벗어나는 정신적 방편으로 항일빨찌산들이 진행했다는 「고난의 행군」을 고취하기에 이르렀다.

보다시피 이런 노래들은 위에서 잠간 본 1970년대 <친애하는 지도자동지의 만수무강을 축원합니다>, <친애하는 김정일동지의 노래>의 모랄을 그대로 살리고 있다. 그러면서 그 도는 한결 더 높아져 <당신이 없으면 조국도 없다>의 후렴구 '당신이 없으면 우리도 없고/당신이 없으면 조국도 없다'와 <하늘처럼 믿고 삽니다>의 후렴구 '하늘처럼 믿고 삽니다/장군님만 믿고 삽니다/천년세월 흐른 데도/김정일장군님만을'에서처럼 「인민」은 한없이 왜소하고 무의지적이며 가냘픈 속에 절대절명의 강한 김정일을 떠올리고 있다.

2) 소설

■ 1945.8~1950.6(해방공간)

<우리의 태양>에 실린 한설야의 소설 <혈로(血路)>(1946년)는 김일성 형상부각 최초의 소설이다. 이 단편은 김일성의 항일무장투쟁을 미화·찬양하고 있다. <혈로>는 김일성의 영웅신화적 전적을 높이 찬양하는 내용으로 일관되어 있다. 북한의 평가에 의하면 이 작품은 '장군의 전체적인 전략 전술가로서의 풍모를 천명하여 간고한 항일 유격투쟁의 나날을 어떻게 승리의 기록으로써 빛내었는가 하는 것'32)에 초점을 두었다 한다. 서두는 '바른 편에 압록강 푸른 물이 내려다 보였다. 드높은 절벽이 잠시 허리를 죽인 간조롭은 언덕바지를 김일성 장군의 부대는 행군하고 있었다'로 시작하고 있다. 작품은 약 1937년 여름을 배경으로 하고 김일성이 이끄는 항일연군이 토벌대와 조우(遭遇)하여 엿새를 싸운 후, 까마귀에게 적의 시체로 잔치를 배설해 주었다는 김일성부대의 전공(戰功)을 보여주고 있다. <해방공간의 현실주의문학연구>에서 김승환 교수는 이 소설은 3인칭 관찰자 시점으로 독자에게 전설의 사실적 객관화를 유도하는 창작의 직접적인 기법 외에, 몇 가지 에피소드로써 김일성의 신격화를 보강하고 있다는 것이다. 이를테면,

---

32) <혁명전통과 우리 문학>, p.89, 강능수, <전진하는 조선문학>, 조선작가동맹출판사, 1960년

그 에피소드는 첫 번째가 어린 장군 이야기다. 이 작품에 의하면 김일성은 어릴적부터 남다르게 출중한 재주와 높은 의기를 품고 있어, 어른조차 대적할 수 없는 비범함을 보인 바 있다. 소학시대 팔도구에서 자란 어린 장군이 전쟁놀이에서 왜놈 수비대로 가장한 중국 아이를 심하게 때려 주자 쫓아온 중국 사람들에게 '나는 대장이거든 상장군이거든 중국 사람도 모다 내게 경례를 해야 해'라고 능청스럽게 대꾸한다. 한편 장군의 친구를 때리려는 중국 사람 뗏목군을 부상시킨 일도 있었다. 이 대목에 작가가 불쑥 작품에 개입하여 '장군은 그렇게 난폭했지만 어릴 적부터 아버지의 말이라면 꼬박이 머리를 숙이고 들었고 아버지 앞이라면 늘 기착하고서는 버릇이 있었다'고 말하여 객관화를 동반한 권위적 담론으로 독자를 심층심리에서부터 장군의 신격화를 믿게 하는 방법을 쓰고 있다. 두 번째 에피소드는 행군 중 낚시이야기와 두문동의 꿈이야기다. 장군은 어릴 적부터 즐겨하던 낚시를 드리고 나서 병사들을 쉬게 하는 한편 자신은 민족해방에 대한 여러 가지의 궁리를 하였다. 낚시하던 중 오수(午睡)에 들어, 유토피아의 해방된 조선을 그린 두문동의 꿈을 보았고, 꿈에서 깨어 커다란 고기를 낚는다.

그리고 이 작품에서 김일성은 포용력 있으면서도 용감하고 지혜 있는 지장이요 덕장으로 그리되 무조건적인 찬양으로 일관한 결과 전체적으로 관념적 낭만성을 벗어나지 못하여, 작품의 구조적 가치는 차치하고라도 인물묘사에 있어서조차 주인공인 김일성이 능청스러우면서도 증오감이 강한 약간 비정상적인 인물로 묘사되고 말았다는 것이다. 하지만 김일성은 오로지 조국의 광복을 위해서 어릴 적부터 키워 왔던 집념을 실천해나가는 민족의 영웅으로 부각했음은 틀림없다는 것이다. 예컨대 작품에서 김일성은 신묘한 전술가로 부각되고 있다. 일본군의 의중을 손바닥 보 듯 들여다보고 그들의 작전을 정확히 예측함으로써 언제나 여유 있게 전투를 승리로 이끄는 김일성의 전술에 부하들은 감복해 마지않는다. 다음의 대화는 그 보기로 된다.

'백사가 다 그렇지 안 그런 일 어디 있나. 나 그보다 장군이 왜놈들이 어떻게 어디서부터 쳐올 것을 미리 아는 재주가 참 용터라. 장군이 미리 말한 것을 뒤에 보면 영합부절이거든. 그래 귀신같다고 했더니 저 철학선생 영철이 동무 말이 귀신이 세상에 어디 있느냐고 나를 까밝히니 그럼 어떻게 생각해야 할지 이것도 답답한 노릇이야. 어떤 때는 정녕 조화를 부리는 것 같은데 말일세.'33)

그리고 작품의 중간중간에 '장군' 여차여차의 작가의 해설적인 담론을 내비쳐 설득력을 얻으려 했다는 것이다. 이를테면 '장군은 일즉 1935년 겨울에 조국광복회(祖國光復會)를 조직하고 동만주에서 전만주에 또는 장백산·두만강·압록강에로 조선 내지에로 손을 찔러 혜산·회령·종성·무산·경흥·온성·부령·갑산·성진·길주·경원에까지 혈맥을 통하고 있었다'라고 하여 독자들을 개도(開導)하고 있다. 작가는 또 작품의 마지막에 부기를 달아, 김장군의 함경북도 6도시(六都市) 진공계획은 그 뒤 예정대로 착착 진행되었으나 국내에 파견된 한 사람이 무산광에 들어와서 정세를 조사하다가 체포되어 사전에 계획이 탄로되고 말았는데, 장군은 그 계획을 바꾸어 함남으로 지대를 돌려 1938년에 혜산읍을 백주에 습격하였고 그 뒤에 여러 사건이 첩출(疊出)하였던 것이라고 썼다. 이로부터 이 작품은 실제 사건을 소설화하였다는 방증을 제공한 셈으로 되며 결국 '한마디로 말하자면 장군의 생활은 철두철미 창조의 연속이였다. (중략) 장군은 더욱 인민의 기세를 올리고 등불이 가물거리는 가만 조선 천지에 불빛을 던져주려고 하였다'는 김일성 및 그 부대가 민족 해방투쟁에 크게 공헌하였다는 것을 알리고자 한 의도에서 생산된 작품이라고 볼 수 있다는 것이다. 그리고 한설야는 당시 북로당 문화인 부장으로서 김일성 장군을 연구하기 위하여 백두산 등 항일무장투쟁의 현장을 답사하기도 했다34)는 기록이 있는 것으로 보아, 소설이라기 보다는 보고문 형식을 빈 작품의 성격이 짙은 것으로 그 후에 그의 연구 결과는 <영웅 김일성 장군>이

---

33) <혈로>, p.47.
34) <민성>, p.18, 1946년 12월.

란 책명으로 부산의 신생사에서 1947년 5월에 간행되기도 했는데 이 책에서 한설야는 김일성이 일찍이 천기조화(天機造化)를 부리는 신인(神人)으로 추앙되었음을 적고 있다고 서술하고 있다.

단편소설 <개선>(1948년 한설야), <장군님을 맞는 날>(1948년 강훈) 등도 <혈로>와 같은 유의 작품이다. <개선>은 1945년 10월 평양공설운동장에서의 김일성의 개선연설을 배경으로 하여 '새 무엇이 일순도 쉬지 않고 몸 속에서 움직여' 늘 생기에 넘쳐 있는 김일성이 '전조선 3천만의 태양이요, 어버이요, 스승'으로 되어 '이 나라 한 풀, 한 나무도 하해같은 장군의 은혜를 입을 것이다'는 결론을 도출하고 있다. <장군님을 맞는 날>은 아동소설로서 좀 이색적이다.

■ 1950.6~1953.7(6.25동란시기)

6·25전쟁기간은 전쟁의 긴박한 와중이라 장르상 제한도 제한이거니와 초기단계에 있어서 김일성을 형상한 소설이 나타나지 못하다가 1951년 중반기부터 전쟁이 고착단계에 들어서면서 얼마간 선을 보이기 시작했다. 이를테면 이 시기 창작된 한설야의 <역사>(1953년)는 김일성의 항일무장투쟁사를 펴낸 첫 장편소설로서 돋보인다. 이 작품은 김일성이 1935년 봄 무송에서 인민혁명군 제6사 사장에 취임한 후 산 속의 여러 유격대를 규합하는데서 시작되는 이 소설은 아동혁명단을 육성해 빨치산 교육의 기틀을 마련하며 「조국광복회」를 결성하고 반민생단 투쟁을 벌이며 아동극을 지도하는 등 내용들을 망라하고 있다. 그리고 소설로 보기는 힘들지만 이 시기에 나온 <김일성장군의 약전> (1952년 4월 15일 노동당중앙위원회선전선동부)도 이색적이다. 이 「약전」에서는 김일성을 '민주개혁의 제창자'이자 '승리의 조직자이며 고무자'로 부각하면서 최고사령관인 김일성의 영도야말로 전쟁승리의 담보라는 이미지를 심어주고 있다. 이것은 훗날 김일성형상창조에 기본 한 모럴을 던져주고 있다.

■ 1954년~1965년(전후복구시기와 천리마운동시기)

전후 <백두산은 어데서나 보인다>(중편, 1956년 송영)가 단연 돋보인다. <백두산은 어데서나 보인다>는 작가가 '김일성원수 항일무장투쟁전적지 조사단'의 일원으로 참가하여 100여 일 동안 현지를 답사하고 김일성의 항일혁명의 유격지구, 근거지, 밀영지, 전투지 등 90여 곳을 찾아다니며 유격대원, 원주민 등과 700여 회의 담화를 통해 완성한 이른 바 실화문학이다. 말하자면 <항일빨치산참가자들의 회상기>의 출판이 되었던 작품이라 할 수 있다. 이 작품은 1970년대 이후 김일성의 항일무장투쟁과정을 소설화한 총서 「불멸의 역사」(항일시기편 전 15권)의 원형을 이루는 한 작품으로 볼 수 있다.

김일성의 유년, 소년시절을 형상한 아동소설 <만경대>(한설야), <아동혁명단>(한설야), 1960년에 단편 <수령을 따라 배우자>(한설야)가 창작되었다. 여기서 <수령을 따라 배우자>는 김일성유일사상체계를 강화하는 데 커다란 공헌을 했다.

그리고 소설과는 다르지만 1960년대에 들어서 김일성의 혁명전통을 일반인들에게 사상의식화하는 작업의 일환으로 발간되기 시작한 <항일빨치산참가자들의 회상기>(전 12권)는 1970년대부터 본격적으로 창작되기 시작한 수령형상소설의 직접적인 뒷받침이 되었다.

■ 1966년~1980년(주체사상준비, 확립 및 고양시기)

1967년 수령형상을 전문 창작하는 4·15문학창작단의 조직과 더불어 김일성의 어린시절부터 시작하여 그 혁명역사를 시기 별로 나누어 예술적으로 형상하는 이른바 혁명적 대작창작사업을 돌격적으로 벌렸다. 특히 소설 분야에 비중을 두고 진행했다. 이 창작단은 불과 4~5년 동안에 장편소설 <배움의 천리길>(1971년 문희준), <만경대>(1973년 황민), <동트는 압록강>(1975년 강효순)과 총서 「불멸의 역사」 해방전 편 장편소설들인 <1932년>(1972년), <혁명의 여명>(1973년)과 같은 대부작들을 창작해냈다. 뒤이어 역시 총서 「불멸의 역사」 해방전 편 장편소설들인 <고난의

행군>(1976년 석윤기), <백두산기슭>(1978년 최학수)을 창작했다.

<만경대>는 1916년~1918년에 걸쳐 김일성이 만경대와 봉화리에서 보낸 유년시절을 전면적으로 그리고 있다. 이를테면 아버지를 비롯한 혁명적 가정의 영향과 교육 밑에서 김일성이 어떻게 계급의식, 혁명의식이 싹트고 혁명적 세계관이 형성되어 갔으며 군사놀이 등을 통해 어떻게 군사재능, 조직능력이 커갔는가를 이른바 구체적인 사실에 입각하여 보여주고 있다. 소설은 모두 4개 편으로 구성되었다. 「제1편 만경봉」에는 김일성이 어린 시절을 만경대고향집에서 보내면서 아버지로부터 애국주의 교양을 받았다는 내용으로 되어 있다. 「제2편 무지개」에서는 김형직이 집을 떠난 후 김일성의 만경대에서의 생활체험을 통하여 남달리 일찍 계급적으로 성장해가는 과정을 보여주었다. 「제3편 봉화산의 나팔소리」에서는 어버지를 따라 봉화리에 가서 보낸 생활을 보여주고 있다. 「제4편 조선독립만세」에서는 김일성이 다시 만경대로 와서 3·1운동을 겪던 생활까지를 펼쳐보이고 있다.

<동트는 압록강>은 아버지를 따라 만경대를 떠난 후 중강진과 임강, 팔도구에서 보낸 어린시절을 그렸다. 소설은 중강진에 도착한 김일성이 압록강을 건너가는 유랑민들의 처참한 모습을 바라보는 장면으로부터 시작하여 팔도구소학교를 졸업하고 아버지의 뜻을 받들어 조선의 현실을 더 깊이 이해하기 위하여 배움의 천리길을 떠나는 장면으로 끝난다. <만경대>의 주제를 계속 이끌어 나가면서 학교에 입학하여 사명감을 갖고 어떻게 열심히 공부를 잘 했는가를 보여주고 있다. 소설은 「제1편 여기도 우리 나라」, 「제2편 강을 건너온 사람들」, 「제3편 길은 멀어도」, 「제4편 새싹」, 「제5편 동트는 압록강」의 5편으로 구성되었다.

<배움의 천리길>은 1923년 초부터 1925년 초까지를 시대적 배경으로 깔고 팔도구소학교를 졸업하고 고향에 있는 창덕학교 입학을 위해 배움의 천리길을 걸어오며 조국의 현실을 어떻게 잘 알게 되었고 창덕학교 시절에 어떻게 열심히 공부하였으며 혁명적 세계관을 세워 나갔고 이른바 위대한 혁명가로서의 제반 사상정신적 풍모를 어떻게 갖추어 광복의 큰

뜻을 안고 다시 고향을 떠나 압록강을 건너가게 되었는가 하는 과정을 보여주고 있다.

<만경대>, <동트는 압록강>, <배움의 천리길>은 시기적으로 맞물리면서 김일성의 어린 시절을 체계적으로 형상하고 있다.

1970년 남효재가 창작한 주로 강반석의 생애를 그린 장편전기소설 <조선의 어머니>에 김일성의 어린 시절의 슬기로운 이야기가 나오며 1972년 이기영이 창작한 1910년대 후반기에 있어서의 김형직의 혁명활동을 보여준 장편소설 <역사의 새벽길>(상)에 역시 김일성의 어린시절 이야기가 나오는데 평양감옥에 갇힌 아버지를 절절히 그리는 모습과 어머니와 함께 아버지를 면회하러 갔을 때 이제 크면 자기의 손으로 감옥을 까부시겠다고 굳은 맹세를 하는 장면이 나온다.

이 시기 단편소설들도 많이 창작되었다.

<역사의 자취>(1967년 권정웅), <맑은 아침(1967년 고병삼), <철의 역사>(1967년 변희근) <큰 심장>(1967년 최학수), <크나큰 사랑>(1967년 이영규), <눈석이>(1968년 석윤기), <사랑의 품>(1969년 류도희), <해빛 밝은 나라>(1972년 최학수), <생명수>(1972년 변희근), <태양을 우러러>(1975년 김수범), <크나큰 어버이품>(1975년 이동구), <보통날 아침>(1976년 진재환), <거룩한 자욱>(1977년 박유학) 등은 그 보기로 되겠다. <맑은 아침>에서는 전쟁의 와중에서 파괴된 평양시설계사업을 지도한 김일성의 미래지향적인 리드 기질을 보여주고 있다. <크나큰 사랑>에서는 자기 몸을 조금도 돌보지 않고 현지지도 길에 나서 인민들 속에 들어가 세세한 부분까지 알아서 돌봐주는 김일성의 어버이같은 사랑을 보여주고 있다. 이런 단편들은 수령형상 대작창작을 위한 준비단계로 착실히 그 바탕을 닦아 나갔다.

<평양시간>(1976년 최학수)에서 김일성은 건설현장을 찾아 일군들을 사회주의건설에서 초인적인 「속도전」을 발휘한 주체형의 영웅적이고 긍정적인 일군들이라고 독려한다.

'우리는 남들이 한 걸음 걸을 때 열 걸음 걷고 남들이 하루에 집 한 채

를 지을 때 백채를 지어야 하오. 우리는 남의 기준을 가지고 일할 수 없소. 남들이 열시간 하는 일을 우리는 한시간, 반시간에 해야 하오. 다른 나라 시간을 가지고 우리의 시간을 계산해서는 안되오. 우리는 우리의 시간, 평양시간으로 살고 평양시간에 준해서 계산해야 하오!'

보수주의, 기술신비주의, 사대주의, 교조주의를 반대한 이런 독려에 의해 1958년 건설자들이 7천세대를 지을 '자재와 자금'으로 2만세대의 주택을 건설함으로써 「평양속도」를 창조한 사실을 쓰고 있다.

1980년대에 김일성을 형상한 단편소설들.

1980년대에 들어서서 김일성형상 부각은 1970년대에 이미 완성된 네 작품에 이어 총서 해방전[35]편 장편들이 완료된 외에 단편소설에서는 <진리의 탐구>(1982년 이화), <천암산>(1982년 백보흠), <푸른 잎사귀>(1982년 한웅빈), <생활의 향기>(1985년 김정), <영원> (1987년 안동춘) 등이 창작되었다. <청암산>은 백두산등산이라는 에피소드를 가지고 최현에 대한 김일성의 의리와 사랑을 보여주고 있다. 이 시기 소설에서 김일성형상창조는 그리 활발한 국면을 이루지 못한 편이다. 상대적으로 놓고 볼 때 그 양적인 면에 있어서 오히려 김정일을 형상한 단편소설이 훨씬 돋보인다. 이것은 김정일의 본격적인 등단과 직접 관계된다.

소설분야에서 김정일형상창조는 1970년대 말부터 시작되었다. 그러다가 1980년대에 들어서서 본격적인 궤도에 들어서서 김일성형상부각과 대등한 양으로 부상되었다. 구체적으로 보면,

김정일의 사상이론적 업적을 형상한 단편들.

<무포의 물소리>, <고향 길>(1983년 김병훈) 등 작품들은 그 보기로 된다.

이런 작품들은 훗날 총서 「불멸의 향도」의 <전환>을 창작하는 직접적

---

35) 총서 「불멸의 역사」 작품을 시기별로 크게 나누어 볼 때 처음 「광복전」, 「광복후」라는 말을 써더니 어느 때부터인가 「해방전」, 「해방후」라는 말로 고쳤다. 아마 한국에서 「광복」이라는 말을 잘 써니 의식적으로 고친 것 같다.

인 밑바탕이 되었다.

문학예술사업지도에 있어서 뛰어난 현명함과 빛나는 예지를 형상한 단편들.

<설날>, <노래여 울려가라>, <탄생>, <사랑> 등은 그 보기로 된다.

이런 작품들은 훗날 총서 「불멸의 향도」의 <예지>를 창작하는 직접적인 밑바탕이 되었다.

군사문제에 대한 현명한 지도와 빛나는 예지를 형상한 단편들.

<도하장부근>, <빛나는 자욱>, <푸른 숲> 등은 그 보기로 된다.

이런 작품들은 훗날 총서 「불멸의 향도」의 <동해천리>를 창작하는 직접적인 밑바탕이 되었다.

1980년대에는 김정일을 형상한 단편들이 대량 창작되었다.

<조선의 행복>(1983년), <영광의 시대>(1984년), <전환>(1985년), <봄빛>(1985년), <역사의 순간>(1987년), <위대한 심장>(1988년), <절정>(1989년) 등 단편소설집의 출간은 그 보기로 된다.

1980년대 초에 김정일을 부각한 단편들 가운데 김일성에 대한 충성심을 노래한 작품들이 돋보인다. <충성의 자욱>, <목란꽃 피어나다>, <수리봉>, <산촌의 밤이야기>, <달밤>, <고요한 밤하늘>, <저 하늘 끝까지>, <우러르는 한마음>(1982년 백현우), <고요>(1984년 이종렬)가 그 보기로 된다. <고요>에서는 김일성을 보좌하여 현지지도의 길에 올라 김일성의 휴식을 보장해 드리기 위해 만단의 조치를 취하는 김정일의 충효를 보여주고 있다. 이를테면 특별열차를 가장 조용한 곳으로 생각되는 운산령의 심심산중에 위치하고 있는 간이역인 만곡에 세우고 열차들이 기적소리를 내지 않고 지나가도록 조처하며 자기는 보초병이 되어 밤새도록 특별열차 옆을 거닌다.

이 시기는 또 김정일의 영도의 현명성, 위대한 영도풍모를 그린 단편소설들이 많이 창작되었는데 <담력>(임재선), <무쇠들보>, <잊을 수 없는 화폭>, <맑은 물소리>(1982년 석윤기), <위대한 구상>(1982년 김보행), <조선시간>(1982년 성혜랑) 등이 그 보기로 된다.

이외에 또 김정일의 고매한 인간적 풍모와 덕성을 보여준 단편소설들도 많이 창작되었는데 <어머니의 목소리>, <조국의 품>, <사랑의 해발>, <위대한 순간>, <초점>(1982년 이동후), <아끼시는 심정>(1983년 최상순), <심장의 메아리>(1983년 권정웅), <기억>(1985년 석윤기), <소문봉의 폭풍>(석윤기) 등이 그 보기로 된다. <초점>에서는 은률광산 선광장에서 흘러나오는 폐수가 거울촌에 흘러드는 것을 우연히 발견하게 된 김정일이 폐수를 벼락봉의 중턱을 뚫고 산 너머로 넘기도록 대담한 대책을 세워준 사건을 통하여 모든 것을 사람중심으로 생각하는 인도주의정신을 보여주고 있다. <아끼시는 마음>에서는 일시적으로 착오를 진 동지를 버리는 것이 아니라 어디까지나 믿어주고 아껴주는 김정일의 인간미를 보여주고 있다.

소설에서 김정일을 형상하는 사업은 1970년대로부터 시작하여 1980년대 후반기에 들어서 다양한 주제의 수백 편의 단편, 수십 권의 단편소설집이 출판됨으로써 대성황을 이루었다. 이에 기초하여 1980년대 후반기에 김정일을 형상한 장편소설 창작이 활발히 진행되었다. 이 시기는 김정일이 김일성의 후계자로 추대된 초시기인 만큼 이런 소설들은 김정일의 이미지수립에 한몫 했음은 더 말할 것도 없다.

<아침해>(1988년 현승걸)는 김정일을 부각한 첫 장편이다. <아침해>는 1970년대 중엽을 시대적 배경으로 하여 북한이 노동당시대 기념비적 건설대상으로 꼽는 은률광산의 대형 장거리 벨트콘베아수송선 건설을 발기하고 그 실현을 위해 헌신적으로 지도한 김정일의 형상을 부각하고 있다. 소설은 김정일의 비범한 담력과 세련된 영도를 보여주는데 모를 박고 있다. 이것은 김일성이 제출한 철광석생산제고문제를 둘러싸고 전개한 김정일의 일처리 스타일을 통하여 잘 보여주고 있다. 은률광산의 박토처리문제를 놓고 채취공업부문 일군협의회에서 그 누구도 이렇다 할 대책을 내놓지 못하고 있을 때 김정일은 당중앙위원회에서 김일성에게 당조직과 당원들을 발동하여 채취공업을 추켜세우겠다고 군령장을 낸다. 김정일은 대형장거리벨트수송선을 통이 크게 건설함으로써 은률광산의 생산을 정

상화하고 황해제철소의 철생산과 철수출 문제도 원만히 푼다. 김정일은 일군들에게도 항상 통이 크고 대담하게 일판을 벌려 나가도록 고무, 격려한다. 김정일은 철광석생산제고문제를 무엇보다도 사람문제로 보고 사람과의 사업을 잘 해 나가면서 지도자적 풍모를 아낌없이 발휘한다. 착오를 겼다고 다른 사람들이 다 버리는 일군에 대해서도 김정일은 포옹할 줄 아는 너그러움을 보인다. 그가 지승하를 두둔하여 '지승하동무에게 우리가 과업을 준 것만큼 끝까지 믿어주어야 하고 그가 자기의 힘으로 해결방도를 찾게 해야 합니다. 중도에서 밀어 버리고 다른 사람을 보내면 그때는 지승하동무를 영영 잃어버리고 맙니다. … 수령님께서 의도하시는 대로 지승하에게 준마를 타도록 하자는 것인데 한두 번의 실수를 가지고 그렇게 해서는 안됩니다'라고 말은 것은 그간의 사정을 잘 말해 준다. 김정일은 어디까지나 사람을 믿고 도리로 깨우치며 감화시키는 스타일로 나선다. 이에 사람문제를 쉽게 풀며 사람의 모든 적극성을 충분히 동원하여 일을 효과적으로 처리해 나가도록 한다. '친애하는 지도자동지, 제가 잘못 생각했습니다', 내심으로부터 우러러 나오는 지승하의 이 말은 그 좋은 확증으로 된다. 소설은 바로 김정일 식의 믿음은 충성을 낳고 사랑은 보답을 낳는다는 영도철학을 형상화하고 있다. 그리고 소설은 김정일이 '…보아서 알겠지만 그건 그야말로 우리 식의 정광수송입니다. 나는 남의 것을 모방하는 것이 질색입니다. 우리한테 지혜도 있고 재능도 있고 힘도 있는데 무엇 때문에 남의 것을 본 따겠습니까. 나는 소극적인 것이 또한 질색입니다. 국력이 강한 우리가 무엇 때문에 쪼물짝하게 일하겠습니까?'라고 말한 데서도 알 수 있다시피 지도자로서의 배짱, 자부심, 박력, 스케일 및 창조적 기질 같은 것을 여러모로 잘 보여 주고 있다. 이외에 은률광산의 박토처리 및 벨트콘베아화 문제를 둘러싸고 구체적 기술문제에 이르기까지 김정일의 전문가적 면모를 보여주고 있다. 이 소설은 대형 장거리 벨트콘베아수송선 건설을 현명하게 이끈 과정을 통하여 김정일이야말로 주체조선과 민족의 광명한 미래를 안고 높이 솟아오른 희망의 아침해라는 것을 형상적으로 보여주고 있다. 이 소설은 총서 「불멸의 향도」의 장편소설 <동해천리>, <예지>의 직접적인 바탕이 되었다.

1991년 2월16일 김정일생일선물로 진상된 <불구름>(박현, 문예출판사)은 6·25전쟁을 배경으로 하여 어린 김정일이 어떻게 아버지인 김일성의 신변안전을 염려했으며 김일성의 걱정을 덜어 드리기 위해 노력했는가를 보여 주고 있다.

3) 극작품(시나리오 포함)

광복 후 북한에서 김일성형상창조의 첫 극작품으로는 <우리의 태양>에 실린 김사량의 희곡 <뇌성(雷聲)>을 꼽게 된다. <위대한 수령 김일성동지 문학영도사 2>[36]의 「제4절 혁명전통주제의 작품창작에로 작가들을 고무추동, 장편서사시<백두산>창작사업지도」(p.108)에 보면 '해방된 조국에서 위대한 수령님을 남 먼저 만나 뵙는 끝없는 영광을 지닌 작가 김사량은 수령님에 대한 다함없는 경모의 정과 불타는 충성심을 안고 역사적인 보천보전투를 승리에로 이끄신 위대한 수령님과 수령님께 끝없이 충직한 항일혁명투사들을 형상한 장막희곡 <뇌성>을 창작하였다. 위대한 수령님께서 1946년 5월 직접 무어주신 연극단체인 중앙예술공작단은 자기의 첫 작품으로서 연극 <뇌성>을 창작하여 조국해방 한돐을 앞두고 일반공연을 진행하였다.

그때 노동당창립대회를 준비해 나가시던 위대한 수령님께서는 연극 <뇌성>이 창조되어 공연되고 있다는 보고를 받으시고 못내 기뻐하시며 이 작품을 당창립대회 참가자들에게 보여줄 데 대한 크나큰 사랑과 배려를 돌려주시었다. 그리하여 연극 <뇌성>은 영광스럽게도 1946년 8월 28일 북조선노동당 창립대회를 경축하여 공연되었다.' <뇌성>은 1946년 8월 15일 전후로 25일간 공연[37]되었다.

광복 후 북한에서 김일성형상창조는 1960년대 초에 장막희곡 <조국산

---

36) 문학예술종합출판사, 1993년.
37) 「민성」, 1947. 2. 1, p.9.

천에 안개 개인다>(1960년 이종순)를 비롯해 <보천보의 홰불>(1967년 집체작), <승리의 기치 따라>(1968년 집체작) 등 일부 창작되다가 1970년대에 들어서 본격적인 창작에 들어갔다고 볼 수 있다.

4막 9장으로 된 <조국산천에 안개 개인다>는 김일성이 인솔한 조선인민혁명군의 주력부대가 압록강연안 장백땅에 진출한 1936년 가을부터 1937년 6월 보천보전투직전까지를 시대적 배경으로 하여 김일성의 조국과 인민에 대한 열렬한 사랑, 김일성이 지닌 비범한 예지와 탁월한 영군술 및 높은 덕성을 보여주고 있다. 그러면서 김일성이 진두에 서서 조선혁명을 영도하는 한 조국산천에 무겁게 드리운 짙은 안개가 걷히고 태양이 빛나듯이 조선은 일제의 식민지쇠사슬을 끊어 버리고 반드시 광복의 새 아침을 맞을 것이라는 모럴을 내비치고 있다.

1막에서는 첫날 옷감과 관련된 이야기를 통해 성룡의 일가에 대한 김일성의 사랑과 배려를 보여줌.

2막에서는 백두선밀영에서 성룡이가 김일성을 직접 만나보는 장면, 김일성이 성룡이가 부러뜨린 총가목을 밤새워 고쳐주는 장면 등을 통하여 김일성이 지닌 인민적 풍모, 대원들에 대한 원칙적 교양과 뜨거운 사랑을 보여줌.

3막에서는 김일성이 박성룡이까지 참가시켜 직접 진행한 7연대간부회의를 중심으로 하여 김일성의 영활한 영군술을 보여줌.

4막에서는 김일성이 직접 준 문영이의 구출임무를 수행하는 성룡이의 활동을 통해 김일성의 사랑 속에 성장한 혁명가의 모습을 보여줌.

종막에서는 김일성을 모시고 역사적인 조국진군의 길에 오른 항일무장대오의 위용을 통해 작품의 사상주제를 힘있게 강조하고 있다.

이 희곡에 대해 김정일은 다음과 같이 개괄하고 있다. '연극 <조국산천에 안개 개인다>는 위대한 수령님을 전설적 영웅으로, 탁월한 군사전략가, 자애로운 인민의 어버이로 형상하여 무대에 올린 작품입니다. 바로 여기에 연극 <조국산천에 안개 개인다>의 사상예술적 가치와 의의가 있습니다.'

　이외에 <보천보의 홰불>은 김일성이 조직, 영도한 보천보전투는 억눌리고 짓밟혔던 조선민족에게 일제와 맞서 싸우면 반드시 승리할 수 있다는 자신심을 안겨 준 뜻깊은 역사적 사변이었다는 것을 보여주고 있다.

　<승리의 기치 따라>는 6·25전쟁 속의 김일성을 형상한 첫 극작품이다. 1952년 가을부터 종전의 날인 1953년 7월 27일까지를 시대적 배경으로 하여 6·25전쟁에서 북한이 '승리'할 수 있은 힘의 원천은 바로 김일성을 높이 모신데 있으며 김일성이야말로 이른바 위대한 사상과 영도, 사랑으로 전쟁의 승리를 안아온 승리의 기치라는 결론을 도출하고 있다. 그리고 전쟁을 한창 치르고 있는 와중에 도시설계일군들과 화학섬유연구집단의 과학자들을 최고사령부로 불러 평양시를 현대적 대도시로 설계하며 더 좋은 옷감을 생산할 데 대해 얘기하는 등 김일성의 미래비전적인 영도풍모를 보여주고 있다. 그리고 과오를 범한 서인호, 김씨 노인과 그 손녀 및 박성남 전사와의 관계 속에서 김일성의 인간적 풍모를 보여주고 있다. 이 극작품의 내용들은 제재 및 주제 면에서 훗날 총서 「불멸의 역사」 해방 후 편 <승리>와 일맥상통하는 것으로 그 창작에 많은 힌트를 주었을 것으로 사료된다. 이 극작품이 또 우리의 주목을 끄는 것은 축복의 편지와 달래바구니를 통하여 김일성에 대한 김정일의 충효의 세계를 펼쳐 보인데 있다. 이것은 문학작품에 등장하는 김정일의 최초 형상으로서 훗날 전문 김정일 형상을 부각하는 총서 「불멸의 향도」 창작에 적어도 참고가 되었음은 더 말할 것도 없다.

　1970년대에 들어서 김일성을 노래한 극작품은 전시기에 비해 보다 많은 양이 쏟아져 나왔는데 <혁명의 새 아침>(1970년 집체작), <연풍호>(1970년 한태천, 홍광억), 장막시극 <보통강의 서사시>(1971년 집체작), <위대한 전환>(1972년 집체작) 등은 그 보기로 된다.

　김일성을 형상한 첫 시나리오의 완성은 1977년 <누리에 붙는 불>(백인준)로 보게 된다. 김정일은 일찍 1963년 초에 영화에서 수령형상을 창조할 과업을 제시했다. 그리고 1967년에 수령형상영화를 전문으로 창작하는 창작단을 내왔다. 그런 다음 1975년에 시나리오 <누리에 붙는 불> 창작을 발기하고 영화창작에 이르기까지 직접적인 지도에 나섰다. 김정일은 다음과 같이 지적했다. '혁명영화 <누리에 붙는 불>은 수령님의 혁명적 가정에 대한 영화로서 수령님의 형상이 처음 나오는 것만큼 작품의 양상에 맞게 잘 형상하여야 합니다.' 그런데 여기서 좀 석연치 않은 점은 김정일이 영화에서 수령형상을 창조할 과업을 제시하고 전문 창작단을 내온지 거의 10년이 지나서 첫 수령형상 시나리오 및 영화가 나왔다는 점이다. 통이 크고 박력이 있으며 한번 결심한 일은 끝까지 내민다는 김정일 스타일하고는 좀 어울리지 않는 데가 있다. 이것은 아마도 김정일이 수령형상 전문 창작단을 내올 때도 「반당분자, 수정주의분자들」과의 치열한 투쟁을 거쳐 마침내 성사시켰다는 것[38]을 감안하면 복잡한 내부 정치사정과 관계된 줄로 안다.

1980년대에 들어서서 대규모로 조직적으로 진행되었다. 다부작 수령형상 창조 시나리오가 창작되기 시작했다. 「조선의 별」과 「민족의 태양」이 이 분야의 대표작으로 꼽힌다. 「조선의 별」은 김일성의 해방 전 활동을, 「민족의 태양」은 김일성의 해방 후 활동을 그리고 있다. 이 두 다부작 예술영화는 수령형상창조문제를 빛나게 해결한 명작으로 높이 평가받고 있다. 「조선의 별」은 '<조선의 노래> 노래를 종자로 하여 영화를 하나 잘 만들면 당 제6차대회를 더 의의 있게 빛내일 수 있을 것이며 또 수령님께서도 기뻐하실 것입니다'(김정일)라는 동기에서 창작되었다. 「조선의 별」(이종순)은 전후 10부작인데 1980년부터 1987년에 걸쳐 완성되었다. 이 시나리오는 1926년부터 1933년까지를 배경으로 하여 총서 「불멸의 역사」에서처럼 김일성의 항일활동을 시기별로 구분하여 김일성이야말로 조선혁명의 여명을 안아오고 이끌어간 희망의 별이라는 사상을 강조했다. 1, 2, 3부는 부제를 달지 않고 제작되었는데 1926년부터 1930년대 초까지를 시대배경으로 하고 있다. 그 다음부터는 부제를 달아 제작되었는데 <제4부 잊을 수 없는 여름>, <제5부 눈보라>, <제6부 불타는 봄>은 1931년 봄부터 1932년 봄까지를 시대배경으로 하고 있다. 그리고 <제7부 남만에서>, <제8

---

38) <수령형상문학>, p.357.

부 저물어 가는 1932년>, <제9부 로흑산의 전설>, <제10부 불타는 근거지>는 1932년 초여름부터 1933년까지를 시대배경으로 하고 있다. 제목 「조선의 별」은 이 작품의 1, 2부 주인공이자 김일성의 동지였던 김혁이 김일성을 만난 후 지었다는 시 <조선의 별>에서 따온 것이다. 북한의 보도에 따르면 「조선의 별」은 40여만 회나 상영되었고 관람인원도 총 1억 5천만 명이 넘었다고 한다.

영화 「조선의 별」에 대해 김정일은 다음과 같이 평가하고 있다. '혁명영화 「조선의 별」을 잘 만들었습니다. 고치라고 한 대목들을 잘 고쳤습니다. 영화의 사상적 핵이 명백하여졌습니다. 영화에서 혁명대오의 통일단결의 중심이 누구이며 공산주의자들의 혁명적 동지애란 어떤 것인가 하는 것을 잘 보여 주었습니다.' 이것은 김정일이 '나는 김혁을 비롯한 청년공산주의자들이 수령님을 충성으로 높이 받들어 모신 내용을 주제로 하여 혁명영화 「조선의 별」을 만들도록 하였으며 <동지애의 노래>도 그 방향에서 창작하도록 하였습니다'고 한 결실로 보면 된다. 김정일의 말에 의하면 김일성은 '혁명영화 「조선의 별」을 두 번씩이나 보아주시고 역사적 사실을 그대로 잘 그렸다고 하시면서 매우 만족해하시였다.'

<조선문학사> 15(p.196~197, 조선·평양 1998년)에서는 「조선의 별」에 대해 '위대한 수령님의 형상을 창조하는데서 우리 문학이 거둔 가장 빛나는 성과로 되며 1980년대 우리 문학의 새로운 발전면모를 보여주는 본질적 특징으로 된다'고 높이 평가하고 있다.

「조선의 별」(전5부)속편 시리즈로 1980년대 후반기부터 다부작 시나리오 「민족의 태양」(백인준, 이춘구, 김희봉 등이 각 부를 맡아 집필)전후 6부작이 창작되기 시작했다. <제1부 준엄한 시련>(전·후편 1987년 백인준)은 1934년 초부터 약 1년간을 시대배경으로 잡고 있다. <제2부 대하의 거품>(전·후편 1988년 이춘구)은 김일성의 제2차 북만원정을 취급하고 있다. <제3부 광복의 봄>(전·후편 1989년 김희봉)은 1936년 2월부터 1936년 5월에 이르는 기간을 역사적 배경으로 하고 있다. 시나리오 「민족의 태양」은 1990년 현재 제4부까지 나왔다.

<조선문학사> 15(p.207, 조선·평양 1998년)에서는 「민족의 태양」에 대해 '우리 나라 영화문학의 특성과 품위를 보여주는 대표적인 작품으로서 문학사에 빛나는 자리를 차지하고 있다'고 높이 평가하고 있다.

이 두 시나리오는 김일성의 항일무장투쟁활동을 체계적으로 전면적으로 보여주고 있다.

이외에 시나리오 <잊을 수 없는 나날에>(1986년 이종순)는 김일성의 조선노동당 창건 업적을 보여 주고 있으며 「위대한 품」(1·2부 1986년 김영준)은 '반공'으로부터 '연공'으로 인생전환을 하는 민족주의자 김구와의 관계를 통하여 김일성의 지도자적 풍모와 고매한 덕성 및 넓은 포용력을 보여주고 있다. 「위대한 품」은 광복 후부터 1948년 4월 남북연석회의가 소집되기까지를 시대적 배경으로 하고 있다. <제1부 갈림길>에서는 주로 완고한 민족주의자이며 반공의 일선에 서있던 김구가 광복 후 남반부에서 민족이 나아갈 길을 찾기 위하여 고심하는 모습을 보여주고 있다. <제2부 재생>에서는 북반부에 들어온 김구가 새로운 현실을 목격하고 김일성의 고결한 풍모와 숭고한 인품에 감화되어 근본적인 사상전환을 일으켜 새로운 인생행로에 들어선다는 내용으로 되어 있다.

1990년대 북한 영화의 주류는 김일성·김정일이라는 수령의 형상창조이다. 수령형상을 창조하되 주민들의 일상생활과 연관시켜 그리는 작품들인 것이다. 그런 것들로 <군인선서>, <고마운 처녀>, <당신만 있으면 우리는 이긴다>, <우리의 아버지 김일성원수님>, <병사는 모교로 돌아왔다>, <맹세>, <방패>, <은을 내린 8월 3일 인민소비품> 등이 있다.

<병사는 모교로 돌아왔다>는 청춘과 목숨을 김일성을 위해 바쳤다는 '조금실'이라는 주인공을 내세워 북한청년들에게 수령에 대한 충성을 강조했다. <방패>는 김정일에 대해 한없이 충성한 '혁명전사' 북한 사회안전부 요원들의 이야기를 그리고 있다. <은을 내린 8월 3일 인민소비품>은 김정일에 의해 창안됐다는 '8·3인민소비품'을 중심으로 김정일의 업적을 찬양하고 있다.

4) 전설[39)

■ 1925년~1945.8(항일무장투쟁시기)

(1)김일성관계 일화 및 전설.

<조선문학사(1926~1945)>[40)에 보면 당시 함경도지방을 비롯한 광범한 지역의 인민들은 항일무장투쟁을 진행하는 김일성에 대해 '백두산에 장수별이 떳다', '김일성장군님께서 수많은 군사를 거느리시고 동에 번쩍, 서에 번쩍 왜놈들을 치시니 조선이 독립될 날이 멀지 않았다'는 신념과 희열을 안고 그에 관한 수많은 전설을 엮어냈다는 것이다. 전설 속의 김일성은 초자연적인 힘을 갖고 끊임없이 기적을 이루는 신인(神人)으로 나타난다. 김정일은 김일성관계 전설에 대해 다음과 같이 말하고 있다. '수령님의 신출귀몰한 전법과 관련하여 당시 인민들 속에서는 <하늘로 올랐나, 땅으로 잦았나>, <종이 한 장으로 수만 군사 강을 건는다>를 비롯한 수많은 전설적 이야기들이 널리 전해졌습니다.' 이제 그 내용별로 분류해 보도록 하자.

김일성의 신출귀몰하는 유격전법을 노래한 것.

<하늘로 올랐나 땅으로 잦았나?>, <오를 수 없는 봉우리>, <바람 타고 다니는 장군>, <육군대신이 받은 보고서>, <발자국이야기> 등이 그 보기로 된다. <발자국이야기> 는 <되돌아 온 발자국>, <신기한 발자국>, <다시 생긴 발자국>, <거꾸로 난 발자국> 등 여러 가지 유형으로 나누어진다.

축지법에 관한 전설들도 천지조화로 일제를 족친다는 김일성의 뛰어난 전법을 보여 준 것.

<아흔하홉가지 축지법>이 대표적이다. 이 전설은 <걷는 축지법>, <나는 축지법>, <앞뒤축지법>, <산을 주름잡는 축지법>, <땅을 늘구는 축지법> 등 유형이 있다.

---

39) 여기서는 일화까지 포함한 개념으로 사용함을 밝혀둔다.
40) p.303, 과학, 백과사전출판사, 1981년.

김일성의 비범한 예지와 임기응변의 지략, 천변만화의 영활한 유격전법을 보여준 것.

<신비로운 전투>, <사흘천기를 내다보신다>, <솔방울로 폭탄을 만드신다>, <동쪽에서 소리를 내고 서쪽을 치시다(聲東擊西)>, <김일성장군님께서는 천지조화를 마음대로 일으키신다>, <한달음에 천리> 등 많은 전설들이 있다.

이외에 '장신둔갑술과 분신변신술'에 관한 여러 전설들이 있다.

<입원이야기>는 그 보기로 된다. 김일성이 장신둔갑술을 써서 왜놈들의 코밑에 있는 연길병원과 용정병원에 입원하여 치료를 받을대로 받고 유유히 사라졌다는 얘기다. 이 이야기는 광복 후 중국 연변조선족 속에서도 얼마간 전해진 줄로 안다.

인민에 대한 뜨거운 사랑과 은정, 고매한 덕성을 보여준 것.

김일성이 만백성의 크고 작은 고통과 소원을 다 헤아리고 풀어주었다는 것을 보여준 것.

<경박호이야기>, <다시 솟은 칠성별>, <닭의 깃털 편지>, <황금부채> 등이 그 보기다.

인민에 대한 크나큰 사랑과 고매한 덕성을 보여준 것.

<이상한 별찌>, <조밭씨붙임이야기> 등이 그 보기다.

김일성을 '하늘이 낸 장수', '백두산의 정기를 타고나신 분'으로 우러러며 '민족의 태양', 해방의 구성으로 칭송하고 있는 것.

<백두산에 장수 났다>, <백두산의 장군별>, <백두산에 대장수 났다>, <백두산호랑이>, <장군바위> 등이 그 보기다.

이런 전설들은 김정일의 말에 따르면 「백두산전설군」을 이룬 것으로 4·15문학창작단이 총서 「불멸의 역사」를 쓰는 과정에 취재하여 묶어냈다는 <김일성전설집>(문학예술종합출판사 1987년)에 수록되었다. 김정숙의 혁명업적을 노래한 다부작 장편소설 「충성의 한길에서」의 제3부 <광복의 해발> (박유학 p.263, 문예출판사 1984년)에 보면 이런 「백두산전설군」에 속할 김일성에 관한 다음과 같은 전설들을 언급하고

있다. 〈김일성장군님은 석달천기를 내다보신다〉, 〈축지법을 쓰시고 종이장 하나로 강을 건느신다〉, 〈웃으실 땐 백두산천지에 오색무지개가 서고 노하실 땐 백두산천지에서 번개가 일어난다〉. 북한에서 이런 전설들은 사실적 의의를 갖는다.

김일성에 관한 일화는 김일성사망 후에도 「불멸의 자욱」이라는 식의 제목아래 김일성을 기리거나 그에 대한 흠모의 감정을 돌이키는 글 형식으로 계속 씌어지고 있다.

그리고 외국사절이나 언론인들이 김일성은 누구에게든 진리의 화신이고 '평화의 열쇠'를 쥔 향기롭고 매혹적인 인간이다고 극찬한 글들을 묶은 〈절세의 위인〉(조선노동당출판사 1992년)이 있다.

1994년 김일성사망 후 그에 대한 전설이 여러 모로 대량 수록되어 전설집으로 나왔다. 〈금수산기념궁전전설〉(1)[41]은 그 보기로 되겠다.

금수산기념궁전이란 김일성이 생전 20여년간 집무하던 곳이고 죽어서 그 시체가 안치된 곳이다. 〈금수산기념궁전전설〉(1)의 「책을 내면서」에 부친 편집부의 글을 보면 '세상에 기적도 많고 불가사의한 이야기도 많다 하지만 금수산기념궁전의 하늘 아래에서 일어난 기적과 신비에는 대비도 할 수 없는 것이다. … 하기에 위대한 수령님께서 금수산에 계시며 하신 일들은 모두가 그대로 전설이었으며 20세기의 놀라운 신화였다. … 금수산기념궁전에 깃들어 있는 온갖 신비와 전설적 기담들은 또한 위대한 김정일장군님께서 금수산에 궁전의 터를 잡아 주시고 주체의 최고성지로 빛내어 주신 의의 깊은 나날들에 창조되어 우리 인민들 속에서 널리 전승되어 온 것이다'고 밝히고 있다. 여기에 보면 이 전설들은 김일성 생전 김정일 주도하에 금수산에 터를 잡기 시작하면서부터 창조되기 시작했음을 알 수 있다. 그리고 '어버이수령님께서 하신 일들과 위대한 장군님께서 수령님을 충효의 한 마음으로 모시는 사업에서 수 놓으신 일들은 사실 그 자체가 신비를 품고 있어 그대로 전설인 것이다. 주체의 최고성지 금수산기념궁전에 깃들어 있는 주옥같은 전설들은 그 편편이 어버이수령님과

---

41) 김우경·동기춘·김종식, 「발굴정리」, 문학예술종합출판사, 1999.6,

위대한 장군님의 천출위인으로서의 신적인 위상이 역력하여 국보적 가치가 매우 큰 민족적 재보로 된다'고 지적하고 있다. 여기서 알 수 있다시피 이 전설집에는 김일성뿐만 아니라 김정일관계 전설도 수록하고 있음을 알 수 있다. 그리고 그 가치를 '국보'라는 최고가치로 내세우고 있음을 알 수 있다. 이 금수산기념궁전 전설의 특색은 편집부의 말에 의하면 '총체로 사실적이며 진실하며 그러면서도 전설적이라는데' 있다. 그리고 '금수산기념궁전 전설발굴정리자들은 위대한 장군님께서 주체의 최고성지에서 깃들어 있는 전설들을 정리하여 후세에 전할 데 대하여 주신 가르치심을 받들고 금수산기념궁전과 관련하여 전해지고 있는 전설들을 여러 방면에 걸쳐 폭넓게 발굴정리하였던'것이다. 보다시피 김정일의 직접적인 지시하에 일이 추진되었던 것이다. 그리고 김정일 그 자신은 '천금같은 시간을 내시어 친히 발굴정리한 금수산기념궁전 전설자료들을 하나하나 보시고 그 내용들이 좋다고 높이 평가하시면서 일부 전설들을 <노동신문>에 내도록 해 주었다'는 것이다. 편집부의 말에 의하면 이번에 <금수산기념궁전전설집>(1)에 수록된 것은 발굴정리된 수 많은 전설들 가운데서 그 일부에 지나지 않는다는 것이다. 그러니 앞으로 계속 묶어낼 의사를 내비치고 있다. 이번에 나온 <금수산기념궁전전설집>이 (1)이니 앞으로 (2), (3), (4)… 더 나올 것으로 사료된다. 이 전설집에 실린 전설들은 현재 <조선예술>에 연재되고 있다.

이외에 2권으로 된 <추모설화집>(김우경 수집정리)이 있다. 이 설화집에는 북한에서 김일성이 사망된 후 김일성을 추모하여 만들어진 전설을 비롯한 많은 설화들이 수록되어 있다. 이런 추모설화들은 결국 <수령영생기원에 바쳐진 신기한 자연현상에 대한 전설적 형상>(<조선문학> 5월호 1999. 12)에서 밝힌 바와 같이 '어버이 수령님은 영원히 우리와 함께 계신다는 수령영생기원의 숭고한 염원'을 나타내고 있다.

해방공간에 있어 김일성을 돋보이기 위한 많은 일화들이 나돌았다. 여기서 말하는 일화란 신문이나 잡지의 기사, 에피소드, 접견기록이나 방문기, 현장지도보고문, 회고담 등 다양한 형식으로 씌어진 김일성의 위대함을 부각하는 이야기를 망라하는 개념으로 이해하면 되겠다. 일화 속의 김일성은 씩씩하고 영명한 소년이고 지극한 효자이자 큰 뜻을 품었던 헌헌장부었다. 만족해방의 길을 연 김일성의 모습은 부하들에겐 더없이 자상하지만 적에겐 추상같은 장군으로, 신출귀몰한 전략의 귀재로, 그리고 세계 정세를 꿰뚫어보는 위대한 사상가로 나타난다. 일제는 끈질기게 그를 제거하려 했지만 그것은 어림없는 일이었다. 일화들은 한결같이 그가 어떤 난관이 닥치더라도 의지를 북돋는 정신적 기둥의 역할을 해 왔으며, 뜻을 가진 사람들을 묶어내는 열정의 원천이었음을 말했다. 개선 후 그의 행적 역시 일화의 대상이 되었다. 이때 그는 가는 곳마다 사람들을 감동시키고 바른 통찰을 제시한다. 오직 그를 믿고 따를 때 앞날의 승리는 보장된다. <김일성장군개선기>(한재덕), <김일성장군의 인상>(이기영, <건설> 창간호), <영웅 김일성장군>(한설야, 신생사 1947년)은 그 보기로 되겠다. <김일성장군개선기>에서는 김일성이 기왕의 어떤 영웅들과도 다르다는 점을 말하고 있다. <김일성장군의 인상>에서는 김일성을 소탈한 '인민의 영웅', 인민적 풍모를 지낸 인물로 그리고 있다. 그는 인민 속에서 나왔고 인민을 잘 알며 인민의 바램을 대변한 존재였다. <영웅 김일성장군>에서는 항일무장투쟁시기 김일성에 관한 이야기 및 김정숙을 비롯한 김일성의 동지들의 김일성에 대한 회고담, 회상기를 적어놓고 있다.

1959년부터 1960년대에 걸쳐 북한 당중앙위 직속 「당역사연구소」 주간으로 출간된 <항일빨치산참가자들의 회상기> 12권은 김일성과 만주에서 그가 이끈 무장투쟁에 대한 그의 동지 및 부하들의 회고담이다. 모종 의미에서 이 회상기집은 가장 조직적으로 씌어진, 거대한 일화집으로 볼 수 있다. 이 회상기집은 총서 「불멸의 역사」의 길잡이가 되었다.

(2) 김정일관계 전설

북한에서 김정일은 항일무장투쟁시기인 1942년에 태여 났을 때 벌써 항일유격대대원들과 인민들 속에서 「백두광명성」으로 높이 칭송되었다고 한다.

본격적인 김정일관계 전설을 보기에 앞서 그의 출생관계 구호나무 구호들을 좀 보도록 하자.

<백두산에 조선의 백두성 솟았다>, <아 조선아 겨레들아 백두광명성 탄생을 알린다>, <백두산에 솟아 난 백두태양성 2천만이여 만방에 자랑하자>, <백두산에 김일성장군 대 이을신 장군성 솟아 조선은 창창하다>, <2세 대통령 백두광명성 만세> 등 '불멸의 구호문헌들은 친애하는 김정일동지를 백두광명성으로 맞이한 인민들의 환희와 기쁨, 기대의 반영으로서 그대로 백두광명성에 대한 전설의 사상이고 그 내용의 집대성이기도 하였다'42)

이제 구체적으로 전설들을 내용별로 분류해 보면 다음과 같다.

김정일의 탄생을 신비화한 것.

<백두산의 성지 소백수골>, <백두산 장수봉에 광명성 솟았다>, <독립성> 등은 김정일의 탄생을 하늘이 점지하고 만민의 한결같은 의사와 염원에 의한 민족의 대경사로 내리풀고 있다.

김정일의 성장에 관한 것.

<용마바위, 장검바위>, <어린 장수>, <백두산에 새 장수 났다>, <쪽무이지도> 등은 김정일이 장수힘을 키우며 무비의 담력과 용맹성, 뛰어난 영장의 풍모를 갖추어 나갔다는 내용으로 점철되어 있다. <쪽무이지도>는 <지동이 일다>와 <새 장수의 예언> 두 편으로 되어 있는데 김정일이 백두산 새 장수로 태어나 쪽무이지도로 천지조화를 부려 일본천황을 절망에 빠뜨리고 일본의 패망을 예언했다는 것이다. 이 두 편은 시대배경까지도 각각 1944년과 1945년 초봄으로 깔아주고 있다. <지동이 일다>를 보면 김정일이 조선 13도를 표시한 쪽무이지도를 가지고 지도놀이를 하면서 한 도(道) 쪽을 만질 때마다 그 도에 지동이 일어나 일본천황이 혼비백산하고 지도에 등불을 바투 대이자 온 나라가 밝아진다. 그리고 <새 장수의 예언>을 보면 김정일이 쪽무이지도를 놓고 조국광복의 구상을 무르익히며 1945년 여름에 일제가 망한다고 예언하자 실지 그대로 된다. 김정일이

---

42) <조선문학사>, p.266.

어릴 때 가지고 놀았다는 이 쪽무이지도는 현재 김정일생가라고 인정되고 있는 백두산소백수골 북한 사람 모두의 고향집으로 불리고 있는 「백두산고향집」에 전시되어 있다.

김정일의 신비스러운 이적을 보여준 것.

<밀림 속에 생겨난 목욕탕> 등은 그 보기로 된다.

도탄 속에 허덕이는 인민들에게 사랑과 은정을 베푼 김정일의 덕성을 노래한 것.

<만병초>, <백두밀영의 마가목>, <쌍무지개>, <우가촌의 별이야기> 등은 그 보기로 된다.

1990년대에 들어서서부터 현재까지 「백두광명성」 관계 시리즈 전설집들이 육속 출간되고 있다. 이를테면 「백두광명성전설」 시리즈 전 5권으로 된 「백두광명성전설집」[43], 전 2권으로 된 <백두산전설집>이 있다. 그리고 「백두광명성전설그림책」[44]이 시리즈로 나오고 있다. 이런 전설의 내용은 대동소이한 줄로 안다.

그럼 아래에 「백두광명성전설」<하늘이 낸 날>(수집정리자, 김우경. 금성청년출판사 1998년)에서 밝힌 김정일관계 전설의 산생상황을 모델로 보도록 하자.

이 전설집에는 김정일의 출생과 1997년 10월 8일 조선노동당 총비서로 공식 추대된 일과 관련하여 '우리 인민들과 해외동포들 속에서 널리 파급되고 있는 전설들' 가운데 극히 일부(34편. 필자의 통계)만을 정리하여 실었다고 한다. <하늘이 낸 날>의 「머리글」에는 다음과 같이 적고 있다. '하늘이 낸 불세출의 위인이신 경애하는 장군님을 우리 당의 최고 수위에 높이 모신 뜻 깊은 이 날을 전후하여 하늘과 땅, 우주에서 신기한 자연현상들이 나타나 사람들을 한없이 기쁘게 하였으니 날을 따라 인민들 속에서

---

43) 현재 필자는 제2집 <아흔아홉가지축지법>(수집자 김우경. 문학예술종합출판사, 1993년)밖에 입수하지 못했다.
44) 필자는 현재 제6권까지 입수하고 있다. 제6권 <백두산 장수봉에 광명성 솟았다>(수집자 김우경)는 1998년에 문학예술종합출판사에서 펴냈다.

그이에 대한 전설들이 수많이 창조되어 전해지고 있는 것은 지극히 응당한 것이다.' 그러면서 김일성의 교시라고 하며 다음의 말 '한 인간이 모든 지성과 재능을 최고의 경지에서 겸비한다는 것은 쉬운 일이 아닙니다. 그래서 나는 김정일동지를 전설적인 위인이라고 합니다'를 인용하면서 '위대한 역사를 창조한 위인은 응당 전설을 낳기 마련이다'고 결론을 내리고 있다. 그리고 '어쨌든 천출위인은 하늘이 낸 날에 하늘이 점지해 준 성지에 강림한 것은 주지의 사실이니 불세출의 위인이신 경애하는 김정일장군님께서 탄생하신 주체31(1942)년 1942년 2월 16일을 「하늘이 낸 날」이라고 하'고 첫 전설로 <하늘이 낸 날>을 수록하고 죽 김정일 출생 관계 전설을 수록해 나갔다. 그러다가 <하늘 땅의 환희>라는 큰 제목하에 김정일추대 관계 전설을 싣는 대목에 가서는 '아래에 전국 각지에서 수 없이 나타난 기상천외한 천지조화 가운데서 그 일부를 자료적으로 묶어 소개한다'하고 첫 전설로 <백두산의 환희>를 수록하고 있다. 이 전설집에 수록되지 못한 「백두광명성전설」은 현재 김우경의 이름으로 계속 <조선문학>에 연재되고 있다.

그리고 북한에서는 현재 김정일에 관한 일화가 대량 쏟아져 나오고 있다. 현재 잡지 <조선문학>에 「인민행열차」라는 이름으로 계속 연재되고 있는 일화와 일화집 <위대한 인간 김정일>(평양출판사 1994년)은 그 한 보기로 되겠다. 이 일화집은 믿음, 사랑, 헌신성, 예지, 대담성, 의리, 겸손, 충성심 등의 항목을 나누어 이른바 김정일의 위대한 풍모를 보여주고 있다. 일화집 「위대한 인간 김정일」에 보면 '우리는 친애하는 지도자동지의 불멸의 사적을 연구하는 과정에 그이의 위대한 풍모에 비껴 있는 사실과 일화들을 수많이 대하게 되었다. 친애하는 지도자동지의 불멸의 업적을 더 깊이 연구학습하며 그이의 고매한 풍모를 따라 배우려는 독자들의 열망에 다소나마 도움을 주기 위하여 일화와 사실의 일부를 여기에 묶었다'고 밝히고 있다. 여기서 보다시피 이런 일화들의 취지는 명백하다. 북한에서 많은 사람들은 이런 일화들을 진짜 사실로 받아들이고 그것에 대단한 흥취를 가진다. 그리고 <위대한 영도자 김정일동지의 혁명일화연

구>(김철호 1997년 석사)와 같이 학위논문의 테마로도 선정되기도 한다. 이런 일화들은 총서 「불멸의 향도」 작품의 소재 내원의 구실을 하기도 하여 「불멸의 향도」 연구 차원에서도 주의를 기울일 필요가 있다.

김일성·김정일(김정숙관계 전설 포함)관계 전설은 혁명전설로 불리고 있다. 북한에서는 혁명전설을 수집하는 것이 혁명소설창작에 못지 않게 중요하다고 한 김정일의 교시에 따라 1984년부터 본격적으로 이 사업을 추진해 왔다. 김우경은 애초부터 이 사업에 달라붙어 구체적으로 책임지고 일해왔다. 그래서 그는 김정일의 크나큰 배려로 【김일성상】 계관인이 되었다.

3.2 수령형상창조에 대한 현상학적 분석

전반적으로 볼 때 수령형상창조문학은 광복 전 혁명시인 김혁이 지었다는 최초의 김일성찬가 <조선의 별>과 김일성항일 관련 일부 가요, 백두산전설(구호나무 포함)들에서 그 시작을 보게 되고 광복 후 송가 <김일성장군의 노래>와 장편서사시 <백두산>을 비롯하여 얼마간 활발한 국면을 보이다가 전반 1950년대는 한산한 국면을 면치 못했다. 그러다가 1960년대 초 희곡 <조국산천에 안개 개인다>의 창작을 거쳐 김정일이 직접 문학예술부문을 조직지도하며 1960년대 후반기 4·15문학창작단을 무어면서부터 소설, 시, 희곡, 시나리오 등 여러 장르에 걸쳐 동시다발적인 국면을 이끌어 내오고 총서 형식의 장편소설들이 창작되면서 본격적인 궤도에 들어서기 시작했다. 이로부터 수령형상창조문학은 양과 질에서 점점 많아지고 세련되면서 상승일로를 걸어왔다. 현재도 활발히 창작되고 있다.

양적으로 보면 시가 단연 우세를 점하며 점점 상승적 추세를 보여 왔다. 소설은 심심찮게 창작되다가 1970~80년대에 들어서면서 대량 창작되기 시작했다. 극문학은 그 시작도 좀 늦고 한산한 편이다가 1970~80년대에 활기를 띠기 시작했으나 소설에는 미치지 못한다. 전설은 광복 전에 일부 창작되고 광복 후 줄곧 한산을 국면을 면하지 못하다가 김정일등단과 김일성사망과 같은 일정한 계기를 빌어 대량 나타난 특징을 보이는 데 주로 1990년대에 들어서 많이 창작되었다.

전반적으로 볼 때 그 주제내용은 김일성·김정일의 혁명활동 및 그 업적을 통해 위대한 수령으로서의 김일성·김정일의 풍만한 형상을 부각하고 노래하기에 피 타는 노력을 경주한 충성의 송가들로 개괄해 볼 수 있다. 주로 다음의 세 가지 내용으로 요약해 볼 수 있겠다.

첫째, 주로 이론적인 면에서 위대한 사상이론가, 정치가로서의 김일성·김정일.

둘째, 주로 실천적인 면에서 위대한 전략전술가, 현명한 영도자로서의 김일성·김정일.

셋째. 주로 인간성적인 면에서 고매한 공산주의인간적 풍모를 갖춘 김일성·김정일.

예술형식은 틀에 매인 천편일률적인 따분함이 있으나 그 틀에서나마 잘 다듬어지고 세련된 맛이 있다. 족쇄를 차고 춤추는 처절한 아름다움을 연출해내고 있다. 주옥같은 언어구사, 구성의 정연함, 다양한 수사학적 수법의 배합 등은 그 구체적 보기로 되겠다.

구체적인 장르별로 보면,

시가는 여러 종류의 장르가 동원되었다. 서정시, 서사시, 서정서사시, 가사, 장시, 담시(이야기시)… 그리고 그 편폭도 단편, 중편, 장편 다양하다. 북한 나름대로의 새로운 시 장르를 개발해내기도 했다. 상대적으로 서정시가 많고 서사시가 적은 편이다. 그러나 수령형상창조문학에서 서사시 형식은 전통을 일신하는 듯한 특이한 존재로 돋보인다. 서정시 가운데는 송가 형식이 많다. 이런 송가들에는 김일성·김정일 생일을 계기로 하여 써 올인 헌시들이 많다. 서정시가 가장 개인적이여야 됨에도 불구하고 집체작이 많은 것이 돋보인다. 수령에 대한 감정은 워낙 너나 다르지 않아 오히려 이런 집체작 형식이 보다 많은 사람의 공감을 불러일으키는 듯하다. 그리고 개인적인 창작의 경우에도 그 시작들 지간에 별다른 차이가 없이 상투화된 어구나 표현들이 많다. 특히 김일성·김정일관계 만수무강 축원시들이 그렇다. 이것은 북한 사회주의문학의 하나의 특징으로 꼽을 수 있다.

내용 면에서 볼 때 김일성·김정일에 대해 직접 노래한 것과 이들에 대한 흠모와 존경 및 충성심을 나타낸 것들로 대별해 볼 수 있다.

수령에 대한 너무 진지한 감정에만 매몰되다 보니 제3자의 눈으로 보기에는 자질굴레하고 보잘 것 없는 데서도 시적 계기가 이루어지고 서정이 폭발한다. 이것 또한 북한시인들의 독특한 시적 발상으로 보아야 되겠다.

그리고 시인 및 시적 자아는 분명 북한사람이면서 이른바 세계인민의 입장에서 김일성·김정일을 노래한 것은 다분히 자화자찬의 혐의에서 벗어나 객관성을 확보하려는 맛을 풍긴다.

소설장르를 보건대 작가의 창작담이나 북한 학자들의 분석에 의하면 실제 역사 인물, 사건, 사실들에 기초해서 창작한 작품들이 많은 편인데 일단은 이른바 그 「역사」의 진실성 여부에 의문을 던질 필요가 있다. 「총서」와 같은 독특한 형식을 창출해냈다.

극작품장르를 보면 소설과 같은 경우를 감지하게 된다. 그러나 극작품에서 조선 식, 우리 식의 독특한 작법이 눈에 긍정적으로 띄인다.

전설장르를 보면 전설같은 전설이 없지 않으나 전설 본연의 모습에서 일그러진 것들이 많다. 예컨대,

첫째, 전설은 어디까지나 어떤 사물이나 현상의 기원이나 내력을 내리푸는 것이 본령인데 북한의 수령형상관계 전설은 이런 것을 떠난 奇譚이 대종을 이룬다. 그래서 그 형식은 오히려 민담 쪽에 더 가깝다. 김일성·김정일관계 전설을 설렵해 보면 무지개, 그것도 쌍무지개를 제재로 한 것들이 많다. 이를테면 <무지개대문>, <100일 추도식장에 비낀 쌍무지개>, <신비한 쌍무지개>, <쌍무지개가 합쳐지다>, <쌍무지개> 등이 그 보기로 된다. 이런 전설들에서는 우선 보기 드문 무지개, 그것도 쌍무지개를 취급한 자체가 희한하다. 이런 전설들을 보면 어느 특정한 계기에 하늘에

길상스러운 쌍무지개가 비낀다는 것이다. 김일성 추도식장이든가 김일성·김정일 생일날이든가 혹은 김정일이 총비서로 추대된 날 등등이 그 좋은 계기로 된다. 김일성·김정일 생일날에 백두에서 한라까지 잘 비낀다는 무지개는 통일무지개로서 김일성·김정일이야말로 통일의 救星이다는 메시지를 던져주고 있다. 다음 한술 더 떠 이 쌍무지개가 어쩌구 저쩌구 조화를 부리며 상징적인 의미를 나타낸다. 위의 제목에서도 보 듯이 쌍무지개가 합쳐지는 기상천외의 신비경으로 김일성과 김정일은 곧 한 사람이다는 상징적 의미를 주며 김정일의 권위를 살리고 있다. 이런 유의 奇譚식 전설은 수령형상에 자꾸 신비성을 부여하자고 신경을 써다보니 필연적으로 나타난 결과인 것이다.

둘째, 인위적으로 꾸민 색채가 진하다. 전설은 신비하고 기이한 요소를 배제할 수는 없지만 진실감 또한 배제할 수 없다. 진실과 허구의 긴장관계를 유지하는 것이 전설의 묘미다. 김정일의 신비스러운 이적을 보여주고 있는 <밀림속에 생겨난 목욕탕>을 좀 보도록 하자. 이 전설에 등장하는 노인은 지난날 의병에 참가했다가 뜻을 이루지 못하고 왜놈들의 눈을 피하여 쫓겨다닌다. 그러다가 김일성에게 감복한 나머지 기쁨을 드리자고 밀림 속에 목욕탕을 짓는데 착수한다. 이에 백두산의 별님으로 불리운 어린 김정일의 영험한 도움을 받아 하루 밤사이에 훌륭한 온천 목욕탕을 짓게 된다. 이 전설은 결국 김정일의 신이(神異)를 노래하자고 한 것인데 그 쫓기는 신세의 노인이 항일의 그 처절한 환경 속에 사치에 가까운 목욕탕 짓기 설정부터가 진실감을 상실하고 있다. 그러니 김정일의 이적은 砂上樓閣에 지나지 않는다. 수령의 신비한 이적만 추구하면서 인위적으로 막 꾸미다 보니 이런 어처구니없는 전설들이 수두룩하다. 김우경의 경우를 놓고 볼 때 그는 1987년부터 오늘에 이르는 기간 해마다 혁명전설집과 동화집을 한 권씩 묶어 낸다고 한다. 이는 순 수작업으로 창작이 이루어지는 북한의 경우를 감안할 때 대단한 속도다. 그러니 상기의 粗制濫造도 피치 못할 줄로 안다.

세째, 전설을 발굴정리 혹은 수집정리한 사람들의 가미가 너무 많다.

ㄱ. 모순, 충돌 설정은 꼭 계급적인 것으로 한다. 전설에는 순수한 의미에서의 인간 대 자연, 인간 대 신 그리고 인간 대 인간의 비계급적인 모순, 충돌도 있겠으나 이런 것은 의식무의식적으로 거의 배제되고 있다. 이것은 아마 그 수령들이 계급투쟁의 소용돌이 속에서 생활한 사정과도 관계되겠지만 보다 중요하게는 북한에서 문학을 이데올로기적 도구로 전락시켜 사상교육에 봉사시킨 데 기인한다.

ㄴ. 편폭이 너무 길다. 그리고 화려한 미사여구가 너무 많다. 전설은 구구전승의 구비문학일진대 편폭이 길 수 없으며 그 언어는 어디까지나 기본 의사 전달을 주로 하는 소박성에서 벗어나지 않는다. 그런데 북한의 수령형상창조 전설들은 환경 전개가 장황하고 줄거리 기복이 심하며 수식어가 많다. 이것은 문인들의 개인창작을 방불케 한다. 「백두광명성전설집」(4) <무지개대문>의 편집부의 명의로 된 「편집후기」에 보면 김우경이 수집정리한 혁명전설들을 평하여 '흥미진진한 이야기줄거리에 다방면적이고도 풍부한 자료들을 예술적으로 능란하게 배합하여 … 현대적인 미감에 맞게 그의 문학적 품격을 보장함으로써 오늘 독자들에게 널리 애독되고 있다'고 한 것은 그간의 사정을 암시해주고 있다 하겠다. 김우경 자신은 원래 아동문학작가로 활약했던 만큼 그 문학창작적 기질이 혁명전설 수집정리에 알게 모르게 작용한 것으로 사료된다.

4. 총서 작품 집중적 조명

총서 작품은 광복 후 북한에서 '수령님의 영광찬란한 혁명역사를 체계적으로, 전면적으로 깊이 있게' 형상한 '당과 혁명 앞에, 시대와 역사 앞에 책임지는 중대하고도 성스러운 사업이며 만대에 길이 빛날 기념비적 작품을 창작하는 보람차고 영광스러운 사업'45)으로서 '주선으로 확고히

---

45) <주체문학론>, p.126, <혁명적 문학예술작품창작에서 새로운 앙양을 일으키자>, p.23.

틀어쥐고' 추진한 '새로운 혁명문학'인 것이다. 총서 작품은 광복 후 북한의 기둥문학이며 주류문학인 만큼 이것에 대한 집중적 조명은 그 만큼 절실하고 값어치가 있는 줄로 안다.

4.1 창작의 본격적인 준비단계

1) 전문조직결성 및 구체적 지도

김정일은 1968년부터 전문 문학예술부문사업을 맡아보면서 전사회적으로 주체사상을 유일사상체계로 내리먹임과 동시에 이때까지 자연발생적으로 산발적으로 해오던 문학작품에서의 김일성형상창조문제를 '당의 사업…', 이른 바 국책으로 밀고 나가면서 조직적으로, 본격적으로 착수한다. 김정일은 무엇보다도 먼저 김일성형상을 전문 창조하는 일련의 문학예술창작단체들을 직접 조직한다. 1967년 4월 15일 김일성 55돐 생일에 4·15문학창작단을 조직한다. 그리고 1968년 4월25일 항일유격대 창설 36주년 기념일에 「백두산문학창작단」46)을 조직한다. 「만수대창작사」47)도 이때 조직된다. 4·15문학창작단의 취지에 대해 김정일은 다음과 같이 명백히 지적하고 있다. '4·15문학창작단은 수령님의 혁명역사와 혁명적 가정을 소설로 형상하며 수령님께서 몸소 창작하신 불후의 고전적 명작들을 소설로 옮기는 중요한 창작집단입니다.'48) 이런 수령형상 전문 창작단의 조직은 수령형상창조사업에서 통일성을 보장하고 보다 높은 수준으로 심화시키기 위한 데 있다. 이런 전문 창작단을 통해 수령형상창조의 방향과 방도를 제시할 뿐만 아니라 구체적인 작품의 주제선택으로부터 시작

---

46) 「백두산문학창작단」은 가극을 비롯한 공연예술 관련 원고를 집필하는 것을 목표로 하였다. 제1임단장은 백인준이 맡았다.
47) 「만수대창작사」는 전문 김일성의 동상, 석고상, 초상화, 초상휘장, 사진, 초상기, 수예, 벽화, 조선화 창작을 전문으로 한다.
48) <주체문학의 향도성> 3, p.16, 「2.새시대의 혁명문학건설에로」 조선노동당출판사, 1984년

하여 창작의 전공정과 그 결과에 대하여 정책적 지도와 형상적 지도를 준다. 이로부터 이 창작단은 명실공히 수령형상 전문창작기지로 된다. 그리고 그 구체적 인적·물적 안받침으로 사상예술적으로 준비된 창작역량을 집결시킨다. 이를테면 수령의 사상으로 튼튼히 무장되고 예술적 기량이 뛰어난 우수한 작가들이 동원되어 서로 지혜와 힘을 합쳐 공동의 목표를 향해 분투하도록 한다. 이 창작단에 망라된 구체적 작가들인 천세봉, 석윤기, 김병훈 등49)을 보면 사상정신적으로 그리고 창작재능 면에서 가히 북한에서 일류로 꼽을 수 있는 작가들이다. 여기에 망라된 작가들에게는 필요한 모든 물질기술적 여건 및 물질적 대우를 충분히 보장해 줌은 더 말할 것도 없고 창작을 위한 기초작업, 이를테면 사료와 자료의 수집정리 및 연구 등 면에서도 관련 기관들에서 충분한 배려를 해 주도록 한다. 그래서 4·15문학창작단 작가들은 더 없는 자호감을 느낀다. 그리고 모두들 수령과 당에 대한 일종 感遇之恩, 나아가 절대적인 혁명적 사명감으로 최선을 다 한다. 많은 작가들은 총서 작품을 당과 조직의 요구에 맞게 최상의 수준에서 창작해 내어 조선에서 최고 영예인【김일성훈장】,【김일성상】을 수여 받았으며【勞力영웅】이 되기도 하고 각종 정치적 영예를 누리며 일약 출세했다. 이를테면 천세봉은【김일성훈장】수상자,【김일성상】계관인이고 석윤기는【김일성훈장】수상자,【김일성상】계관인,【勞力영웅】이며 정기종은【김일성상】계관인이고 권정웅은【김일성상】계관인,【勞力영웅】으로 되었다. 북한에서 4·15문학창작단에 들어가는 것은 작가들의 최고 소원이다. 4·15문학창작단에서는 이미 창작된 수령형상관계 문학창작경험교훈을 감안하면서 주로 총서 작품창작에 달

---

49) 천세봉과 석윤기는 줄곧 4·15문학창작단의 중역을 맡아 왔다. 천세봉은 1962년 9월부터 1986년 4월까지 조선작가동맹위원회 중앙위원회 위원장을 맡았고 4·15문학창작단의 제1임 단장을 맡았다. 석윤기는 천세봉에 이어 조선작가동맹위원회 중앙위원회 위원장을 맡았고 4·15문학창작단 제2임 단장을 맡았다. 김병훈은 현재 조선작가동맹위원회 중앙위원회 위원장이고 4·15문학창작단 단장직을 맡고 있다. 이들 둘은 직접 정치적 요직도 맡기도 했다. 이를테면 천세봉은 조선민주주의인민공화국 당중앙위원회 위원, 최고인민회의 대의원 및 상설회의 위원 등, 석윤기는 최고인민회의 상설회의 위원 등을 맡았다.

라붙었다. 이른바 '수령의 혁명역사'를 몇 편의 개별 장편소설이나 전기, 연대기식이 아니라 '방대한 규모로, 전일성과 체계성을 가진 총서 형식의 대서사시' 즉 대하소설로 그려내도록 했다. 이로서 주체의 문예이론에 바탕을 두고 김일성 유일사상체계를 문학적으로 안받침하는 '혁명적 대작주의'가 선을 보이게 되었다. 그 구체적 과정을 보면 충분한 토론, 연구를 거쳐 매개 작가들이 서로 맞물리는 시기별 김일성 주요 혁명활동 및 업적을 형상화하는 임무를 각기 뜯어 맡도록 했다. 이제 총서 집필진 및 그 구체적 분담을 도표로 요약해 보이면 다음과 같다.

총서 「불멸의 역사」 해방전편 장편소설		
작 품 명	작 가	출판년대순
1.1932년	권정웅	1972
2.혁명의 여명	천세봉	1973
3.고난의 행군	석윤기	1976
4.백두산기슭	최학수	1978
5.두만강지구	석윤기	1980
6.대지는 푸르다	석윤기	1981
7.근거지의 봄	이종렬	"
8.준엄한 전구	김병훈	1982
9.닻은 올랐다	김 정	"
10.은하수	천세봉	"
11.압록강	최학수	1983
12.봄우뢰	석윤기	1984
13.잊지 못할 겨울	진재환	"
14.위대한 사랑	최창학	1987
15.혈로	박유학	1988
16.붉은 산줄기	이종렬	2000
총서 「불멸의 역사」 해방후편 장편소설		
1.빛나는 아침	권정웅	1988
2.50년 여름	안동춘	1990
3.조선의 봄	천세봉	1991
4.조선의 힘	정기종	1992
5.승리	김수경	1994
6.대지의 전설	김삼복	1998

7.영생	백보흠, 송상원	"
8.삼천리강산	김수경	2000
총서 「불멸의 향도」 장편소설		
1.예지	이종렬	1990
2.동해천리	백남룡	1995
3.푸른 하늘	권정웅	"
4.평양은 선언한다	이종렬	1997
5.역사의 대하	정기종	"
6.전환의 년대	이신현	1998
7.평양의 봉화	안동춘	1999
8.전환	권정웅	2000
9.서해전설	박태수	"

위 도표에서 보면 권정웅이 <1932년>, <빛나는 아침>, <전환>, <푸른 하늘>, 석윤기가 <고난의 행군>, <두만강지구>, <대지는 푸르다>, <봄우뢰>, 이종렬이 <근거지의 봄>, <예지>, <평양은 선언한다> <붉은 산줄기> 각기 최다 4편을 창작했고 천세봉이 <혁명의 여명>, <은하수>, <조선의 봄> 3편, 최학수가 <백두산기슭>, <압록강> 2편, 김수경이 <삼천리 강산>, <승리> 2편, 정기종이 <역사의 대하>, <조선의 힘> 2편, 그 외에 작가들은 각기 1편씩 창작했다. 이 작가들은 동시다발적으로 착수하여 김일성의 전반 혁명 활동 및 업적을 형상화했음을 알 수 있다. 매 총서 작품내용이 나타내고 있는 시대배경적 시간 및 그 작품 출판 년도는 그간의 사정을 잘 말해주고 있다. 누가 먼저 초고가 완성되면 발표모임 등 활동을 통해 구체적인 세부에 이르기까지 집단의 의견을 충분히 수렴하여 수개를 진행하곤 했다. 그래서 완고되어 진작 책으로 출판되는 작품은 집단창작적 특색이 진했다. 그래서 첫 시기 나온 총서 작품들은 말 그대로 4·15문학창작단이라는 집단[50]이름으로 선보였다. 총서 작품은 일

---

50) 집단창작은 사회주의나라에 특유한 문학창작현상으로 보아 마땅하다. 북한의 경우를 보면 1960년대까지만 해도 개인 창작으로 진행되다가 1960년대 말 김정일이 문화예술 부문을 담당하면서, 「천리마운동」의 지속적인 형태인 「속도전」이 강조되면서 집단창작이 활성화된 것 같다. 그렇게 해서 북한 전역에서 문학예술 창작조직들이 우후죽순마냥 생겨났다.

률적으로 말 그대로 문학예술작품전문출판사인 「문학예술종합출판사(그 전신은 「문예출판사」)」에서 출판하도록 되었다.

4·15문학창작단은 성립된지 불과 4~5년 사이에 김일성의 어린시절을 부각하는 <배움의 천리길>(문희준), <만경대>(황민), <동트는 압록강>(강효순)같은 장편소설을 창작했으며 총서 「불멸의 역사」에 속하는 장편들인 <1932>, <혁명의 여명>을 창작해 냈다. 이로부터 수령형상문학이 본격적으로 창작되기 시작했다. 김정일의 말을 빌리면 '우리 나라에서 수령을 형상하는 문학사업은 총서 「불멸의 역사」가 창작되면서 본격적으로 벌어지기 시작하였다고 말할 수 있다.'51) 북한에서는 이 시기를 포함한 전반 1970년대를 북한 「문학예술혁명」, 「20세기문예부흥」이라고 극찬하고 있다. 김일성도 이 시기에 대해 매우 높은 평가를 내리고 있다. '그(김정일. 필자 주)의 지도 밑에 문학예술부문에서는 1970년대 초의 몇 해 어간에 주체문학예술의 일대 전성기가 펼쳐졌습니다. 이 기간에 영화예술을 비롯한 문학예술의 여러 부문들에서 놀라운 발전이 이루어지고 세계적인 명작들이 연이어 창작되어 세상에 나왔으며 그 과정에 문학예술인들의 대오는 온 사회의 혁명화, 노동계급화에서 앞장서 나가는 선구자의 대오로 되었습니다.' 4·15문학창작단성원들은 수령에 대한 감복과 충성심에 들 뜨고 일종 사명감에 넘쳐 있었다. 총서 작품과 관련된 그들의 창작담을 보면 예외없이 보잘 것 없는 자기를 수령이 껄껄한 4·15문학창작단 작가로 키우준 데 대한 고마움과 수령에 대한 충효의 맹세 및 수령의 위대한 형상을 창조하여 역사에 길이 빛나게 하며 사람들로 하여금 따라 배우게 하겠다는 사명감이 창작을 끝마치게 한 원동력이라고 밝히고 있다. 총서 「불멸의 역사」 <대지의 전설>의 작가 김삼복이 '이 나라 대지의 첫 이랑에서부터 마지막이랑까지 우리 수령님 밟아보시지 않은 이랑이 어디에 있으며 논이면 논, 밭이면 밭의 그 흙을 우리 수령님처럼 많이 만져보신분이 어디에 있겠습니까. 우리인민들에게 흰 쌀밥에 고기국을 먹이시기 위해 생의 마지막순간까지 찬이슬 내리는 논두렁길과 뙤약볕이 내리쪼이

---

51) <주체문학론>(단행본), p.136~137.

는 포전머리를 걷고걸어신 어버이수령님의 한생이 어리어 있는 이 땅은 그저 흙이 아닙니다'와 「불멸의 향도」<역사의 대하>의 작가 정기종이 '경애하는 장군님께서 바라시는 시대정신의 대변자, 혁명의 나팔수가 되는 것-이것이 저의 최대의 목표이며 희망입니다'라고 한 것, 그리고 <전환의 연대>의 작가 이신현이 '… 어제 날의 보잘 것 없던 노동청년을 총서문학가로 키워 준 당에 대한 고마움이 앞서며 마음이 젖어드는 것을 금할 수 없다'52)운운은 그 한 보기로 되겠다. 정기종은 바로 이런 '목표'와 '희망'을 안고 '아주 빠른 시일 안'에 <역사의 대하>를 완성했다고 한다. 4·15문학창작단성원들은 4·15문학창작단을 하나의 전투그룹으로 여기고 있으며 문학창작 자체를 한 바탕의 전투로 여긴다. 이로부터 이들은 문학창작도 실로 「돌격전」, 「속도전」 식으로 해 제낀다. 이렇게 완성된 작품들은 김일성에게 생일 獻作 혹은 여러 명목으로 진상되어 심신을 기쁘게 해 주었다.

김일성은 총서 작품이 창작되어 올라오는 족족 열심히 보았으며 나름대로 평가를 해 주었다. 이를테면 권정웅이 창작한 <1932년>의 소사하집 장면에 대한 묘사를 보고 생동하게 매우 잘 되었다고 작가를 높게 평가해 준 것, 석윤기의 <고난의 행군>, <두만강지구>, <봄우뢰>, <대지는 푸르다>에 대해 정치노선을 명백히 주었고 눈물나는 장면도 많으며 아주 잘 썼다고 한 것 그리고 지금까지 <고난의 행군>을 비롯한 많은 소설을 보았는데 <백두산기슭>이 가장 잘 되었다고 한 것은 그 보기로 되겠다. 천세봉은 바로 '이 한없는 믿음과 사랑, 그토록 소중한 생활소재에 기초하'여 총서 「불멸의 역사」 중 첫 작품인 <혁명의 여명>을 창작하고 계속하여 <은하수>를 창작해 냈다.53)

김정일은 문학예술사업을 조직, 영도하는 첫 시기부터 김일성형상을 부각할 데 대해 강조했다. 일찍 1959년 6월 22일에 혁명문학예술창작에서

---

52) <대지의 전설>의 「편집후기」, <역사의 대하> 제2판 끝의 편집부의 이름으로 된 「시대와 작가」, <전환의 년대> 끝의 이신현의 「붓을 놓으면서」를 참조하라.
53) <조선문학사> 15, p.74, 조선·평양, 1998년.

가장 중요한 문제는 김일성을 형상하는 것이라고 하면서 이런 작품을 많이 창작할 데 대해 언급했고 1960년 3월 15일에는 김일성형상창조는 혁명문학예술건설에서 기본이라고 하였으며 1960년 12월 9일에는 연극 <조국 산천에 안개 개인다>를 지도하면서 혁명문학예술은 김일성을 형상하는 데 선차적 주의를 돌리고 큰 힘을 넣어야 한다고 강조했다. 그러면서 구체적으로 김일성을 위대한 사상이론가, 탁월한 군사전략가, 자애로운 인민의 어버이로서 형상할 데 대해 천명했다. 그러다가 1962년 4월 21일에 한 담화에서는 김일성의 영광찬란한 혁명활동을 체계적으로, 전면적으로 보여주는 큰 형식의 문학예술작품을 창작하여야 한다고 지적했다. 여기서 총서 형식의 싹이 튼 셈이다. 1964년 12월 10일에는 <혁명적인 문학예술작품 창작에 모든 힘을 집중하자>라는 글을 발표하여 김일성이 언급한 혁명전통주제의 대작창작에서 가장 중요한 것은 항일투쟁을 승리에로 조직영도한 김일성의 혁명 역사와 업적을 깊이 있게 형상하는 것이라고 밝혔다. 그리고 1966년 2월 7일에는 <새로운 혁명문학을 건설할 데 대하여>라는 글에서 '우리는 새로운 혁명문학을 건설하여야 합니다. 우리가 말하는 새로운 혁명문학은 명실공히 수령을 형상한 문학을 의미합니다'라고 김일성이 밝힌 새로운 혁명문학건설 및 혁명적 대작창작의 핵은 어디까지나 김일성형상부각에 있다고 모 박아 지적하고 있다. 그리고 작가들은 지금까지의 김일성형상창조사업을 잘 총화하고 근본적인 전환을 일으켜야 한다고 했다. 이를테면 지난 시기처럼 짤막한 시나 단편소설 같은 것을 몇 편 쓰는 식으로 창작할 것이 아니라 대담하고 통이 큰 작전으로 김일성의 혁명역사전모를 볼 수 있게 걸출한 사상이론가, 백전백승의 강철의 영장, 위대한 인간으로서의 수령을 전면적으로 깊이 있게 형상한 혁명적 대작을 많이 써내야 한다고 강조하며 재차 총서 형식에 가까운 구상을 내비치고 있다. 그리고 수령형상을 창조하는 새로운 혁명문학건설을 작가동맹의 중심과업으로 내세우고 작가대오를 튼튼히 꾸려야 하며 전문 창작집단을 내오는 것이 필요하다고 지적했다. 여기서 4 · 15문학창작단성립의 단서가 잡힌다. 그리고 얼마 있지 않아 <4 · 15문학창작단을 내올 데

대하여>라는 문건을 작성하여 본격적으로 창작단조직에 착수했던 것이
다. 그리고 총서 창작의 기본 내용 및 형식적 특징 등도 확정되어 갔다.
이로부터 1967년 4·15문학창작단의 성립과 더불어 1970년대에 들어서
<1932년>, <혁명의 여명>, <고난의 행군>, <백두산기슭>이 창작되면서
총서 첫 단계 작품들이 선을 보였다. 김정일은 총서 작품이 창작되는 과
정에 구체적 세부에 이르기까지 수시로 수정의견을 제기하며 최선품을
만들기 위해 작가들과 함께 고심했다. 그리고 일단 작품이 완고되면 「고
전성적」인 작품평도 잘 내렸다. <혁명의 여명>, <고난의 행군>, <은하
수>의 주제사상에 대한 개괄은 그 한 보기로 되겠다.54) 석윤기를 비롯한
4·15문학창작단 작가들이 총서 「불멸의 역사」에 속하는 장편소설들을
창작할 때 김정일이 작품의 형식과 제목으로부터 총서 창작에서 나서는
제반 이론실천적 문제들을 전면적으로 밝혀주고 그 실천과정을 적극 떠
밀어 주었다.55) 총서 형식도 김정일이 먼저 제기했으며 「불멸의 역사」라
는 총서 총 제목도 김정일이 단 것이다. 구체적인 작품의 제목도 김정일
이 고쳐 달은 것들이 적지 않다. 이를테면 <태양이 솟는다>를 <혁명의 여
명>, <새날>을 <닻은 올랐다>, <불패의 힘>을 <잊지 못할 겨울>, <태
양의 품>을 <위대한 사랑>으로 고쳐 단 것은 그 한 보기로 되겠다. 이
론, 창작 면의 이런 苦心이 전면적이고 체계적으로 수령형상 창조원칙
및 그 실현방도들을 집대성한 <주체문학론>으로 까지 나가게 되었던 것
이다.

2) 창작

‘수령을 형상한 혁명적 대작을 창작하자면 일정한 준비단계가 있어야
합니다. 모든 작가들에게 처음부터 대작을 다 쓰라고 할 수는 없습니다.
이제부터 한 2~3년 동안은 시, 단편소설같은 것을 창작하면서 수령형상

---

54) <주체문학론>(단행본), p.129, p.145, <총서 「불멸의 역사」에 대하여>, p.3.
55) <조선문학사> 15, p.80, 조선·평양, 1998년.

창조를 위한 경험과 지식을 축적하는 것이 좋을 것 같습니다.'56) 김정일의 이 교시에 좇아 많은 작가들이 이른바 수령을 형상한 혁명적 대작을 창작하기 위한 준비사업을 하면서 일차적으로 수령을 형상한 단편소설창작에 달라붙었다. 이로부터 1967년57)부터 이 방면의 단편소설이 쏟아져 나오기 시작했다. <철의 역사>(1967년 변희근), <맑은 아침>(1967년 최학수), <눈석이>(1968년 석윤기), <새 출발>(1968년 이종학), <해빛>(1968년 고병삼), <어느 한 영마루에서>(1968년 이영규), <해빛은 바다가에도>(1969년 최용구), <전선길에서>(1970년 장동일), <무성한 산림> (1970년 김수범), <태양을 우러러>(김수범), <크나큰 어버이 품>(이동우) 등은 그 보기로 되겠다.

위의 단편소설들이 단편이라는 장르적 제한에도 불구하고 좀 거창한 제재들을 취급했다면 <크나큰 사랑>(1967년 이영규), <역사의 자취>(1967년 김찬윤), <나루가에서>(1968년 김익철), <사랑의 품>(1969년 류도희), <혁명의 후계자>(1969년 김홍무), <압록강의 봄>(1970년 김원종) 등은 보다 세말적인 제재를 통하여 김일성의 인간성을 치중하여 그려내고 있다.

이런 단편들은 훗날 총서 「불멸의 역사」창작에 구체적인 제재, 슈제트, 주제 및 예술적 형식 등 여러 면에서 창작경험을 제공해 주고 있다. 이를테면,

<철의 역사>는 광복직후와 6·25동란이 끝난 직후 두 차례에 걸쳐 제철노동자들을 찾아 철 생산에로 궐기시키는 김일성의 영도업적을 보여주고 있는데 이것은 총서 「불멸의 역사」 해방후편 <찬란한 아침>의 주제와 직접 연결된다.

<눈석이>를 보면 동강회의를 전후한 시기를 배경으로 하여 「조국광복회10대강령」 작성과정 및 김일성이 호위병들만 데리고 국경지대에로의 진출, 마안산아동단원들에 대한 사랑, 100여명 민생단혐의자들에 대한

---

56) <조선문학사> 13, p.94, 조선·평양, 1999년.
57) <조선문학사> 13, p.94, 조선·평양, 1999년.

믿음 그리고 무송현성전투 등 슈제트 요소들은 훗날 총서 「불멸의 역사」 해방 전 장편소설 <위대한 사랑>, <잊지 못할 겨울> 창작의 직접적인 슈제트 내원으로 되었다.

<맑은 아침>은 6·25동란 때 승리할 수 있은 것은 전적으로 김일성의 현명한 영도에 의한 것이라는 주제사상적 결론은 내리고 있는데 이것은 훗날 총서 「불멸의 역사」 해방 후 장편소설 <1951년 봄>, <승리>, <조선의 힘>과 같은 전쟁편에 그대로 이어지고 있다.

이외에 김정일이 직접 발기하고 조직한 세 차례58)에 걸친 「장중편 100편 창작전투」는 총서 창작에 직접적인 분위기를 조성해주고 자극제가 되었다.

그리고 1990년대에 들어서 김정일형상창조에 바쳐진 일련의 단편들은 총서 「불멸의 향도」의 주제사상과 일맥상통하고 있다. 이를테면 김일성에 대한 김정일의 끝없는 충성을 보여준 <고요>, <고요한 하늘> 등, 김정일의 예지와 사상이론적 업적을 보여준 <무포의 물소리>, <고향길> 등, 김정일의 현명한 영도 및 그 업적을 보여준 <빛나는 자욱>, <조선시간>, <잊을수 없는 화폭> 등, 김정일의 고매한 공산주의덕성을 보여준 <어머니의 목소리>, <조국의 품> 등이 그 보기로 되겠다.

그리고 <아침해>(1988년 현승걸), <불구름>(1991년 박현)같은 장편은 총서 「불멸의 향도」 창작이라는 도화선에 불을 달아놓은 셈이다.

<아침해>는 김정일의 활동을 연대기적으로 재현하고 있어 예술형식상 훗날 총서 「불멸의 향도」 창작에 직접적인 힌트를 주고 있다.

김정일 생일 49돐을 축하하여 1991년 2월 16일 출판된 <불구름>은 6·25동란 때 어린 김정일이 어떻게 김일성의 신변을 염려하며 그리워했는가를 보여주고 있다. 이것은 사상내용상 김일성에 대한 김정일의 충성심을 노래한 것으로 총서 「불멸의 향도」주제사상의 한 갈래와 그대로 통한다.

---

58) 그 기간을 보면 제1차는 1978년~1984년, 제2차는 1984년~1989년, 제3차는 1990년~1995년까지이다.

이와 같은 일련의 이론적인 및 창작적인 준비를 갖춘 전제 조건 하에서 총서 작품들이 산생될 수 있었다.

4.2 총서 개관

1) 총서 「불멸의 역사」 해방 전 장편소설들

총서 「불멸의 역사」 해방 전 장편들을 항일투쟁편이라고 하기도 하는데 그것은 주로 김일성의 항일투쟁시기 역사를 주요 역사 사건이나 사실을 중심으로 해서 단계별로 형상했기 때문이다. 이제 매 장편들이 반영하고 있는 단계별 내용의 이야기 줄거리를 맞물리게 일별해 보면 다음과 같다.

↓ <닻은 올랐다>

시간적으로 김일성의 어린 시절을 반영하고 있는 장편소설 <배움의 천리길>과 맞물리면서 1925년 2월 천리 길을 걸어 팔도구에 도착한 김일성은 어머니의 권고에 따라 그날 밤으로 동생들과 함께 임강으로 간다. 그후 무송에서 아버지 김형직의 혁명적 영향과 교양을 받던 중 아버지가 돌아간다. 이에 김일성의 아버지의 뜻과 독립운동자들의 권고대로 화성의숙에 입학하여 학업에 전념한다. 그 과정에 맑스-레닌주의서적을 접하고 혁명적인 학생들을 묶어 세워 1926년 10일 17일 「타도제국주의동맹」을 결성한다. 그리고 김일성은 화성의숙을 중퇴하고 새로운 활동무대를 찾아 길림으로 떠난다.

↓ <혁명의 여명>

김일성이 길림으로 활동무대를 옮긴 후 육문중학교에 적을 두고 광범한 청년학생들을 조직에 묶어 세우기 위하여 헌신적으로 투쟁한다. 「조선인길림소년회」를 조직하고 「조선인유길학우회」를 혁명적인 학생대중단체로 개편하며 「반제청년동맹」과 「조선공산주의청년동맹」을 조직한다. 안창호의 강연에 서면질문을 들이대여 청년학생들을 각성시키고 혁명연극 <3인 1당>을 직접 창작공연하도록 지도하여 민족주의자들을 풍자한다. 그리고 중국 반동군벌과 반동교원들을 반대하는 육문중학교 학생들의 동맹 휴학과 길회선철도부설반대투쟁, 일본상품배척투쟁을 조직, 지도한다.

↓ <은하수>

<은하수>는 김일성이 1929년 가을 「남만정총대회」에 참가하기 위하여 왕청문으로 갔으나 민족주의자들의 참혹한 테로 행위와 맞다들게 된다. 이에 격분한 김일성은 민족주의자들을 규탄하고 뒤이어 성토문을 작성하여 배포하는 등 맹렬한 활동을 벌린다. 길림에서 백색태로가 심해지며 김일성은 반동군벌에게 체포되어 길림감옥에 갇힌다. 김일성은 감옥에서 옥중투쟁을 벌린다. 출옥 후 김일성은 카륜에서 공청 및 반제청년동맹 지도 간부회의를 소집하고 조선혁명의 진로를 밝힌다.

↓ <대지는 푸르다>

좌경모험주의자들의 5·30폭동으로 조직이 혹심하게 파괴되자 김일성은 파괴된 조직을 복구하고 카륜회의 결정을 집행하기 위하여 많은 핵심 멤바들을 국내로, 국경지대로, 광활한 남북만주의 각 곳으로 파견한다. 김일성 자신은 길림으로 떠난다. 잇달아 할빈에서의 김혁의 체포, 조선혁명군 공영의 희생, 종파분자들의 8·1폭동, 김형권무장소조멤바들의 체포 등 일련의 사건이 터진다. 이에 김일성은 직접 국내로 들어가 혁명 조직을 꾸리며 오가자에서 조선혁명군의 활동이 난관에 부딪치자 직접 오가자에 들어가 사업에 착수한다. 오가자를 혁명촌으로 전변시킨 김일성은 인민들과 동지들로부터 「김일성」이라는 존함을 받으며 새로운 혁명활동 무대로 떠나간다.

↓**<봄우뢰>**

　1931년 9·18사변이후 김일성은 추수투쟁을 조직지도한다. 1932년 12월 명월구회의를 진행한 후 혁명 앞에 가로놓은 난관을 타개하기 위하여 김일성은 푸르허의 부강촌에서 머슴살이를 한다. 이 과정에 마을을 혁명화하고 구국군두령 우사령과의 담판에 성공한다. 이런 준비에 기초하여 1932년 4월 25일 안도에서 반일인민유격대창건을 선포한다.

↓**<1932년>**

　김일성은 반일유격대를 창건한 후 주력부대를 이끌고 남만으로 진출한다. 김일성은 부대를 이끌고 왕청, 양강구, 안도, 백두산부근마을, 통하, 류하, 푸르허, 나자구 등 여러 곳에 진출하여 왜놈들에게 큰 타격을 주고 인민들을 반일투쟁에로 불러일으킨다. 이 과정에 어머니가 이국 땅에서 돌아가고 동생들과도 갈라지게 된다. 그리고 차광수, 최창걸과 같은 가장 가까운 측근들도 희생된다.

↓**<근거지의 봄>**

　마촌과 쌍암촌을 비롯한 왕청현의 여러 지역에 유격근거지들이 꾸려진다. 유격근거지에 기여든 종파분자들은 자기들이 차지한 지위를 이용하여 근거지들에 소베트를 내오고 죄경적 시책으로 인민들을 못살게 군다. 근거지 인민들은 좌경종파분자들의 전횡에 불만을 품고 있으면서도 어떻게 해야 할지 몰라 갈팡질팡한다. 이때 김일성이 유격대를 거느리고 남만원정에서 돌아와 그릇된 시책으로 야기된 후과들을 수습하고 모든 근거지들에 인민혁명정부를 세운다. 김일성은 토지개혁을 실시하여 농민들의 소원을 풀어주며 유격근거지를 튼튼히 꾸리기 위하여 두만강지구에로 국내진출도 단행하고 근거지주변의 인민들로 반유격구를 창설한다. 일제는 많은 병력을 동원하여 유격근거지에 대한 토벌공세를 벌린다. 그러나 김일성의 영활한 전략전술에 의해 근거지는 사수된다.

↓ **<혈로>**

1934년 10월 하순, 김일성은 조선인민혁명군 주력부대를 이끌고 북만 원정을 떠난다. 그러자 요영구유격근거지에서 왜놈들의 간첩과 그에 이용된 종파분자, 민족배타주의자들이 암해책동을 벌린다. 이때 김일성은 원정부대를 이끌고 황도하자, 경박호 등 이르는 곳마다에서 적들에게 타격을 가하는 한편 그곳의 중국인 유격대지휘관인 주보중을 도와 부대를 꾸려주고 유격전법과 유격투쟁경험을 가르쳐 준다. 제1차 북만원정을 마치고 유격근거지로 돌아오는 도중 촉한을 만나 몸져눕게 된다. 적들의 포위망을 간신히 빠져나와 로야령의 외딴집 노인 주택주일가의 병간호로 몸을 회복한 후 드디어 요영구유격근거지에 돌아온다. 원정기간 유격구에서 벌어진 반「민생단」투쟁의 진상을 알게된 김일성은 다홍왜회의와 요영구회의를 소집한다. 이 회의에서 유격구를 해산하고 무장투쟁을 광활한 지대에로 확대할 데 대한 새로운 방침을 제출한다. 그리고 제2차 북만원정을 단행한다. 1936년 초 북만원정을 성과적으로 마치고 남호두에 도착하여 남호두회의를 소집한다.

↓ **<백두산기슭>**

1936년 봄 김일성은 10여명의 호위성원들을 데리고 남호두를 떠나 미혼진에 이른다. 여기서 격리되어 있는 열병환자들을 찾아 따뜻이 위문하고 조선혁명군 간부회의를 소집한다. 그 다음 개편된 부대를 이끌고 마안산밀영에 가서 「민생단」누명을 쓰고 있는 100여명 유격대원들의 누명을 벗겨주며 민족배타주의자들로부터 천대를 받고 있는 아동단원들을 돌봐준다. 마안산을 떠나 동강에 온 김일성은 1936년 5월 5일 「조국광복회」를 창립하고 회장이 된다.

↓ **<압록강>**

조선인민혁명군은 1936년 8월 무송현성전투에서 일대 승리를 거둔다. 조선인민혁명군 위세에 질겁한 일제는 「도문회의」를 열고 「3대정책」을

내 놓는다. 이에 김일성은 반일민족통일전선노선을 내 놓고 조국광복회조
직망을 국내에 깊숙히 뿌리내리게 하며 보천보전투를 조직하고 군민연환
대회까지 가진다.

↓ <위대한 사랑>

1937년 7월 중일전쟁 발발 며칠 후 김일성이 이끈 조선인민혁명군 주
력부대는 이도강 부근의 수림 속에 도착한다. 김일성은 지난해 가을 여기
서 전사한 7연대 소대장 이성묵을 회상하고 그의 아들딸들을 찾아보도록
한다. 이성묵의 아들 준오와 딸 순애를 찾았으나 순애는 토벌대의 총에
맞은 부상으로 숨이 진다. 김일성은 크나큰 슬픔 속에서 혁명가 유자녀들
을 돌볼 생각으로 홍두산밀영과 지양개부근의 후방밀영에서 생활하고 있
던 100여명의 소년들을 불러들인다. 그 후 그 소년들로 소년 중대를 묶고
간고한 행군과 전투를 통하여 그들을 키운다.

↓ <잊지 못할 겨울>

1937년 가을 장백현, 임강현 경계에 자리 잡은 5호 밀영에 온 김일성
은 사령부당회의를 열고 초수탄군정간부회의와 지휘원 및 병사대회에서
제시된 과업집행상황을 토론하고 새로운 대책을 세운다. 회의 후 무송,
임강, 몽강 일대를 돌면서 적 배후타격전을 벌리며 이 기간에 <조선공산
주의자들의 임무>를 집필하여 <서광>에 발표한다. 김일성은 급변하는 새
로운 형세에 대처하여 조선인민혁명군 지휘원 및 병사들의 정치사상적
준비를 철저히 갖추기 위해 「혁명하는 사람에게 있어서 학습은 첫째가는
임무이다!」라는 구호를 제기하고 그 해 겨울 마당거우밀영에서 다섯 달
동안의 군정학습을 한다. 그런 다음 조선인민혁명군은 김일성의 작전구상
에 따라 춘기반격전을 벌린다.

↓ <고난의 행군>

김일성은 1938년 11월 남패자회의에서 혁명투쟁에서 주체를 더욱 튼튼

히 세우며 적들의 공세를 주동적으로 짓부시고 조선혁명을 계속 앙양에로 불러일으키기 위한 적극적인 투쟁방침을 제시한다. 이 회의 후 김일성은 조선인민혁명군 주력부대를 이끌고 1938년 말~1939년 3월에 걸쳐 적들의 공격을 격퇴하고 다시 북부국경일대로 진출한다. 100여일의 고난의 행군을 끝마치고 1939년 4월 북대정자에서 조선인민혁명군 간부회의를 소집한다.

↓〈두만강지구〉

1938년 겨울, 일제는 조선인민혁명군이 숲 속에서 다 굶어 죽고 얼어 죽어 버렸다는 요언을 대대적으로 퍼뜨리는 한편 몽강, 임강, 장백 일대에 10여만 대병력을 풀어 악착한 「비류식토벌」을 감행하였으며 나중에는 진드기처럼 물고 늘어져 「장추작전」을 들이댔다. 김일성은 춘기반격전으로 이것을 타승하고 국내 진출을 단행한다. 1939년 5월 18일 휴물동에서 압록강을 건넌 조선인민혁명군 부대는 온 여름 두만강 국경지대를 넘나들며 적들을 군사적으로 제압하고 혁명조직을 복구하며 인민들을 묶어 세우는 등 활발한 활동을 전개한다.

↓〈준엄한 전구〉

1939년 9월부터 일제는 새로운 작전에 달라붙었다. 관동군사령관 우에다를 면직시키고 새로 우에즈를 임명하여 「동남부치안숙정특별공작」이라는 대토벌계획을 작성하고 이 작전계획수행을 위한 「연합토벌사령부」를 조직한다. 노자끼를 사령관으로 하는 이 「연합토벌사령부」는 도처에 토벌거점들을 꾸리고 비행대까지 동원하여 대규모의 토벌을 벌린다. 이에 김일성은 백두산동북부를 중심으로 한 대부대선회작전을 개시한다. 홍기하전투에서 일제 토벌대는 마에다대장이하 전원이 전멸함으로써 노자끼의 '원대한 작전계획' 이 실패로 돌아간다. 김일성은 홍기하전투로 대부대선회작전을 결속짓고 안도, 화룡, 두만강국경일대를 드나들며 계속 전투를 벌린다.

↓ <붉은 산줄기>

<붉은 산줄기>는 김일성의 1939년 말의 돈화원정, 1940년의 홍기하전투를 통해 이른바 일제의 20만 병력의 포위 돌파를 보여주고 있다. 권영벽의 체포 및 희생 등 플롯을 통해 시대배경을 1945년 3월 10일까지 끌고 가고 있다.

아래에 총서 「불멸의 역사」 해방 전 장편소설들을 시대 배경 순으로 도표를 작성해 보면 다음과 같다.

작 품 명	시 대 배 경
1. 닻은 올랐다	1925년 2월~1926년10월17일
2. 혁명의 여명	1927년 초~1928년 말
3. 은하수	1929년 가을~1930년 6월말
4. 대지는 푸르다	1930년 여름~1931년 2월 중순
5. 봄우뢰	1931년 9월~932년 4월 25일
6. 1932년	1932년 4월~1933년 1월
7. 근거지의 봄	1933년 초~1934년 봄
8. 혈로	1934년 10월 초~1936년 봄
9. 백두산기슭	1936년 3월~5월 5일
10. 압록강	1936년 8월~1937년 6월
11. 위대한 사랑	1937년 여름
12. 잊지 못할 겨울	1937년 가을~1938년 봄
13. 고난의 행군	1938년 11월~1939년 4월
14. 두만강지구	1939년 여름
15. 준엄한 전구	1939년 10월~1940년 3월25일
16. 붉은 산줄기	1940년대초~1945년 3월 10일

위에서 볼 수 있다시피 총서 「불멸한 역사」 해방 전 장편들은 김일성이 혁명의 길에 오른 시기부터 시작하여 매 단계별 내용들을 정확하게 구획짓고 서로 맞물리게 하며 작품들을 편성했다. 매 장편들이 시대배경으로 잡고 있는 기간은 <붉은 산줄기>를 제외하고 대개 1~2년 사이이다. 이렇게 짧은 기간을 평균 4~500페이지 장편으로 엮어 냈으니 그 반영의 집

약도와 밀도는 비상히 높다. 이 점에 대해서는 엄용찬의 <총서 「불멸의 역사」 중 장편소설들에서 형상의 집약화, 집중화>라는 논문에서 잘 지적하고 있다. 이로부터 그 단계별 내용들을 연결시켜 놓으면 김일성의 불멸의 항일투쟁시기 역사를 체계적이고 전면적임은 더 말할 것도 없고 실로 하나도 빠짐없이 속속들이 반영한다는 소기의 목적에 도달하게 되는 것이다. 그래서 전반적으로 볼 때 일종 쇠사슬 모양의 전개 양상을 띠고 있다. 여기에 <배움의 천리길>, <만경대>, <동트는 압록강>이 첨부될 때 실로 전반 김일성생애 반영은 그의 어린 시절까지 소급되어 올라간다. 그런데 여기서 좀 석연치 않은 점은 김정일은 말대로 하면 총서 항일투쟁편에서 김일성의 항일투쟁의 불멸의 역사를 '체계적으로, 전면적으로' 반영한다 하면서도 김일성의 실제 행적과 대비해 볼 때 실제상 반영한 하한점은 1940년 초까지이다. 바꾸어 말하면 김일성이 1940년대 초 가혹한 일제토벌에 더는 배기지 못하고 구소련 원동지구로 넘어간 이후로부터 1945년 8월 일제 패망까지의 행적은 전혀 반영하지 않고 있다. 김정일이 그리고 근간에 나온 <조선문학사>(전 15권) 등 북한의 문학사관계 책들에서 총서 「불멸의 역사」 해방전편은 1980년대 건국 40돐 전후하여 전 15권으로 이미 완결되었다고 결론이 내리진 것으로 보면 이 시기 행적에 대해서는 더 소설화될 것 같지 않다. 김일성의 이 시기 행적은 아마 「불멸한 역사」가 아니라 불미스러운 역사라서 그런지 이것 풀리지 않는 궁금증의 하나다. 그런데 <붉은 산줄기>가 해방전편으로 또 출판된 상황을 보면 1940년대 초-중기까지의 김일성의 혁명 활동 및 업적을 계속 형상해 나갈 어떤 힌트를 주고 있는 것이 아닌지 모르겠다. 북한에서 김일성에게는 불미스러운 역사가 있을 수 없으니 이 또한 지극히 자연스러운 일인지도 모르겠다. 실지 <붉은 산줄기>에서는 엉성하게 나마 권영벽의 체포와 희생이라는 슈제트선을 통해 시대배경을 1945년 3월 10일까지 연장시키며 권영벽의 김일성에 대한 충성과 김일성의 권영벽에 대한 그리움, 의리 등을 보여주고 있다.

2) 총서 「불멸의 역사」 해방후편

총서 「불멸의 역사」의 해방후편 장편소설창작은 역시 김정일이 직접 장악하고 1980년대 말부터 추진시켜 왔다. '총서 「불멸의 역사」의 항일혁명투쟁시기편이 끝난 조건에서 이제는 총서의 해방후편을 빨리 완성하여야 한다.'[59] 아래에 해방후편을 내용별로 일별해 보면 다음과 같다.

↓ <빛나는 아침>

<빛나는 아침>은 광복 후 김일성이 그 어려운 여건 속에서 인테리를 포섭하고 민족간부를 육성하는 사업을 얼마나 중시했는가를 보여주고 있다.

↓ <50년 여름>

<50년 여름>은 6·25전쟁발발로부터 서울진격 및 대전포위전에 이르는 김일성의 현명한 지도를 보여주고 있다.

↓ <조선의 봄>

<조선의 봄>은 1945년 가을부터 1946년 봄 사이 토지개혁을 승리적으로 진행하여 봉건적 토지소유제를 청산하고 농민들의 세기적 숙망을 풀어준 김일성의 은정을 보여주고 있다.

↓ <조선의 힘>

<조선의 힘>은 6·25전쟁시기 미군이 인천상륙을 하게 됨에 따라 인민군의 후퇴로부터 적후투쟁 및 평양해방전투까지를 배경으로 하여 김일성이 있기에 조선은 불가타승적이다는 것을 보여주고 있다.

---

59) <주체문학론>, p.138.

↓ <승리>

<승리>은 김일성의 영명한 지도로 6·25전쟁은 결국 조선인민의 승리로 끝났다는 것을 보여주고 있다.

↓ <영생>

<영생>은 김일성이 鞠躬盡瘁, 死而後已했기에 인민들 마음 속에 영생한다는 것이다.

↓ <대지의 전설>

<대지의 전설>은 1958년 농업협동화를 통한 농촌에서의 사회주의개조를 성과적으로 끝마쳤다는 김일성의 업적을 노래하고 있다.

↓ <삼천리강산>

<삼천리강산>은 1947년 7월부터 1948년 9월까지를 시대배경으로 하여 조선민주주의인민공화국 개국의 어버이로서의 김일성의 형상을 부각하고 있다.

이제 해방후편을 그 반영하고 있는 내용의 대체적인 시간적 순서에 따라 제재별로 도표를 작성해 보이면 다음과 같다.

작 품 명	제 재
빛나는 아침	인 재
조선의 봄	토지개혁
삼천리강산	건 국
50년 여름	6·25전쟁
조선의 힘	〃
승 리	〃
대지의 전설	농업협동화
영 생	영 생

위의 내용 일별과 도표를 통해 알 수 있다시피 전반적으로 놓고 볼 때 해방후편은 6·25전쟁 발발과 종식의 전 과정을 서로 맞물리게 반영한 <50년 여름>, <조선의 힘>, <승리>를 제외하고는 해방전편처럼 엄밀하게 시기별로, 단계별로 획분지어 서로 맞물리게 엮어나간 것이 아니라 동일한 시기 혹은 동떨어져 있는 시기의 부동한 역사 사실, 사변들에 초점을 맞추어 각기 집중적으로 취급하고 있는 특성을 보이고 있다. 이것은 1차적으로 광복 후 인재, 토지개혁, 정강, 건당, 건국, 건군 등 일련의 복잡한 문제가 뒤엉키고 6·25전쟁, 전후복구건설을 거쳐 본격적으로 사회주의 혁명과 건설을 진행해 나가는 도중에 김일성이 카리스마적 존재로 북한 권좌의 최고봉에 자리를 굳히면서 팔방미인처럼 정치, 군사, 경제, 외교 등 관여하지 않은 분야가 없는 상황하에서 그 형상을 돋보이게 부각하자니 자연히 분야별로 제재를 틀어쥐고 집중적으로 취급하는 방편을 택하게 되었을 것이다. 그런데 1945년 광복 후부터 장장 50년간이나 북한을 통치한 김일성의 행각에 비길 때 현재 해방후편은 너무 엉성하고 빈약한 감을 준다. 특히 해방전편과 비길 때 이런 감이 더 든다. 해방공간 및 6·25전쟁기간의 김일성의 행적에 대해서는 상기 작품 <빛나는 아침>, <조선의 봄>, <삼천리강산>, <50년 여름>, <조선의 힘>, <승리>로 그래도 문학적 형상화가 얼마간 된 것 같은데 이른바 본격적인 사회주의 혁명과 건설 시기에 있어서의 김일성형상부각은 <대지의 전설>, <영생>만으로는 김일성의 '혁명업적을 체계적으로, 전면적으로' 반영하도록 한다는 김정일의 요구에는 도저히 도달한 것 같지 않다. 그래서 그런지 북한에서는 해방후편이 완결되었다는 소리는 아직 일절 운운하지 않고 오히려 총서 「불멸의 향도」 창작과 더불어 김일성형상을 더 창조할 데 대해 톤을 높이고 있다. 조선작가동맹 기관지 <조선문학> 잡지 2000년 7월호 머리글에 「조국과 인민 위해 바치신 어버이수령님의 위대한 생애를 문학작품에 더 빛나게 형상하자」라는 제목은 그 한 보기로 되겠다. 북한에서는 현재 김일성사망 후 <영생>과 <대지의 전설>을 비롯하여 창작되는 김일성형상창조문학을 수령영생위업에 바쳐진 영생문학으로 명명하고 있다.

문학으로 영생의 피라미드를 쌓는 셈이다. <영생>은 김일성사망 후 작가들이 그 슬픔과 비통을 힘으로 바꾸어 인민생활, 조국통일, 대외사업 등 그야말로 모든 분야에 걸쳐 鞠躬盡瘁, 死而後已했다는 김일성의 하루 하루를 추적하는 형식으로 1년도 안 되는 사이에 그려낸 충성의 작품으로 손꼽히고 있다. 북한에서 앞으로 이런 영생문학에 포함될 해방후편 작품들이 계속 창작될 줄로 안다.

한마디로 말하여 총서 「불멸의 역사」해방전편이나 해방후편은 김정일이 말한 것처럼 '한결같이 위대한 사상이론가이시며 혁명의 영재이시며 전설적 영웅이신 경애하는 수령 김일성동지의 위대성과 함께 가장 숭고한 덕성을 지니신 공산주의적 인간으로서의 수령님의 위대성을 다양한 인간관계 속에서 감명 깊게 그리고 있다.'[60]

3) 총서 「불멸의 향도」

'김정일동지의 영도 밑에 우리 인민은 승리자의 자랑과 긍지를 가지게 되었으며 높은 영예와 존엄을 온 세계에 떨치게 되었습니다', '지금 우리나라에서는 김정일동지의 영도밑에 당사업도 잘 되고 국가사업과 군대사업도 잘 되고 있으며 사회주의 건설이 성과적으로 추진되고 있습니다', '김정일동지는 그가 지니고 있는 영도력과 풍모, 그가 발휘한 충실성과 헌신성, 그가 이룩한 업적으로 하여 인민의 지도자로서 인민들로부터 존경과 사랑을 받고 있으며 높은 권위를 지니고 있습니다', '김정일동지는 문무충효를 겸비한 참다운 인민의 영도자입니다. 그는 탁월한 사상이론가, 정치가이고 군사전략가이며 조국과 인민에게 무한히 충실하고 효성이 지극한 충신, 효자의 귀감입니다', '김정일동지는 주체조선의 상징이며 미래입니다. 김정일동지의 영도 밑에 앞으로 주체혁명위업은 승승장구할 것입니다. 나는 김정일동지의 영도가 탁월하기 때문에 조선의 미래에

---

60) <조선문학사> 14, p.45, 조선·평양, 1996년.

대하여 마음을 놓고 있습니다' 등61) 김일성이 김정일을 후계자로 부상시키면서 김정일을 내세우는 일련의 이른바 교시 및 <광명성찬가> 등 김정일을 노래한 작품창작은 총서 「불멸의 향도」 창작의 직접적인 추진력으로 된다. 그리고 김정일 자신이 <주체문학론>에서 수령과 함께 수령의 후계자형상부각 및 그 부각에서 수령형상창조원리의 도입 등 언급은 총서 「불멸의 향도」 창작에 구체적인 힌트를 주었다.

　총서 「불멸의 향도」는 1990년대에 들어서면서 창작되기 시작했다. 김일성이 김정일을 후계자로 내정하고 거듭 여러 모로 되는 높은 평가를 내린 것은 총서 「불멸의 향도」 창작에 많은 힌트를 주며 분위기를 잡았음은 더 말할 것도 없다. 이에 1990년 2월 16일 김정일 생일을 맞아 북한 작가동맹기관지인 <문학신문>에 실린 「친애하는 김정일동지의 위대성과 불멸의 업적을 형상한 문학작품을 더 많이 창작하자」는 사설은 일종 총서 「불멸의 향도」 창작의 선언으로 볼 수 있다. 이 사설에서는 김정일형상창조의 구체적 세부에 이르기까지 속속들이 밝히고 있다.

　우선 김정일형상창조의 필요성, 의무에 대해 제기하고 있다. 이를테면 '주체적이며 혁명적인 우리 문학 앞에는 빛나는 예지와 탁월한 영도력, 당과 수령, 조국과 혁명에 대한 끝없는 충실성과 인민에 대한 가장 뜨거운 사랑을 지니시고 혁명과 건설에서 불멸의 업적을 이룩하신 친애하는 지도자동지의 빛나는 형상을 더 많이 창작함으로써 당원들과 근로자들 속에서 그이의 위대성을 더욱 깊이 체득시켜야 할 영예롭고도 숭고한 과업이 나서고 있다.' 그러면서 '지난 기간 우리 작가들은 친애하는 지도자동지의 위대성과 불멸의 업적을 형상한 장편소설 <아침해>, 서사시 <불타는 해>와 같은 큰 규모의 작품들과 함께 송가형식의 수 많은 시가작품들을 창작하여 주체문학의 보물고를 풍부히 하였으며 당원들과 근로자들의 심장마다에 친애하는 지도자동지에 대한 열렬한 존경과 흠모, 끝없는 충성심을 심어주는 데 이바지하였다'라고 긍정적인 평가를 내리면서도 결국 '그러나 그것은 아직 초보적인 성과에 불과하다'로 결론 지어며 '주체

---

61) <조선문학사> 15, 조선·평양 1998년, p.56, p.61.

적이며 혁명적인 우리 문학은 친애하는 지도자동지께서 혁명과 건설의 모든 분야에서 이룩하신 불멸의 업적을 폭넓고 깊이 있게 형상한 훌륭한 작품들을 왕성하게 창작함으로써 우리 인민들이 그이의 위대성을 더욱 깊이 체득할 수 있게 하여야 한다'고 강조하고 있다.

다음 이어서 사상이론, 경제 등 각 분야에 걸친 김정일의 위대성을 언급하고 있다. 이를테면 '친애하는 지도자 김정일동지께서 우리 혁명발전에 공헌하신 가장 빛나는 업적은 정력적인 사상이론활동으로 수령님께서 창시하신 주체사상을 끊임없이 발전시킨신 … 지도자동지의 불멸의 업적들을 빛나는 예술적 화폭으로 형상해 냄으로써 위대한 사상이론가, 위대한 철학가로서의 숭고한 풍모를 보여주어야 한다. 우리 문학작품들은 당의 혁명전통을 옹호고수하고 주체의 당건설이론을 혁명의 새로운 높은 단계의 요구에 맞게 심화발전시키고 그것을 빛나게 구현하여 당건설과 당활동에서 근본적인 전환을 가져오게 하신 친애하는 지도자동지의 탁월하고도 현명한 영도를 예술적으로 구현하여야 하며 특히 전당을 하나의 사상과 의지로 묶어 세우고 사상과 영도의 유일성을 실현한 그 불멸의 업적을 감동적 형상으로 보여주어야 한다'라고 주장한 내용은 총서 「불멸의 향도」 <전환>의 직접적인 사상주제로 되고 있다.

그 다음 계속해서 '친애하는 지도자동지의 빛나는 향도의 손길은 사회주의경제건설에서도 커다란 전변을 이룩하게 하시었다. 우리 문학작품은 그이께서 비길 데 없는 담력과 뛰어난 조직적 수완을 지니시고 무슨 일이나 대담하고 통이 큰 작전으로 일판을 크게 벌려 나가시는 영도기풍을 폭넓고 깊이 있게 형상해 내는데 큰 힘을 넣어야 한다. 평양에서 진행된 제13차세계청년축전을 앞두고 2년 남짓한 어간에 그 방대한 축전대상건설을 성과적으로 끝내고 축전행사준비를 최상의 수준으로 완성하도록 하시여 세계를 그토록 황홀경에 휩싸이게 한 세기적 기적의 창조는 창조와 건설의 영재이신 친애하는 지도자동지의 위대성을 후세에 길이 전할 격동적인 생활영역이다'고 지적한 부분은 총서 「불멸의 향도」 <전환의 연대>의 구체적 내용의 틀을 이루고 있다.

그리고 '친애하는 지도자동지의 현명한 영도는 나라의 문화건설에서도 거대한 전변을 마련하였다. 우리 문학작품들은 구체적인 문화건설노선을 제시하고 그 빛나는 관철에로 우리 당과 인민들을 이끌어 교육과 문학예술, 과학과 보건, 체육 등 사회주의 문화건설의 모든 분야에서 세계적인 모범을 창조하신 친애하는 지도자동지의 위대한 영도업적을 감명 깊은 예술적 화폭에 담아야 한다'라고 지적한 부분은 총서 「불멸의 향도」 <예지>의 직접적인 사상주제를 이루고 있다.

이외에 김정일의 위대성에 대해 여러 면에 걸쳐 종합적으로 언급했는데 이것은 총서 「불멸의 향도」작품의 주제사상적 경향을 잡아 주기에 족하다.

이 사설이 나온 지 한해 후인 1991년 2월16일 역시 <문학신문>에 사설 「친애하는 김정일동지의 위대성을 형상한 문학작품을 시대의 명작으로 창작해 내자」에 '우리 작가들은 친애하는 지도자동지께서 혁명과 건설의 모든 분야에서 이룩하신 불멸의 업적을 폭넓고 깊이 있게 형상한 다양한 예술적 화폭들을 완벽한 사상예술적 경지에 오른 시대의 명작으로 창작해 내야 한다'고 전제해 놓고 분야별로 구체적으로 논술하고 있다. 이런 사설들은 김정일생일헌납사설로서 총서 「불멸의 향도」에서 나타내고 있는 주제사상적 경향들을 다 언급하고 있다. 총서 「불멸의 향도」 작품들이 출판된 연도들을 감안할 때 그것이 이런 사설들의 직접적이고도 절대적인 영향을 받아 씌어졌음은 더 말할 것도 없다.

총서 「불멸의 향도」 작품은 현재 도합 9편이 나왔다. 아래에 출판순서에 따라 그 사상내용을 일별해 보면 다음과 같다.

↓ <예지>

<예지>는 1970년대 영화예술을 돌파구로 하여 문학예술계에 일대 혁명을 일으켰다는 김정일의 업적을 보여 주고 있다.

↓ <동해천리>

<동해천리>는 김정일의 인간사랑의 영도예술을 보여주고 있다.

↓ <푸른 하늘>[62]

<푸른 하늘>은 1980년대 초 자연재해가 든 남조선인민들에게 구호물자 공급을 통해 동포애적 사랑을 베푸는 김정일을 보여주고 있다.

↓ <평양은 선언한다>

<평양은 선언한다>는 국제공산주의운동과 노동운동을 재생의 길로 확고히 이끌어 나가는 김정일의 위인상을 보여주고 있다.

↓ <역사의 대하>

<역사의 대하>는 1990년대 전반기 조미핵대결을 둘러싸고 외교, 군사 등 여러 면에 걸친 김정일의 위대성을 보여주고 있다.

↓ <전환의 년대>

<전환의 년대>는 1980년을 전후로 하는 짧은 몇해 사이에 김일성의 일흔돐과 조선노동당 제6차대회를 계기로 일련의 기념비적 건축물을 일떠세워 평양의 면모를 일신했다는 김정일의 탁월하고 천재적인 건축 사상 및 그 지도업적을 노래하고 있다.

↓ <평양의 봉화>

<평양의 봉화>는 1989년 평양 세계청년축전의 성공적인 조직을 통해 세계청년운동의 나아갈 길을 명시해 주는 김정일의 위인상을 보여주고 있다.

---

62) 이 작품은 김정일의 조선인민군최고사령관 추대와 50돐생일 축하를 위해 1992년에 발표한 것이다.

↓**<전환>**

<전환>은 1960년대 중엽 복잡한 국내외 정치형세 속에서 불면불휴의 사상이론활동을 통하여 독특한 수령론을 창시하고 관철함으로써 당사업에서 일대 전환을 일으켰다는 김정일의 업적을 보여 주고 있다.

↓**<서해전역>**

<서해전역>은 20년이 걸려야 한다던 서해갑문을 선군(先軍)정치의 위력, 이를테면 군인들을 동원하여 불과 5년만에 완공시킨 창조와 건설의 영재로서의 김정일을 노래하고 있다.

이제 총서 「불멸의 향도」의 사상내용을 도표로 작성해 보이면 다음과 같다.

작 품	사 상 내 용
예 지	문학예술가
동해천리	경제가
푸른 하늘	통일의 구성
평양은 선언한다	국제공산주의운동과 노동운동의 수령
역사의 대하	외교가, 군사가
전환의 년대	건축가
평양의 봉화	세계청년운동의 수령
전 환	사상이론가
서해전역	선군정치

위에서 보다시피 총서 「불멸의 향도」는 말 그대로 향도로서의 김정일의 위인상을 부각하기에 심혈을 기울인 듯하다. 총서 「불멸의 역사」가 역사적 흐름에 따라 주로 종적인 차원에서 김일성의 「불멸의 역사」를 '체계적으로, 전면적으로' 보여주고 있다면 총서 「불멸의 향도」는 문학예술, 정치, 경제, 군사, 외교, 건축, 세계혁명운동 등 다 방면에 걸쳐 김정일의 위인상을 주로 횡적인 차원에서 '체계적으로, 전면적으로' 보여주고 있다. 세계사회주의가 다 망하고 오직 북한만이 사회주의를 지키고 있다는 자부심에 <평양은 선언한다>에서는 김정일을 국제공산주의운동과 노

동운동의 수령으로 내세우고 있다. 이는 총서 「불멸의 역사」의 김일성보다 한술 더 뜨는 셈이 된다. 총서 「불멸의 역사」가 말 그대로 김일성의 역사에 편중해 있다면 총서 「불멸의 향도」는 보다 많이 불멸의 향도로서의 김정일의 현재에 편중해 있다. 그런 만큼 현재의 공리성이 가미되어 그 도를 더 한 것 같다. 이른바 '천재중의 천재, 위인중의 위인, 명장중의 명장, 인간중의 인간'(김일성의 말)으로서의 김정일의 형상을 부각하고 있는 것이다.

4.3 총서 작품의 虛와 實

1) 역사적 진실과 예술적 허구

김정일의 <주체문학론>(p.147)에 보면 김일성은 워낙 조선인민이 몇천 년만에 처음으로 맞이한 위대한 수령으로서 그 역사 및 혁명활동 자체가 전무후무한 위대성을 띠기 때문에 역사사실 그대로 사람들을 감동시키고 교육하기에 족하다는 것이다. 이로부터 '수령을 형상한 작품은 수령의 위대한 풍모와 업적을 후세에 길이 전하는 역사문헌적인 의의를 가지'도록 해야 한다고 강조했다. 그리고 '작품에서는 형상체계가 역사적 사실의 기본 흐름에서 벗어나지 말아야 하며 특히 수령의 혁명활동노정과 수령이 기억하고 있는 인물과 사실이 실지 있은 그대로 재현되어야 한다.' 그러므로 '수령님의 혁명역사와 관련한 작품에는 허구를 마음대로 넣지 말아야 합니다. 자료고증사업을 잘 하여 작품에 나오는 모든 자료들의 정확성을 보장하여야 합니다'고 했다.

총서 작품은 역사문헌적 특성을 기하기 위해 역사적인 시공간을 취하고 있다. 그리고 많은 실제 인물, 실제 사실들을 취급했다고 한다. 「불멸의 역사」해방전편만 놓고 보아도 우선 김일성의 역사상 실제 행각을 많이 취급하고 있다. 이를테면 길림육문중학교에서의 학창시절, 반일유격대조직, 보천보전투를 비롯한 대소전투, 각종 회의, 조국광복회조직 및 10대강령반포, 민생단사건, 소년중대, 소금사건, 부림소사건, 대소원정 등등이 그것이다. 그리고 역사상 실지 김일성과 연계된 많은 인물들을 등장시키고 있다. 이를테면 <닻은 올랐다>의 최창걸, 임소영, 김시우, 오동진, 최동오, 이제우, 계영춘; <혁명의 여명>, <은하수>의 차광수, 김혁, 권심, 안창호, 최효일, 최활, 김좌진, 오동진, 심룡준, 현묵관, 김찬; <대지는 푸르다>의 한영애, 허재률, 공영, 오중화, 오중흡, 최춘국, 변태익, 임계산; <1932년>의 차광수, 최창걸, 이광, 양세봉, 마로인; <근거지의 봄>의 류현민, 현옥심, 오의성, 초두령, 사려장, 지청운, 박두칠; <백두산기슭>의 이동백, 장철구; <고난의 행군>의 오중흡, 최춘국, 오백룡, 엄광호, 이경락; <압록강>의 권영벽, 이제순, 이동학, 김주현, 장철구, 박달, 박인진, 김정보, 김빠이; <준엄한 전구>의 최인관, 오중흡; <잊지 못할 겨울>의 김주현, 마동희, 박차석 등이 그 보기로 되겠다.

상기의 역사 행각과 인물들은 김일성 자신의 회억록 <세기와 더불어>와 여러 관련 자료들에 의해 잘 확인되고 있다. 이를테면 <혁명의 붉은 기를 지켜>(p.95~110, 금성청년출판사 1990년)에서의 오백룡의 회상기 「오중흡동지를 회상하여」; <인민의 자유와 해방을 위하여>[연대순 3] (p.419~443, 조선노동당출판사 1970년)에서의 강위룡의 회상기 「사령관동지의 명령이라면 어떤 난관과 시련도 이겨내며 끝까지 관철하기에 힘썼다(김주현동지를 회상하여)」; <조선전사> 19의 「약수동인민들이 소를 유격대에 식용으로 준 것을 돌려보냄(세부사실)」(p.256), 「'김대장략' 백두산장수」(p.436), 「미혼진밀영의 병원에 관한 건」(p.61), 「민생단사건-장철구사건」(p.67), 「마안산소년단원들」(p.70), 「김주현사건」(p.447), 「축지법 등 전설」p.342) 그리고 <벗들의 회상>(조선노동당출판사 2000년)의 「길림시절에 남기신 위인의 장욱을 더듬으며」(뢰숙방 p.25), 「항일연대에 새겨진 위인의 전설」(조서화 p.95) 등이 그 보기로 된다.

그리고 「불멸의 향도」에서 김정일의 행각도 <김정일약전>, <위대한

인간 김정일>같은 데서 확인되고 있다.

그럼 이제 남는 문제는 이런 자료들을 얼마만큼 믿을 수 있는가 즉 신빙성 문제가 제기된다. 물론 이런 자료들을 믿을 수 없다는 것은 아니지만 이런 자료들의 사실, 관점과 상반되는 사실, 관점을 보여주는 자료들도 만만찮게 나오고 있는 데는 재고의 여지가 없는 것은 아니다. 그리고 총서 작품이 필경에는 문학작품인 만큼 그것이 아무리 '역사문헌적 가치'를 추구한다 하더라도 문학적인 상상, 허구 속에 역사 사실에 대한 지나친 과장같은 것도 없을 수 없으니 '역사문헌적'으로 결손이 가지 않았나고 생각된다. 김정일의 <주체문학론>도 '이러저러한 사정으로 사료가 인멸되었거나 불충분한 것이 있'을 경우에는 '작가의 예술적 환상과 허구가 필요하다'고 강조하고 있는데 이것은 그간의 사정을 얼마간 말해주는 것으로 되겠다.

「조국광복회」건 하나만 놓고 보더라도 북한에서는 최초로 1958년 사회과학원 역사연구소에서 펴낸 <조선통사>의 제20장에서 '… 1935년 조국광복회가 조직되었다. 조국광복회의 회장으로는 김일성원수가 추대되었다', '조국광복회는 자기의 창립선언과 함께 김일성원수가 작성한 역사적인 10대강령을 선포하였다'고 한 이래 1979년부터 1982년까지 3년에 걸쳐 펴낸 총 33권의 권위성적인 <조선전사>를 비롯한 각종 공개간행물에서 김일성이 조국광복회를 창건했다는데 대해 대서특필하고 있다. 그런데 이덕일·이희근이 지은 <우리 역사의 수수께기(2)>(한국 김영사 1999년)의 「김일성은 과연 조국광복회를 조직했는가」에서는 당시 일제의 관헌문서 기록 및 오성륜의 행각을 추적하면서 1935년이 아니라 1936년 6월에 「조국광복회」를 조직하고 1936년 6월 10일에 「10대강령」을 선포한 사람은 오성륜, 엄수명, 이상준이며 그 회장으로는 오성륜이 맡았다고 주장하고 있다. 물론 이덕일·이희근의 관점도 더 따져 보아야 되겠지만 일리가 없는 것은 아니라 총서 작품의 역사문헌성적 추구의 허점을 시사해 주기도 한다. 이것은 결국 항일혁명운동에 대한 북한의 역사해석이 안고 있는 문제점을 말해주는 것이다고 보아야 할 것이다. 이를테면 김일성의 항일무

장투쟁을 북한 역사의 유일한 혁명전통으로 내세움으로써 다른 항일운동
에 대해서는 의도적으로 과소평가 및 왜곡 내지는 무시까지 해버리거나
김정일에게 카리스마적 권위를 실어주기 위해 너무 신비화시키는 등 실
제 사실을 많이 떠나는 폐단이 총서 작품에 그대로 나타나 있는 경우가
없지 않아 있다.

  2) 天出偉人, 完全無缺

  天出偉人, 完全無缺함은 일종 神적인 경지다. 神적인 경지인 만큼 우
리 세속사람들하고는 거리가 멀다. 총서 작품은 김일성·김정일을 바로
이런 神적인 경지로 그려 놓은 데 문제점이 있다. 총서 「불멸의 역사」 작
품에서의 이런 神적인 경지는 총서 작품은 아니지만 혁명활동에 투신하
기 전 김일성의 유년, 소년 시절을 '체계적으로, 전면적으로' 형상한 <만
경대>, <동트는 압록강>, <배움의 천리길>에 그대로 관통되어 있다. 그
런 만큼 시기적으로 이런 작품들을 이어서 김일성의 '불멸의 역사' 를 엮
는 총서 작품에서 神적인 경지를 창출하는 것은 아주 자연스럽고 논리적
으로 맥락이 통한다.
  시기적으로 김일성의 가장 일찍한 혁명활동을 반영하고 있는 총서 「불
멸의 역사」 <닻은 올랐다>에 등장하는 김일성은 이제 겨우 14세살 난 소
년에 불과하다. 그런데 여기서 김일성의 성숙도는 소년이 아니라 이미 껄
껄한 청년이다. 그의 주위에는 항상 그보다 나이 많은 청년들이 싸고 돌
며 따른다. 그는 자기보다 나이 많은 이 청년들을 쥐락펴락한다. 결국 이
청년들을 묶어 세워 「타도제국주의동맹」이란 혁명조직을 내오고 수령이
되는 첫 단맛을 본다. 14살의 소년치고는 너무나 담차고 수완이 좋다. 14
살 소년의 미숙함, 실수같은 것이 깡그리 거세된 완전히 성숙된 그 자체
다. 그러다가 <닻은 올랐다>에 이어 김일성의 두 번째 단계 혁명활동을
반영하는 <혁명의 여명>에서 김일성은 「조선인길림소년회」를 조직한다
든가 「조선인유길학우회」를 개편한다든가 반제청년동맹, 조선공산주의

청년동맹을 조직하기도 한다. 그리고 안창호에게 서면질문을 들이대 청년 학생들을 각성시키고 연극 <3인 1당>을 놀아 민족주의자들을 풍자하며 중국 반동군벌과 반동교원들을 반대하는 육문중학교 학생들의 동맹휴학과 길회선철도부설반대투쟁, 일본상품배척투쟁을 조직지도한다. 그리고 조선혁명을 이끌어 갈 주체사상을 창시하고 무장투쟁의 길을 제시한다. 15살의 소년으로서는 실로 거창하고 대단한 것이었다. 그래서 이 소설에서 소년 김일성은 자기보다 연장자들인 차광수, 김혁 등으로부터 「별」, 「조선의 별」로 떠받들리며 조선혁명의 수령으로 본격적으로 데뷔하게 된다. 위의 두 작품은 소년 김일성이 조선혁명의 수령으로 본격적으로 데뷔하기까지의 과정을 썼는데 문제는 수령으로 되기 위해 어떻게 자기의 부족점들을 미봉하고 자아수양을 닦으며 완성되어 갔는가를 보여 준 것이 아니라 이미 준비된 수령, 이른바 天出偉人, 完全無缺한 神적인 경지의 수령이 인기 만점의 행적으로 주위 사람들로부터 긍정을 받아 수령으로 추대되게 그린 데 문제점이 있다. 이 후에 나온 해방전편 <은하수>로부터 김일성사망까지를 취급한 해방후편 <영생>에 이르기까지 김일성관계 총서 작품들은 수령으로서의 김일성이 일호의 실수도 없이 승승장구로 조선혁명을 승리에로 이끈 일련의 업적들로 점철되어 있다. 김일성관계 총서 작품들은 김일성의 이런 天出偉人, 完全無缺한 神적인 경지의 수령을 돋보이기 위해 김일성과 항상 머리를 맞대고 있는 주위 동지들은 더 말할 것도 없고 중국인 항일 지도자 및 국제공산당 파견원 시각에서 김일성에 대한 감복을 보여주고 있다. <잊지 못할 겨울> p.370에 보면 김일성의 가장 측근 충신의 하나로 꼽히우는 김주현이 임무수행을 나간 자리에서 '장군님께서 짜주신 노정인데 틀림이 있겠소 그저 장군님께서 하라는 대로, 장군님의 의도대로만 하면 그 속에 승리가 있고 영광도 있고 행복도 있단 말이요'라고 말하고 있다. 여기서 일종 맹신에 가까운 김일성에 대한 믿음을 나타내고 있다. <혈로> p.531에 보면 김일성 부하 한흥권이 주보중을 만나 뵙고 김일성한테 다음과 같이 회보하는 장면이 있다. '… 그러면서 주보중동지는 녕안 땅의 이러한 전변은 전적으로 장군님께서 원정부대를 이끄시고 북만으로 들어오시어 놈들의 세력을 제압하고 이 지대를 혁명화하신 결과에 이루어진 성과이며 북만의 혁명가들을 위해 유격대전술과 군중공작방법을 하나하나 가르쳐주시고 적군와해, 지하사업에 이르기까지 모든 사업의 기틀을 잡아 주신 덕분이었다고 눈물겹게 외우고 있습니다.' 그리고 p.279에 보면 주보중이 몸져누운 상태로 김일성과 행군하면서 '김일성동지, 마차에 누워가는 사람이 무슨 생각을 하겠습니까? 저는 정황이 어떻게 달라지든 김일성동지께서 계시는 한에는 문제될 것이 없다는 배짱 하나로 누워 있는 사람입니다. 그렇지 않으면 작대기를 짚고라도 일어서지요'라고 말하고 있다. 여기서 는 유명한 중국인 항일 지도자 주보중이 모든 공로를 전적으로 김일성에게 돌리며 김일성을 神적인 존재로 믿고 있다는 것을 보여 주고 있다. 그리고 p.430에 보면 위증민(소설에서는 위증민으로 되여 있음. 필자 주)이 김일성과 상봉한 자리에서 '숙반감옥에 갇혀 있는 사람들은 … 김일성동지께서 근거지에 돌아오신만큼 매 사람들에 대한 정치적 계급적 평가는 마땅히 김일성동지의 의견에 준해야 합니다. … 그때까지는 김일성동지의 사심없는 방조가 있었으면 합니다. 그런데 이러한 방조는 시시각각 필요합니다'라고 말하고 있다. 여기서는 유명한 중국인 항일 지도자 위증민이 김일성을 절대적인 권위자로 받들며 허심탄회하게 방조를 바라는 모습을 보여주고 있다. <근거지의 봄>에서는 당시 국제공산당 파견원으로 정권건설에 관한 김일성의 사상과 이론을 파악하려고 왔다는 류현민이 근거지생활에 대한 체험과 김일성와의 허심탄회한 담화 및 그로부터 감동과 충격을 받으며 국제당에 제출할 보고서에 김일성이야말로 탁월한 혁명가, 정치가, 군사가이실 뿐만 아니라 천재적인 예술가이시라고 하면서 '동지들! 놀라지 말라! 만민이 흠모하여 따르는 김일성동지는 올해 22살의 청년장군이다…'라고 감탄해마지 않고 있다. 그리고 김일성의 총명함에 감복하여 러시아동방대학에 가서 유학할 것을 제의한다. 여기서는 김일성을 완전히 조선혁명의 유일한 최고 수령으로 꼽고 있다.

  이러한 제3의 인물의 시점을 통한 돋보임 수법은 김정일이 <주체문학

론>(단행본, p.145) 에서 수령형상의 격을 높이기 위해서는 '적대적 관계에 있는 부정인물을 그릴 때에도 그들의 힘을 강하게 보여주어 그것을 타승하는 수령의 위대성이 감명 깊게 안겨 오게 하여야 한다'는 관점에 따라 총서 작품에서는 우선 적수의 격을 높여 등장시키고 있다. 미나미 이다가끼(<압록강>), 후꾸다(<대지는 푸르다>), 하시모도(<고난의 행군>), 노자끼(<준엄한 전구>), 사또요시나리(<근저지의 봄>) 등은 침략자의 약탈적 본성과 악랄성, 포악성, 음흉성, 횡포성, 잔인성, 교활성을 집대성하고 있는 노련한 정치모략가, 군사가, 첩보가들이다. 이들은 모두 공산군 토벌전문가로 자처하며 김일성와의 승부에서 자신만만히 나선다. 그러나 결국에 가서는 김일성에 대해 어쩔 수 없이 두 손을 들고 감복해 마지 않는 것으로 김일성의 天出偉人, 完全無缺의 神적인 경지를 相反相成시킨다. 니시자와에게 하는 후꾸다의 대사(<대지는 푸르다>), 하시모도의 대사(<고난의 행군>), 종군기자 하라의 체험세계(<1932년>), 구니모도에게 보낸 사또의 편지(<근거지의 봄>) 등이 그 대표적 실례로 된다. 이제 구체적으로 그 몇 편린들을 보면 다음과 같다. '자네도 그 <조선혁명의 진로>를 봤지? 김성주(어린 시절 부르던 김일성의 이름. 필자 주)의 이론은 간단한 이론이 아닐세. 바로 제국이 가장 아파하는 데를 정통으로 치고 있단말일세'(후꾸다가 니시자와에게 한 말), '김일성장군으로 말하면 역사에 보기 드문 천재적인 장군이며 혁명가인 것이 사실 …'(하시모도가 후꾸다에게 한 말), '조선공산군이 반년도 못되는 사이에 오늘과 같이 강성해질 수 있은 기본 요인은 그들의 사령관인 김일성의 무시할 수 없는 특출한 포용력과 인간적 매력에 있지 않는가를 생각케 합니다. …'(도죠가 우에다에게 한 말), '이 운동의 지도자는 조선인민들 속에서 김일성장군이라고 불리우는 신화적인 인물로서 그 영도력과 기개가 출중한 청년장군이요 나에게 입수된 정보에 의하면 아군이 나자구와 노흑산 일대에서 공산유격대의 주력을 겹겹으로 포위하여 놓았을 때 그 속에 김일성장군의 영도핵심도 들어 있었소. 그런데 그는 전무후무할 그 포위를 벗어나 오늘은 왕청근거지로 들어와 군세를 확장하고 있다니 과연 신화적인 인물이 아닐 수 없소.'(구니모도의 고백) <영생>에 보면 전 미국대통령 지미·카트도 김일성과 회담을 하는 과정에 모든 편견을 떨어버리며 수시로 김일성에 대한 감탄을 연발하고 있다. 총서 「불멸의 향도」도 마찬가지다. <역사의 대하>를 보면 김정일의 능란한 외교가적, 군사가적 수완에 의해 결국 클린턴이 '항복서한'을 보내오고 미국이 빌붙지 않을 수 없었다는 것으로 소설 끝맺음으로 제시된 '나는 확신하오. 21세기는 김정일세기로 빛날 것이요!'라고 한 김일성의 말을 확신하게끔 한다.

총서 작품에 있어서 수령형상의 이런 天出偉人, 完全無缺의 神的 경지의 추구는 김정일이 <주체문학론>에서 수령형상을 부각함에 있어서 수령형상을 돋보이게 하기 위해 어떤 전문분야의 기술적인 문제들을 수령으로 하여금 해결하게 해서는 안된다고 강조했음에도 불구하고 수령을 그런 전문가로 그리고 있다. 총서 「불멸의 역사」 <영생>을 보면 김일성은 실험포전을 꾸려 직접 여러 농사를 지어 보는 과정에 영양단지를 비롯한 구체적 영농기술법을 포함한 주체농법을 창출해 냈다는 것이다. 완연한 농업전문가로 부각되어 있다. <영생>의 이 부분 내용도 실제 사실에 기초한 것이라고는 하나 보다 중요하게 취급된 정치, 군사, 외교 등 많은 분야에서 그렇게 신경을 많이 썼고 다망하게 보내왔다는 김일성이 실지 농업전문가의 경지에 이르렀는지는 심히 의문스럽다. 총서 「불멸의 향도」 <푸른 하늘>에서 김정일은 전문의보다도 더 전문의로 그려져 있다. 여성혁명가 윤숙경이 구호물자수송배가 좌초되었다는 소식에 충격을 받고 그만 졸도하여 입원하게 된다. 소설에는 김정일이 병문안을 가서 병원원장의 보고를 듣고 다음과 같은 심리활동을 한다. '원장의 설명은 다 옳고 과학적이다. 그러나 윤숙경의 금번 졸도 현상에는 병리학적 분석이나 실험실적 수치에서는 도저히 걷어쥘 수 없는 어떤 정신적인 충격이 주되는 요인으로 작용했을 수 있다는 것에 의료진은 주목을 돌리고 있지 못한 것이다.' 그런 다음 김정일은 윤숙경의 팔목을 잡고 '정신을 차리시오. 정일이 왔습니다.', '윤숙경동무, 내 말을 들으시오. 좌초는 무사히 수습됐습니다' 라고 뒤 마디 하자 의사들이 그토록 정신을 차리게 하려고 최선을 다 해도 깨나지 않던 윤숙경이 눈을 뜨며 정신을 차린다. 여기서는 실로 신비에 가까운 김정일의 '정신의학술'을 보여주고 있다. 사실 총서 「불멸의 향도」작품들을 보면 김정일은 그것이 취급하고 있는 여러 분야의 전문가들을 뺨칠 정도로 그 분야의 전문가가 되어 있다.

총서 작품은 이외에도 많은 구체적 사실을 통해 각 방면에 걸친 김일성·김정일의 天出偉人, 完全無缺의 神적 경지를 이끌어 내고 있다.

전반적으로 볼 때 총서 「불멸의 역사」, 「불멸의 향도」는 실로 김일성은 위대한 사상이론가 및 영도자, 백전백승의 강철의 영장, 특출한 인간적 풍모를 갖춘 天出偉人, 完全無缺의 神적 경지, 김정일은 모든 분야를 다 갈무리하는 「천재중의 천재, 위인중의 위인, 명장중의 명장, 인간중의 인간」으로서의 天出偉人, 完全無缺의 神적 경지에 이르고 있다. 이런 경지는 「위대한 수령·위대한 영도자」[63]이라는 기성관념의 현 시점에서 부족점과 결점이 없을 수 없는 인간으로서의 수령을 깔끔히 재단해 내 놓은 환영에 불과하다. 이것은 1차적으로 김정일이 <주체문학론>에서 '수령은 시대와 인민대중을 대표하는 주체형의 공산주의혁명가의 최고전형이다. 수령은 주체형의 공산주의적 인간의 풍모와 자질을 가장 숭고한 높이에서 체현하고 있는 위대한 인간인 것으로 하여 주체문학에서 높이 내세워져야 한다. 수령의 빛나는 예술적 형상을 통하여 사람들은 혁명가의 가장 숭고한 정신세계를 알게 되고 그 위대한 풍모를 크나큰 감동 속에 따라 배우게 된다'는 논지를 따른 것임은 더 말할 것도 없다. 그리고 이런 경지는 김일성·김정일이 전반 「조선인민」의 집단무의식 속에 각인되어 이미 원형이미지로 변해 버린 사정과 관계된다. 물론 이런 이미지는 보다 많이는 후천적인 세뇌를 통한 의식적인 교육에 의한 것이었다. 그러나 그것이 거듭되는 세뇌와 주입을 통해 현재는 집단무의식적인 자연스러운 경지에 이르고 있음은 더 말할 것도 없다. 총서 작품들은 바로 이런 집단무의식의 부동한 표출로 보아 무방하다.

---

63) 북한에서는 「위대한 수령」으로 김일성, 「위대한 영도자」로 김정일을 각기 수식하며 구별하고 있다.

총서 작품에 있어서 수령형상창조에서의 이런 天出偉人, 完全無缺의 神적 경지의 추구는 결과적으로 수령형상을 변화 발전 속에서 그리지 못하고 생활의 진실을 떠난 고정불변한 따분한 속에서 개인숭배적 집단무의식의 圖解로 되고 말게 하였다. 그리하여 총서 작품에서 이런 수령형상에 비해 오히려 부차적인 인물, 특히 보잘 것 없는 인물들이 그래도 성격의 변화발전이 있고 기복이 있어 진실감을 주며 음미할 여지가 있다. 이것은 김정일이 총서 작품의 '힘 있는 무기로, 혁명의 교과서로서'의 사상교육적 효과를 노려 수령은 위의 天出偉人, 完全無缺의 神적 경지를 묵인한 속에 일반 사람들은 반드시 '세계관의 형성과정을 보여주어야 한다'고 고취한 사정과 관계된다.

3) 개인영웅주의 고취

마르쿠스주의는 개인영웅주의를 부정한다. 어디까지나 인민대중의 집단영웅주의를 주장한다. 북한도 여기서 예외는 아니다. 그런데 아이러니하게도 총서 작품은 개인영웅주의를 선호하고 있다. 이것은 위에서 논한 수령의 天出偉人, 完全無缺의 神적인 경지를 추구하다 보니 자기도 모르게 자연스럽게 그렇게 되고 만 듯하다. 그리고 수령문학의 최고 작품으로서 총서 작품이 어디까지나 개개인에 불과한 수령형상을 기껏 돋보이게 하자니 이 개인영웅주의가 일종 숙명적인 것인지도 모른다. 개인영웅주의는 그 옳고 그름을 떠나서 일 개인을 돋보이게 하는 데 더 없이 좋은 방편의 하나로 되기 때문이다.

총서 「불멸의 역사」 <혈로>(p.276)에는 1934년의 김일성의 북만원정에 대해 작가의 다음과 같은 의론부분이 있다.

'세계의 동란사를 기록하고 있는 역사문헌들에는 나플레옹의 노씨야원정같은 거창한 역사적 사변을 취급하는 경우에도 이러한 역사적 사건들은 어떤 한두 인물의 영웅적 행동이나 조잡한 사고에 의해 이루어지는 것이 아니라 수십 가지 복잡한 사건들의 연쇄 속에서 어쩔 수 없이 일어나

고야 마는 우연적이고 필연적인 현상의 종합적인 결과라고 기록하는 실
례가 많다.

…

그러나 좀 더 광의의 의미에서 고찰할 때 인류사의 거창한 행정들을
반드시 그렇게만 기록할 것이 아니다. 인간의 상상이나 장구한 경험들이
말 해 줄 수 없었던 그러한 영웅적이고 장엄한 역사적 변천이 출중한 한
위인의 의지로 창조되고 있다는 것을 조선공산주의자들의 피어린 투쟁
속에 놓여 있었던 항일무장투쟁사가 실증하고 있었다. 그것은 한마디로
위대한 김일성동지의 열정과 의지, 거창한 담력이 모든 역사적 행정의
비범한 순간들을 창조하는 원천으로 되고 있었던 것이다.'

여기서 작가는 첫 단락에서 일단 개인 영웅주의적인 사관을 부정하고
우연과 필연이 뒤섞인 역사 본연의 보편적인 객관적인 모습을 피력하고
있다. 이것은 필시 인민대중중심의 유물사관, 주체사관을 표방하는 작가
로서도 당연한 귀결일 것이다. 그러나 두 번째 단락에서 '출중한 한 위인
의 의지' 즉 '위대한 김일성동지의 열정과 의지, 거창한 담력'의 '원천'설
을 강조함으로써 결국 작가의식에 있어서 개인 영웅주의적인 사관을 드
러내며 자아 당착적인 모순에 빠진다. 김일성을 내세우기 위해 보편률에
서 벗어난 특수성을 강조하다 보니 이런 결과를 초래하고 만다. 총서 「불
멸의 역사」 작품에는 어떻게 해서나 이른바 '별종'으로의 김일성의 위대성
을 돋보이게 하자는 감정적인 충동이 앞서다 보니 냉철한 이지적인 논리
의 일관성이 부족한 곳이 많다.

이런 경향은 총서 「불멸의 향도」 작품도 마찬가지다. <역사의 대하>
p.492에 다음과 같은 대목이 있다. '이것은 전적으로 김정일이 이룩한 커
다란 공로요, 김정일동지가 … 그 누구도 따르지 못할 지략과 담력으로
연속공격을 들이 대여 적들을 무릎꿇게 했거든, 이걸 잊지 말아야 해.' 이
것은 김일성이 조미핵대결에서 미국 클린턴을 무릎꿇게 했다는 김정일에
대한 평가다. 여기서도 '김정일동지가 … 그 누구도 따르지 못할 지략과
담력으로'가 강조되며 '커다란 공로'를 '전적으로' 김정일한테 돌리는 개인

영웅주의 냄새를 다분히 풍기고 있다. 그리고 한술 더 떠서 현재 북한에서 가장 유행되는 노래의 하나인 <당신이 없으면 조국도 없다>를 거론하며 '노래에도 있는 것처럼 김정일동지가 없으면 동무들도 없고 사회주의 조국도 없소. 김정일동지이자 조국이고 조국의 운명이요'라는 결론을 도출하고 있다. 이런 결론이 인민대중중심의 사회주의, 인민의 자주시대-주체시대를 열어 나간다는 북한 최고의 수령인 김일성의 입에서 나왔다 할 때 그것은 자아 희화적인 풍자에 지나지 않는다.

총서 작품에서 이런 개인 영웅주의는 어쩌면 그들 수령들의 현실생활에서의 카리스마적인 독선, 독재의 원형질의 일종 무의식적인 우회적인 문학적 표현으로 보아 무방할 것이다.

한마디로 총서 작품은 모든 것을 수령의 혁명업적에 초점을 맞추고 있다. 이를테면 '자연묘사에서부터 인물의 내면심리에 이르기까지 모든 세부묘사가 수령의 혁명업적을 그리는데 복종하는 집중성'을 보여주면서 개인 영웅이 엮어내는 거창한 「민족적 영웅사시(史詩)」다. 이 안에서 모든 인물들과 사건들은 이 영웅을 중심으로 엮어지며 그를 핵으로 하여 유기적 변화와 발전을 이루어 간다. 이 영웅은 이야기의 전체와 세부를 꿰는 통합적 구심점이 된다. 이 영웅이 가는 길에 운명적인 장애란 있을 수 없다. 보여주기 위한 가상의 장애가 있을 뿐이다. 어디까지나 궁극적 승리라는 필연적 귀결로 이야기가 전개되어 나간다. 「민족적 영웅사시」의 개인영웅이야기임을 감안할 때 위의 天出偉人, 完全無缺의 神적인 경지와도 쉽게 맥락이 닿는다.

4) 형식

ㄱ. 총서 형식

김정일은 일대기식, 전기식은 가장 위대한 인간인 수령의 형상을 품위 있고 가치 있게 그리고 진실하게 감동 깊게 그릴 수 없는 내용과 형식의 불일치를 가져오는 만큼 '위대한 수령님의 혁명역사를 체계적으로, 전면적으로 깊이 있게 그린 혁명적 대작을 하나의 통일적인 제목으로 묶어 놓'64)는 총서 형식을 강조했다. 그러면서 '수령의 위대성을 체계적으로, 전면적으로 깊이 있게 형상하기 위하여서는 총서형식의 장편소설을 창작하는 데 힘을 넣어야 한다'65)고 했다. 총서 형식은 「불멸의 역사」, 「불멸의 향도」라는 총적인 표제 밑에 작품마다 자기의 제목을 가지고 있는 여러 권의 장편소설들의 거대한 묶음형식으로서 김일성·김정일 평생에 있어서의 주요 역사사실을 체계적으로, 전면적으로 형상한다 할 때 그것은 매우 효과적인 문학형식으로 되겠다. 이 형식은 어디까지나 동일한 주인공이 중심주인공으로 매 편에 관통됨으로써 일반 장편소설시리즈형식보다 긴밀히 연계되고 잘 짜인 감을 준다. 총서에서 한 작품의 시작은 이미 선행한 작품에서 그려진 내용의 연속으로 되며 앞선 작품에서 설정된 인간관계와 이야기 줄거리가 계속 전개되어 나가는 감을 준다. 이러한 구성방식으로 하여 총서작품에서는 주요 등장인물들의 이름도 제각기 달지 않고 역사적 사실대로 같은 이름으로 일정한 시기를 걸쳐 여러 장편에 등장하게 하며 그의 성격적 특성과 생활도 일관시키고 있다. 이리하여 총서는 수많은 작품들로 이루어지면서도 앞뒤 작품의 내용이 유기적으로 연결되고 체계성을 갖고 전개되면서 방대한 내용을 하나의 웅대한 화폭으로 조화롭게 통일시켰다. 이것은 북한 현대문학에서 새롭게 시도되고 개척된 방대한 스케일의 형식창조로 볼 수 있다. 세계문학사의 견지에서 볼 때 총서형식은 이미 오래 전에 나왔으며 그것은 상대적인 독자성을 가지면서도 내용상 일정한 연관성을 갖고 있는 작품들의 묶음으로 이루어진 것이다. 이전의 총서작품에서는 작가들의 일정한 창작의도에 따라 이러저러한 인물을 여러 소설에 계속 등장시키기는 하였지만 하나의 인물을 중심적 주인공으로 내세우지 않았다. 그리고 총서의 매 장편소설들을 일관된 체계에 따라 묶어놓지 못했기 때문에 생활이 일관된 흐름을 타지 못하고 전일적인 구성을 갖추지 못하였다. 발자크의 소설 총서 「인간희극」이나

---

64) <주체문학론>, p.137.
65) <주체문학론>, p.136.

졸라의 장편소설 총서 「루공-마까르일가」가 그러한 실례로 된다. 소설 총서 「인간희극」은 1789년의 프랑스부르죠아혁명으로부터 1848년 혁명시기에 이르기까지의 정치, 경제, 풍속 등 사회의 여러 측면을 반영하고 있다. 당대 프랑스의 풍속사를 폭넓게 재현하려는 작가의 의도로 하여 총서에 나오는 2,000여명의 인물 중 주요 인물 400여명이 여러 작품에 반복하여 등장하고 총서에 들어있는 수 많은 소설들이 제각기 상대적 독자성을 가지면서도 내적으로 연결되어 있다. 그러나 기본 주인공이 매 작품들에 등장하지 안는 것으로 하여 생활이 일관한 흐름을 이루지 못하고 전일적인 구성을 갖추지 못하였다. 총서 「인간희극」은 발자크가 서기관이 되어 금전을 둘러싸고 이러저러한 인간들 사이에 벌어진 프랑스사회의 ‘희극‘을 그려냄으로써 자기의 시대상을 전면적으로 드러내려는 작품묶음인 만큼 여기에 속하는 작품들 사이의 관계는 막연히 시대상황의 반영이라는 차원에서 맥락이 이어질 뿐이다. 그러므로 그 작품들 사이의 관계도 그만큼 느슨하다. 그리고 그 전반적인 양도 총서 작품에 비교가 안 된다.

ㄴ. 방대한 인물관계설정

김정일은 ‘수령을 형상하는 문학작품에서는 역사에 실지 있은 위인을 형상하는 것만큼 수령의 형상을 화폭의 중심에 내세우고 모든 형상요소를 수령의 위대성을 보여주는데 집중시켜야 한다’고 하면서 이렇게 하자면 ‘문학작품에서 수령의 형상은 일정한 사회정치적 계층의 지향과 요구를 대변하는 전형적 인물과 관계를 맺을 때에만 사회적 집단을 통솔하고 인도해 나가는 최고뇌수로서의 수령의 지위와 역할을 원만히 보여줄 수 있다’(<주체문학론> p.145)고 했다. 이로부터 총서 「불멸의 역사」의 경우를 보면 김일성을 중심으로 하고 방대한 인물관계설정을 해놓고 있다. 장희숙의 <주체문학의 재보>(p.150~151)에서는 이런 인물관계설정을 열세 갈래로 분류해놓고 있다. 이를테면,

첫 번째 인물선-조선혁명의 여명기에 김일성을 민족의 향도성으로 우러러며 충성 다한 차광수, 김혁, 한영애, 채경, 유선아, 허재률, 최창걸, 김

리갑, 계영춘 등을 비롯한 청년공산주의자들의 형상.

두 번째 인물선-김일성을 보위하는 것이 곧 조선혁명을 보위하는 길이라는 철석같은 신념을 가지고 김일성께 충직한 오중흡, 권영벽, 최현, 이경준, 최선금, 한태혁, 최춘국, 오백룡, 강세호, 이북철, 김주현, 마동희 등 항일혁명투사들의 형상.

세 번째 인물선-민족주의운동의 실태를 대표하는 오동진, 최동오, 김시우, 임소영, 이갑무, 양세봉 등 진보적 인물형상.

네 번째 인물선-반동적인 민족주의운동의 상층부를 대표하는 현묵관, 고인호, 지청운 등 인물형상.

다섯 번째 인물선-민족주의 및 초기공산주의 운동의 우여곡절을 보여주는 이동백, 변태익, 김정보, 장윤삼, 안동학 등 인물형상.

여섯 번째 인물선-초기 혁명활동시기와 무장투쟁시기 혁명에 막대한 해독을 끼친 종파사대분자들의 죄행을 대표하는 최활, 조청산, 신인룡, 김찬, 권일균, 송해일, 박두칠 등 인물형상.

일곱 번째 인물선-평범한 사람들이 각성되어 혁명투사로 자라나는 과정을 보여주는 최칠성, 최장호, 우덕조, 윤보금, 수연 등 인물형상.

여덟 번째 인물선-혁명의 우여곡절 속에서 참된 혁명가로 자라나는 최인관, 박문필, 박인진도정 등 자산계급출신을 대표하는 인물형상.

아홉 번째 인물선-오의성, 초려장, 사려장, 우사령 등 구국군 두령들의 형상.

열 번째 인물선-김일성을 받드는 평범하면서도 소박한 인민대중을 대표하는 고만녀, 마종삼, 김진세, 지유복, 마령감 등 인물형상.

열한 번째 인물선-김일성의 혁명활동을 국제적 판도 속에서 폭넓게 보여주는 국제공산당파견원 류현민, 주사인 등 인물형상.

열두 번째 인물선-혁명의 시련을 이겨내지 못한 엄광호, 이경락, 박차석 등 변절자들의 형상.

열세 번째 인물선-우에다, 미나미, 우메즈, 도죠, 하시모도, 노자끼 등 왜놈의 형상.

방대한 규모로 폭 넓고도 다양하게 설정되어 있는 이러한 인물선은 총서 작품 생활반영의 광도와 심도를 확보하는 데 결정적 의의를 가진다. 이러한 방대한 인물선은 김정일이 <주체문학론>(p.145)에서 밝힌 '수령을 형상하는 작품에 나오는 인물은 일정한 사회적 계층의 대표자로 전형화되여야 한다'는 논의와 맞아떨어지고 있다.

이외에 총서 작품에서는 김일성의 인자한 인간적 풍모를 보여주기 위해 매 작품마다 애정선을 엮고 있다. 이를테면,

신동호-오순희(<은하수>), 김혁-유선아(<대지는 푸르다>), 최창걸-옥녀(<1932년>), 최진동-임성실(<근저지의 봄>), 한태혁-최금숙(<고난의 행군>), 장기령-한남실(<백두산기슭>), 곽두섭-조분옥(<압록강>) 등이 그 보기로 된다. 이들 연인들 사이에 일시적 오해와 결렬로 인한 사랑의 곡절은 바로 김일성에 의해 원만히 해결되고 있다. 이런 애정선은 작품에서 생활 맛을 돋구는 데 객관적으로 이바지되고 있다.

ㄷ. 상징성

상징성을 최대로 기하고 있다. 우선 제목 자체에서 상징성을 추구하고 있다. <닻은 올랐다>, <혁명의 여명>, <대지는 푸르다>, <봄우뢰>, <은하수>, <근거지의 봄>, <혈로> 등은 제목 자체에서 김일성 혁명활동의 특성과 의의를 상징적으로 표현하고 있고; <1932년>, <고난의 행군>은 제목 자체에서 당시 투쟁내용 자체를 상징적으로 표현하고 있으며; <백두산기슭>, <압록강>, <두만강지구>, <준엄한 전구> 등은 제목 자체에서 혁명활동의 주요 거점과 지역을 상징적으로 표현하고 있다.

구체적 서술에 있어서도 상징적 표현은 심심찮게 눈에 띄인다.

<혁명의 여명>의 마지막 부분 소년 김성주의 각성을 다음과 같이 서술하고 있다.

'그이의 눈에서는 번개가 일고 푸른빛이 날았다. 이미부터 싹트고 익혀 오시던 하나의 명백한 진리가 소리치고 있다.

그것은 검은 구름을 쨰고 내려오는 피빛 같은 광선처럼 명백하고 명백

했다.'

보다시피 여기서는 비유, 의인 같은 수사법들와의 유기적 배합하에 전반 상징적 의미를 드러내고 있다.

그리고 전반 총서 작품에서 심심찮게 보이는 '눈보라', '아침해', '아침노을', '이슬', '새별', '소나무' 등 시적 이미지같은 상투적 어구들은 북한식의 독특한 문학표현적 상징체계를 이루고 있다.

ㄹ. 작가의 개입 및 미사여구

이것은 작가가 작중의 긍정적인 주인공들의 시점과 한데 녹아들어 주정토로를 하고 의론을 전개하며 분명한 애증을 나타내는 데서 전형적으로 나타나고 있다. 이를테면 주인공들에 대한 호칭에서 '어린 장군님께서', '금성동지께서', '그이께서', '어머니께서', '아버님께서', '수령님께서', '친애하는 지도자동지께서', '김정일동지께서' 같은 존대, 서술어미에서 '하셨습니다', '주시였습니다' 등 존대는 수령형상창조의 북한 문학 특유의 보기로 된다. 이외에도 어떤 장면을 계기로 쩍 하면 전개되는 주정토로와 의론도 그 한 보기로 된다. 이를테면 <1932년>에서 김일성이 원정을 떠나기에 앞서 어머니 강반석과 이별하는 장면에 대한 작가의 주정토로와 의론전개가 바로 그렇다. 그리고 위에서 본 <혈로>(p.276)에서 1934년 김일성의 북만원정에 대한 작가의 의론 부분도 그 전형적인 한 보기다.

그리고 작품 곳곳에, 특히 매개 장절의 시작과 결말 부분의 환경묘사 같은 데서 여러 가지 수사법을 동원한 미사여구를 심심찮게 보게 된다.

실로 총서 작품은 북한 최고 작가들의 '야심작'으로서 '유려한 문체와 복합적 구성' 등으로 '다른 작품들이 미치지 못하'는 특색을 나타내고 있다고 하겠다.

제1편 (2)

김씨가문성원들의 문학형상일별

　　북한에서 김씨가문성원들을 형상하는 작업은 1950년대 말까지 몇편의
서정시가 창작되었을 뿐 별로 진전이 없다가 1960년대 말부터 김정일이
본격적으로 문학예술부문을 조직, 영도하게 되면서 활발한 국면을 나타
냈다. 북한에서 김씨가문은 '19세기 60년대부터 대대로 외래침략자들을
반대하며 조국의 독립과 인민의 자유와 해방을 위하여 줄기차게 싸워온
애국적이며 혁명적인 가정의 전형이다. 진정 위대한 수령님의 혁명적 가
정이야말로 우리나라 역사에서뿐만 아니라 세계노동계급의 혁명운동과
공산주의운동에서 아직 그 유례를 알지 못하는 위대하고 자랑스러운 혁
명일가의 귀감이며 이 세상 모든 혁명가들과 인민들이 영원히 따라 배워
야 할 본보기가정이다'[1]고 극찬하고 있다. 그런 만큼 북한에서 이들 가정
에 대한 문학형상화로 사람들을 교육하며 숭배심을 불러일으켰음은 더
말할 것도 없다.

---

1) <조선문학사> 14, p.55. 조선·평양 1996년.

그럼 김일성·김정일부자를 제외한 김씨가문성원(일부 외가쪽 성원도 포함)이 북한에서 떠받들리는 순서에 따라 그 문학형상들을 고찰해 보도록 하자.

1. 김정숙(김일성 첫 부인)형상

북한에서 김정숙은 「불요불굴의 공산주의 혁명투사이시며 항일의 여성영웅」이라는 공식적인 규정하에 김일성·김정일부자에 이어 제3호 위인으로 떠받들리고 있다. 이로부터 김정숙에 대한 문학적인 형상화도 대단히 많은 편이다.

전 6부로 된 다부작 장편소설 「충성의 한길에서」는 항일무장투쟁의 첫 시기부터 1939년 5월 무산지구전투시기까지를 시대적 배경으로 하여 김일성에게 끝없이 충직한 그야말로 충성의 한길을 걸어온 김정숙의 혁명활동 및 그 업적을 서사시적인 화폭에 담아 전면적으로 폭넓고 깊이 있게 형상하고 있다. 전반적으로 볼 때 이 다부작 장편소설은 김정숙의 형상을 통하여 김일성에게 충직한 혁명전사는 어떻게 살아야 하는가 하는 주제를 내리풀고 있다. 매 부에서 형상한 구체적 내용들을 보면 다음과 같다.

<제1부 유격구의 기수>(1975년 천세봉)에서는 항일무장투쟁의 초시기인 1932년 초봄부터 1933년 가을까지를 시대적 배경으로 하여 구암마을에서 겪은 수난에 찬 생활과 상촌유격근거지로 들어간 후의 투쟁생활, 신개동에서의 지하활동을 중심으로 하여 김정숙의 청소년시기를 집중적으로 그리고 있다. 그러면서 사람은 무엇 때문에 이 세상에 태어났는가 하는 질문을 제기하고 김일성을 모시고 혁명하기 위하여 태어났다는 해답을 주고 있다.

<제2부 사령부로 가는 길>(1979년 천세봉)에서는 1935년 봄부터 1936년 여름까지를 시대적 배경으로 하여 김일성이 요영구회의에서 제시한

방침에 따라 현공청위원회에서 사업하던 김정숙이 상촌근거지를 떠나 술기막골근거지와 내도산을 거쳐 마안산계선에 이르러 김일성을 만나는 사실과 동강회의와 무송현성진공전투에 참가하여 목숨으로 사령부를 보위하는 사실을 그리고 있다. 그러면서 김일성을 모시고 혁명하기 위하여 태어난 사람은 어떻게 살아야 하는가 하는 물음에 해답을 주고 있다. 이를테면 김일성을 모시고 혁명하는 사람은 언제 어디서나 김일성의 사상의 도대로 사고하고 행동하는데서 삶의 보람과 행복을 느껴야 한다는 해답을 도출하고 있다.

<제3부 광복의 해발>(1982년 박유복)에서는 1937년 봄을 시대적 배경으로 하여 지히정치공작원으로서의 김정숙이 혁명의 거점을 마련하며 국내와 압록강연안에서 유격투쟁을 국내 깊이 확대 발전시키기 위한 김일성의 구상을 받들고 도천리를 중심으로 한 장백일대와 조선북부국경지대인 신파지구에서 지하공작을 능숙하게 벌려 일제의 집단부락정책과 포대공사를 파괴하며 인민들 속에 깊이 들어가 조국광복회장백현도천리지회 부녀조직과 반일청년동맹을 조직하여 광범한 대중을 혁명조직에 굳게 묶어 세우고 그들의 가슴속에 김일성의 해발을 안겨주며 앞으로 있게 될 국내진공작전의 믿음직한 발판을 마련해 나간 혁명활동을 보여주고 있다.

<제4부 그리운 조국산천>(1985년 박유학)은 제3부의 연속으로서 김일성의 의도와 구상을 실현하기 위한 임무를 맡은 혁명전사는 대중을 묶어 세우는 능숙한 조직적 수완과 역경을 순경으로 전환시키는 임기응변의 대담한 지략을 가져야 한다는 것을 밝히고 있다. 주로 1937년 5월부터 8월까지 지하정치공작원으로서의 김정숙이 신파지구에서 도천리를 혁명화한 데 기초하여 적들의 삼엄한 경계망을 뚫고 압록강을 넘나들며 얼마 안 되는 극히 짧은 기간에 신파떼목촌을 혁명화하고 조국광복회 신파지회와 분회들을 비롯한 혁명조직들을 내오고 당소조를 결성해 나가며 노동자, 농민들 뿐 아니라 양심적인 상인, 기업가, 종교인들까지를 포섭하고 백두산근거지를 국내 깊이 확대해 나간 과정을 보여주고 있다.

<제5부 진달래>(1985년 이종렬)에서는 사령관인 김일성의 친위전사는

진심으로 김일성을 받들어 모시고 그 사상과 노선을 견결히 옹호보위하며 그 어떤 역경 속에서도 솔선수범의 모범으로 대원들을 이끌고 명령지시를 무조건 끝가지 관철 집행하는 자세와 입장을 가져야 한다는 것을 밝히고 있다. 주로 1938년 가을부터 1939년 5월까지 김정숙이 남패자회의를 전후한 시기와 100여 일에 걸친 고난의 행군, 청봉밀영에서 엄가의 반혁명책동과 비타협적인 투쟁 및 군복해결을 위한 苦心 그리고 무산지구에로의 진군 등 사실을 통하여 보여주고 있다.

<제6부 설령의 붉은 기>에서는 임수산과의 대결장면과 대사하치기전투에서 한 몸으로 김일성을 보위한 김정숙의 형상을 보여주고 있다.

이처럼 「충성의 한 길에서」의 매 부에서는 구체적인 내용을 독자적으로 내리풀면서도 그것을 김일성에게 충직한 혁명전사는 어떻게 살아야 하는가 하는 총체적인 주제적 과제로 관통시킴으로써 김일성을 모시는 혁명전사의 자세와 입장은 어떠하여야 하는가 하는 물음에 형상적인 해답을 주고 있다.

「충성의 한 길에서」 전반 내용을 볼 때 김정숙에게 있어서 김일성은 일종 神적인 존재였다. 하느님과 그 충실한 신도 사이의 그런 관계로 안겨 온다. 아래 작품의 구체적 장면들을 통해 이 점을 확인해 보도록 하자.

'김정숙동지께서는 장군님의 말씀을 전해듣는 순간 볼을 타고 흘러내리는 눈물을 막을 수 없으시며 가벼이 어깨를 떨며 눈구석에 옷고름을 가져 가시였다.

얼마나 안타까이 기다리던 장군님의 소식인가? 지하공작의 무수한 나날, 어느 하루도 빠짐없이 하루의 공작이 끝나면 조용히 옷매무시를 바로 잡고 마음속으로 장군님을 우러르며 공작의 결과를 보고 드리고 다음날 계획을 마음속에 설계하시던 그이시였다.

아무리 어렵고 힘든 때에도 눈앞에 장군님의 모습을 그리면 온몸에 힘이 솟아 부딪치는 난관을 뚫고 나가시는 그이…'(<제4부 그리운 고국 산천> p.287)

여기서 김정숙은 김일성에게 일종 고해성소와 같은 회보를 하고 있으며 김일성은 우상과도 같은 정신적 지주로 되어 김정숙의 생과 사업의 힘의 원천으로 되고 있다.

그리고 다음 대목을 보면 김정숙은 마치 하느님의 충실한 목사, 전도사처럼 자나깨나 어떻게 하면 사람들로 하여금 다 김일성을 '생각하고', '우러르며', '모시게' 하겠는가 하는 생각뿐이며 오로지 '이 하나의 신념을 심장에 간직하'면 '힘이 생길 것이며 용기가 백배할 것'을 느끼며 김일성의 전사로 살아간다.

'그리고 여기 공작지구의 모든 조직원들을 어떻게 하면 자나깨나 장군님을 생각하고 장군님을 우러르며 장군님을 높이 모시고 혁명을 하도록 하겠는가 오직 이 생각뿐이예요. 혁명을 한다고 다 혁명가인 것은 아니지요. 한 사람을 키워도 그렇고 두 사람을 키워도 그렇고 장군님의 전사로 키워야 혁명가의 임무를 다한다고 생각하면 자기가 해놓은 일을 그지없이 돋보이게 되고 까닭없이 안타까와 지고 잠도 오지 않는 그런 때가 많은 거예요'(<제3부 광복의 해발> p.464~465), '앞으로 혁명사업을 해나가는 과정에는 허다한 난관에 부딪칠 수 있으며 사람의 의지로는 헤치기 어려운 허구한 역경에 처할 수도 있습니다. 그런 때마다 우리는 장군님을 생각하자요. 장군님께서 이끌고 오신 조선혁명을 생각합시다. 그러면 힘이 생길 것이며 용기가 백배할 것입니다. 저는 동지들에게 이 한가지를 부탁하고 싶습니다. 우리는 이 하나의 신념을 심장에 간직하고 일생을 장군님의 전사로 살아 가자요!'(<제3부 광복의 해발> p.313)

김정숙의 이런 형상은 서정시 <해발> (1972년 구희철), 가사 <김정숙 어머니 우리 어머니>(1974년 윤석범), <어머님의 그 자욱은…>(1975년 김정곤), <영원한 충성의 노래>(1975년 동기춘), 장시 <영원히 빛나라 충성의 해발이여>(1975년 집체작), 장막희곡 <해발>(1968년 전병설, 이성준), <충성의 해발>(1982년 이성준), 시나리오 <사령부를 멀리 떠나서>(1978년 백인준) 등 많은 작품들에서도 나타나고 있다.

서정시 <해발>은 김일성의 배웅을 받으며 적후 공작을 떠나는 김정숙의 형상을 통하여 김일성을 티 없이 깨끗하고 아름다운 충성의 한마음으

로 높이 우러러 모시며 영원히 김일성의 해발로 싸우려는 김정숙의 정신
세계를 노래하고 있다.

　　몸은 비록 길 없는 숲을 헤쳐 가셔도
　　마음만은 장군님품에 두고 떠나시는
　　가슴속 샘솟는 그 충성을 알아선가
　　밀림도 길을 내고 하늘도 드러내는구나

　　그 어디를 가나 장군님의 믿음 안고 가셨기에
　　사령부를 떠나 멀리 떨어질수록
　　하늘과 땅 사이 공간 가득히
　　숭엄히 안겨오시던 장군님모습

　　장시 <영원히 빛나라 충성의 해발이여>는 제목에서도 알 수 있다시피
어디까지나 김일성에 대한 김정숙의 절대절명의 충성을 집약적으로 노래
하고 있다. 시에 반영된 김정숙의 전반 생애는 바로 이런 충성으로 관통
되어 있다.

　　시는 4개의 장으로 구성되었다. 1장에서는 김정숙이 김일성의 따사로
운 품에 안겨 공산주의혁명투사로 성장하는 모습을 노래했다. 2장에서는
혁명동지와 인민들에게 바친 김정숙의 혁명적 의리와 동지애, 은정 깊은
사랑을 노래하고 있다. 3장에서는 혁명의 사령부를 정치사상적으로 목숨
으로 옹호 보위한 김정숙의 업적에 대해 노래하고 있다. 4장에서는 김정
숙의 조국개선에 대해 노래하고 있다.

　　일부 구체적 시구들을 보이면 다음과 같다.

　　언제나 밝게 빛나신
　　어머니의 눈빛은
　　역사에 처음으로 모신 위대한 수령님을
　　우러러 흠모하는 뜨거운 마음들이 모이고 합쳐
　　길이 찬란할 빛을 뿌리는

충성의 영원한 해발

혈전만리 초연에 그슬린
어머님의 미더우신 어깨는
위대한 수령님을 만대에 높이 모셔가려는
이 나라 인민의 절절한 축원이 모이고 합쳐
하늘땅에 일어선
충성의 아아한 산발

아, 어머님의 위업은 빛나고 있어라
수령님의 전사들이 지켜서야 할
가장 영예로운 전투초소
혁명가의 삶이 영생하는
변함없는 그 주소
김일성동지께서 계시는 곳에!
김일성동지께서 계시는 곳에!

1970년대에 김정숙을 형상한 첫 시나리오 <사령부를 멀리 떠나서>가 나온 후 1980년대에 들어서면서 김정숙을 형상한 시나리오가 연이어 쏟아져 나왔다. 이를테면 <미래를 꽃피운 사랑>(1982년 백인준), <친위전사>(1982년 백인준), <압록강을 넘나들며>(1983년 백인준), <기다려다오>(1987년 이춘구), <해발>(1988년 백인준, 송상원) 등이 그 보기로 되겠다. <미래를 꽃피운 사랑>에서는 왜놈들에게 부모를 잃고 고아로 된데다가 좌경기회주의자와 종파분자들의 버림을 받은 어린이들을 한 품에 안아 모진 시련 속에서 혁명의 후계자로 키운 업적을 보여주고 있다. <친위전사>는 김일성을 정치사상적으로, 목숨으로 옹호보위하기 자기의 모든 것을 다 바치는 김정숙의 형상을 부각하고 있다. <압록강을 넘나들며>에서는 1937년 봄 김정숙이 김일성으로부터 지하공작임무를 받고 장백지구와 산파지구에 진출하여 일제의 백색테로와 폭압만행에 의하여 파괴된 혁명조직을 수습하고 각계각층 인민들 속에서 정치활동을 벌리며 광범한 반일애국역량을 조국광복회조직에 튼튼히 묶어 세우고 신파지구에 첫 당소조를 내온 혁명활동을 보여주고 있다.

소설에 부각된 김정숙의 형상을 보면,

총서 「불멸의 역사」 해방전편 <고난의 행군>에서 김정숙은 강의한 의지로 간고한 행군길을 굴함없이 헤쳐나간다. 자기의 한 몸도 견디기 어려운 상황 속에서도 이성림을 비롯한 신입대원들을 업고 이끌며 행군한다. 언제나 은수저를 깨끗이 닦아 가지고 다니며 김일성의 식사보장을 하던 김정숙은 7도구치기에서 왜놈들이 들려 보낸 독소금의 비밀을 알아내어 위험한 사태를 방지하는데 큰 역할을 한다. 7도구치기에서 김일성의 작전적 방침에 따라 부상자들과 허약자들, 재봉대의 여성대원들을 책임지고 청봉후방밀영으로 가게 된다. 청봉후방밀영에서 타락한 반혁명분자 엄광호와 맞서서 조선혁명의 노선과 원칙을 지켜 견결히 투쟁한다.

근간2)에 나온 작품들을 보면 단편소설 <순간>(1997년 한익훈 <청년문학> 12호)은 김일성이 첫 모를 낸 논에 그 다음 해 김정숙이 첫 모를 내며 '저도 여러 분들과 꼭 같이 장군님만을 받드는 전사의 한 사람이예요'라고 자처하는 충성심을 한 사진기자의 수기형식으로 보여주고 있다. 단편소설 <고향의 가을날에>(1998년 <조선문학> 제4호)에서는 김일성이 회령에 있는 김정숙동상을 찾아 대화하는 형식으로 김정숙이야말로 김일성과 김정일이라는 두 수령과 장군을 위해 자기의 모든 것을 다 바쳤다는 것을 보여주고 있다. 단편소설 <새아침>(1998년 <조선문학> 제12호)은 광복 후 북방도시 'ㅊ'시에서 며칠 간 묵을 때 새 조국건설에서 교육사업을 바로 잡는 것이 가지는 중요성을 깊이 헤아리고 교육형편을 구체적으로 알아보며 교원들과 학생들을 현명하게 이끌었다는 김정숙의 교육가로서의 면모를 보여주고 있다.

이외에 김정숙을 노래한 단편소설집으로는 <불멸의 영상>이 있다.

현재 북한에서 김일성·김정일·김정숙은 「백두산3대장군」으로 칭송되고 있다. 「구호나무-시」에도 김정숙은 '항일장군 김정숙'으로 새겨져 있

---

2) <백두산여장군의 위인상에 대한 감동깊은 형상>, 김복희, <조선문학>, 1999년 9월호

다는 것이다. 북한에서 김일성·김정일에 관한 전설과 더불어 김정숙에 관한 전설도 막 쏟아져 나오고 있다. 김정숙에 관한 전설을 보면 <백두산여장수전설집>(1), (2)(수집자, 박찬수 문학예술종합출판사 1998년)가 나와 있다. 이 전설집은 제목은 비록 '백두산여장수'이지만 그 전설내용들은 단지 김정숙의 여장수적인 면만을 반영하고 있는 것이 아니라 생활세말사에 이르는 김정숙의 여성적인 섬세함까지도 보여주고 있다. 그리고 시기적으로 놓고 볼 때도 항일무장투쟁시기 뿐 아니라 거의 1948년 김정숙이 세상 떠나기 전까지를 포함하고 있다. 그리고 <백두산여장수전설그림책>[3]시리즈도 나오고 있다.

현재 김정숙에 대한 일화도 육속 출간되고 있다. 음악일화집 <어머님과 노래>(문학예술종합출판사 1997년)는 그 한 보기로 된다. 이 일화집을 출간한 편집부의 「음악일화집 <어머님과 노래>를 내면서」에 의하면 이 일화집은 '존경하는 김정숙어머님께서 시대와 역사 앞에 쌓아 올리신 불멸의 업적을 후손만대에 길이 전하기 위하여, 당원들과 근로자들, 인민군군인들, 청소년학생들을 우리 당의 빛나는 혁명전통으로 더욱 튼튼히 무장시키고 그들을 「고난의 행군」 정신, 「처창즈」 정신으로 교양하는 데 도움을 주기 위하여 어머님의 혁명활동자료 가운데서 노래와 연관된 일부 투쟁자료들을 편집한 도서'로 출판하여 김정숙탄생 80돐에 기념으로 출간한다는 것이다.

전반 김정숙형상창조를 보면 김일성에 대한 충성과 김정일을 키워낸 업적이 돋보인다.

2. 김형직(김일성의 아버지) 형상

가사 <봉화산기슭에서>(1967년 집체작)는 김형직의 혁명 활동 및 업적

---

3) 현재 필자는 제4집까지 입수하고 있다.

에 대한 열렬한 칭송의 감정과 경모심을 송가적으로 경건하게 노래하고 있다. 가사에서는 김형직이 명신학교에서 청소년들의 가슴속에 열렬한 반일애국정신과 「志遠」의 높은 뜻을 키워주던 때로부터 조국광복을 위한 혁명위업에 몸바쳐온 과정을 간결한 시행 속에 함축하고 있다. 그리고 김형직의 불굴의 혁명정신과 고귀한 업적의 자랑찬 결실을 김일성의 불멸의 혁명위업과의 연관 속에서 극명하게 형상하였다.

서정시 <천리길에서>(1968년 박호범), <봉화산이여!>(1969년 이호일)는 김형직이 지니고 있었다는 「志遠」의 원대한 사상과 숭고한 혁명정신, 불멸의 업적에 대해 열렬히 노래하고 있으며 다함없는 경모심과 김형직의 높은 뜻을 가슴깊이 새겨 안고 '살아도 수령을 위하여 살고 죽어도 충성의 한길에서 한 생을 빛 내일 우리'들의 김일성에게로 향한 충성의 철석같은 의지를 나타내고 있다. <천리길에서>는 김형직이 1923년 1월 30일 12살난 김일성을 「배움의 천리길」로 떠나보내는 것을 시적 계기로 하여 김형직의 조국광복에 대한 높은 뜻과 강의한 의지, 자식에 대한 크나큰 기대와 뜨거운 사랑을 노래하고 있다. <봉화산이여!>는 혁명사적지 봉화산에 오르는 시적 화자의 강렬한 체험세계의 개방을 통하여 김형직의 열렬한 애국사상과 백절불굴의 기상, 「志遠」의 위대한 사상과 숭고한 혁명정신, 험난한 가시덤불을 헤치며 조선역사의 새벽길을 개척한 불멸의 업적을 칭송하고 있다.

장편서사시 <푸른 소나무 영원히 솟아 있으리>(1969년 조선작가동맹시문학분과위원회 집체작)는 김형직의 탄생 75돐에 즈음하여 지은 것이다. 이 시는 조선반일민족해방운동의 탁월한 지도자로서의 김형직의 위대한 풍모와 숭고한 혁명정신, 불멸의 혁명업적을 폭넓은 서사시적 화폭에 담아 노래한 작품이다. 서사시는 「광복의 홰불을 높이 드시고」, 「뜻을 멀리에…」, 「민중의 벗」, 「수령을 키우신 크나큰 품」, 「맺음시」로 되어 있다.

「광복의 홰불을 높이 드시고」에서는 망국의 검은 구름이 무겁게 드리웠던 민족수난의 시기에 광복의 홰불을 높이 들고 역사의 진정한 새벽길을 개척해 나간 김형직의 왕성한 활동과 불멸의 업적을 무한한 경모의 정을 담아 뜨겁게 노래하고 있다.

「뜻을 멀리에…」에서는 김형직이 「志遠」의 심원한 사상으로 후대들을 가르치고 인민대중을 깨우쳐 보람찬 투쟁의 길, 혁명의 길로 그들을 이끌은 데 대해 노래하고 있다.

「민중의 벗」에서는 혁명동지들과 인민들을 사랑하며 그들을 위하여 모든 것을 다 바치는 김형직의 숭고한 풍모와 그에 대한 인민들과 혁명동지들의 절대적인 신뢰와 무한한 존경심을 감동적으로 노래하고 있다.

「수령을 키우신 크나큰 품」에서는 아들을 절세의 애국자로, 민족의 태양으로 키웠다는 김형직의 숭고한 뜻과 고결한 풍모를 역사적 사실들에 대한 구체적이며 생동한 시적 형상을 통하여 보여주고 있다.

「맺음시」에서는 김형직의 고귀한 뜻이 김일성에 의해 이 땅위에 활짝 꽃펴나게 된 위대한 역사적 사변을 노래하면서 영원히 김일성을 높이 우러러 모시고 길이길이 살아갈 충성의 결의를 피력하였다.

이외에 <봉화산기슭의 맑은 샘물터>(1969년 전강우), 가사 <혁명투사 김형직선생>(1969년 집체작), 장시 <푸른 소나무>(1970년 오영재) 등이 있다. <혁명투사 김형직선생>은 3연으로 되었는데 1연에서는 김형직이 반일의 혁명적 기치를 높이 들고 「조선국민회」를 뭇고 지도한 데 대하여, 2연에서는 김형직이 억눌리고 천대받던 인민들의 가슴 속에 조국광복의 뜨거운 불씨를 심어주며 사랑하는 조국 땅과 이역 땅에서 억세게 싸운 데 대하여, 3연에서는 간고한 옥중생활을 형상하면서 김형직이 지닌 필승의 신념을 노래하였다. <푸른 소나무>에서는 김형직이 시 <남산의 푸른 소나무>를 쓰기까지의 과정을 구체적이며 생동한 시적 형상으로 펼쳐 보이면서 모진 추위와 눈보라 속에서도 변함없이 사시장철 푸르른 소나무의 억센 기상과도 같은 김형직의 강의한 혁명적 의지와 불굴의 투쟁정신, 필승의 신념을 박력 있게 노래하고 있다. 장시는 모두 4개장으로 되어 있는데 1장에서는 일제의 '무단통치의 총검'으로 망국의 비운이 짙어가던 1910년대의 엄혹한 시대상을 재현하면서 김형직이 「조선국민회」를 결성하고 강의한 의지와 신념으로 혁명투쟁의 길을 헤쳐나간 데 대하여 격조높이 노래하고 있다.

>   - 몸이 찢겨 가루가 될지언정
> 기어코 나라를 독립하리라!
> 피 어린 강토를
> 뜨거운 한 가슴에 껴안으시고
> 모진 광풍 속을 걸어가시는
> 선생님의 꿋꿋한 모습은
> 조선의 기상이었으며
> 힘이었고 의지였다

여기서는 김형직의 꿋꿋한 모습을 '조선의 기상', '조선의 힘과 의지'로 노래하고 있다. 작품에서는 김형직이 바로 이런 불굴의 기상과 의지를 지니었기에 일제의 갖은 박해와 철창 속에서도 신념을 굽히지 않고 나라를 구원하기 위한 원대한 구상을 무르익히며 감옥문을 나서는 그 순간에도 꿋꿋이 걸으며 높은 뜻과 자신감과 낙관에 넘쳐 있는 형상을 보어 주었다.

2장에서는 감옥에서 나온 뒤 심한 병중에 있으면서도 만경봉에 자주 올라 투쟁의 길을 탐구해 가는 김형직의 숭고한 형상을 부각하면서 만경대에서 어린 김형직의 성장의 나날을 감회 깊은 회상으로 펼쳐보이고 있다. 여기서는 김형직이 어린 시절 가난 속에 성장하면서도 언제나 정의와 진리를 귀중히 여기고 불의와는 타협 없이 투쟁하였으며 '조국의 강토를 생각하시며 터지는 듯' 괴로운 가슴을 안고 조국광복의 큰 뜻을 키워나간 데 대하여, 그리고 김형직이 어린 김일성의 손을 이끌고 만경봉에 올라 선조들의 슬기로운 이야기를 들려주며 열렬한 조국애를 심어준 데 대하여 노래하고 있다.

3장에서는 김형직이 숭고한 뜻을 담아 시 <남산의 푸른 소나무>를 쓰는 모습을 재현하고 있다. '일제의 총칼에 찢겨진 강토, 괴로움에 몸부림치는 조국 땅을 한 가슴에 껴안으시고 광복의 큰 뜻을 키우시며' 자주 걷던 그 길에서 본 한 그루의 노송을 두고 김형직은 겨레와 나라의 운명을 생각하였으며 그 '소나무의 모습'에서 다름 아닌 '조선의 모습'을 본다.

> 만경봉에 밝아오는 여명을 떠이고
> 그 모진 수난과 고통 속에서도
> 굴함 없이 억센 투쟁의 나래를 펴고
> 대공을 향해 날을 듯이 솟아있는
> 아, 조선의 푸른 소나무여!
>
> 그것은
> 일제원쑤들이 그 어떤 탄압과 학살의
> 만행을 들씌우고 또 들씌워도
> 결코 꺾을 수 없는
> 조선의 기상이었고
> 조선의 절개였고
> 조선의 힘이었다

시에서는 이처럼 푸른 소나무를 조선의 기상, 조선의 절개, 조선의 힘으로 노래함으로써 김형직의 숭고한 뜻을 심도 있는 시적 형상으로 일반화하였다.

4장에서는 김형직이 지닌 숭고한 뜻이 겨레와 투사들의 마음 속에 그대로 심어져 푸른 소나무의 기상처럼 투쟁의 불길로 세차게 타올랐다는 것을 강조하면서 김일성이 마련한 사회주의 낙원에 김형직의 그 숭고한 뜻이 활짝 꽃펴났음을 노래하였다.

장시는 김형직의 혁명활동 가운데서 일제의 감옥에서 출옥하여 새로운 투쟁을 준비하던 만경대에서의 생활과 투쟁에 초점을 두고 시적 화폭을 펼치면서 김형직이 지닌 「志遠」의 숭고한 뜻과 불굴의 의지와 기상, 투쟁정신을 푸른 소나무에 기탁하여 노래하고 있다.

도합 8장으로 된 장막희곡 <푸른 소나무>(1968년 집체작)는 김형직의 혁명 활동 및 업적 그리고 그 일가의 숭고한 풍모를 거창한 역사적 흐름 속에서 폭넓게 보여주고 있다.

작품은 일제의 극악무도한 무단통치가 절정에 달하였던 1910년대 후반기를 시대적 배경으로 하여 「조선국민회」를 결성하고 자주독립의 기치 밑에 왕성한 혁명활동을 전개하고 조국과 동포에 대한 열렬한 사랑과 일제침략자들에 대한 끓어 넘치는 증오심, 비범한 예지와 심오한 통찰력, 뛰어난 영도예술 및 비상한 조직적 수완과 완강한 추진력, 숭고한 덕성, 미래에 대한 확고한 자신감과 낙관주의를 보여준 김형직의 형상을 감명 깊게 그려내고 있다.

1972년 이기영이 지은 장편소설 <역사의 새벽길>(상)은 1916년 가을~1918년 말까지를 시대적 배경으로 하여 「조선국민회」결성을 전후한 시기의 김형직의 혁명활동 및 그 업적을 연대기적으로 보여주면서 김형직이야말로 진정한 조선혁명역사의 새벽길을 개척한 리드격의 열렬한 혁명가이다는 주제적 결론에 도달하고 있다. 소설은 8개장과 종장으로 구성되었는데 생활반영의 측면에서 볼 때 크게 네 개 부분으로 나뉘어진다. 첫 부분에서 김형직이 조국광복의 새 전략을 탐구하고 제시하는 과정을 보여주고 있다. 「제1장 동트는 만경대」가 이에 해당한다. 둘째 부분에서는 「조선국민회」의 결성과정이 기본 내용을 이루고 있다. 「제2장 명신학교」; 「제3장 무성하는 계절」; 「제4장 피어린 강」; 「제5장 등대」가 이에 해당한다. 셋째 부분에서는 「조선국민회」를 결성한 데 기초하여 반일민족해방운동을 전국적 범위에서 앙양시켜 나가는 김형직의 혁명활동을 보여주고 있다. 「제6장 뜻은 만리에」, 「제7장 함성은 삼천리에 메아리친다」가 이에 해당한다. 마지막 부분에서는 김형직의 옥중투쟁과 민족주의운동으로부터 공산주의운동에로의 방향전환을 위한 구상을 무르익히고 새 출발을 하는 모습을 보여주고 있다. 「제8장 시련을 뚫고」와 「종장 푸른 소나무」가 이에 해당한다.

보는 바와 같이 장편소설 <역사의 새벽길>은 조선반일민족해방운동의 탁월한 지도자로서의 김형직의 자주독립과 「志遠」의 애국사상, 혁명운동에 대한 탁월한 리드 및 강의한 혁명정신과 고매한 덕성을 대서사시적 화폭으로 보여주고 있다.

장편전기소설 <조선의 어머니>에서도 김형직은 강반석을 비롯한 온 가족을 열렬한 애국자로, 혁명가로 교양하며 혁명활동을 벌리는 형상으로 등장하고 있다.

총서 「불멸의 역사」 해방전편 <닻은 올랐다>에서 김형직은 민족주의자로부터 공산주의자로 전변하는 초기 독립운동수령으로서 독립운동가들 속에서 절대적인 위망을 지니고 있다. 김형직은 국내에서 「조선국민회」를 결성하고 독립운동을 하다가 옥고를 치르게 되며 구사일생으로 탈출한다. 중국 팔도구에 넘어와 「광제의원」이라는 간판을 내걸고 주민들의 병을 치료해 주면서 계속 헌신적으로 독립운동과 혁명활동을 한다. 그러다가 옥중 여독과 겹치는 신고로 결국 생을 마감하게 된다. 유물로 김일성에게 권총 두 자루를 준다. 김형직의 독립운동과 혁명활동은 어린 김일성에게 직접적인 영향을 주었다.

<푸른 소나무>(1984년 백인준), <여명>(1987년 백인준)은 1980년대에 들어서서 김형직의 형상을 부각한 대표적인 시나리오이다. <푸른 소나무>는 김형직이 「志遠」의 혁명사상을 내놓고 「조선국민회」를 결성하여 민족해방운동을 힘있게 벌려나간 1917년경의 혁명활동을 반영하고 있다.

<여명>에서는 중국동북지방으로 활동무대를 옮긴 후 세상을 떠날 때까지 광복의 여명을 안아오기 위해 불면불휴의 독립운동을 전개한 김형직의 형상을 부각하고 있다. 주로 「조선국민회」에 대한 지도, 무장력의 준비, 독립운동단체들의 단결도모 등 활동을 통하여 김형직의 형상을 부각하고 있다. 이를테면 팔도구에서 「광제의원」의 간판을 내걸고 의원으로 활동하면서 일신의 위험을 무릅쓰고 평양을 비롯한 국내 각지로 다니면서 「조선국민회」 조직들과 동지들의 투쟁을 지도하고 투쟁방향을 밝혀주며 반일민족해방투쟁을 조직지도한다. 작품에서는 특히 무산혁명에 떨쳐나설 무장력을 준비하는 사업을 벌려나가는 김형직의 노심초사를 보여주고 있다. 김형직은 심한 부상을 입은 후 생의 의욕까지 잃고 절망 속에서 허덕이는 대식이의 다리를 고쳐주고 독립군이 되려는 그의 소원을 헤아려 오동진 독립군부대의 핵심으로 키워주며 그를 데리고 국내 각지를 다

니면서 능력 있는 투사로 단련시켜 준다.

김형직은 또한 독립운동단체들이 광복성업보다 자파의 이익을 앞세우면서 서로 반목질시하고 파쟁에 몰두하고 있는 실태를 바로잡기 위하여 완고하고 우직스러운 정덕훈 사령을 만나 그로 하여금 오동진 부대와 통합하도록 설복한다. 일제의 모략책동으로 말미암아 오동진 부대 병사들과 정덕훈 부대 병사들 사이에 총격전이 벌어질 때 김형직은 전투장 한복판에 뛰어들어 사격을 중지시키며 총 잡은 조선의 아들들의 본분과 사명에 대하여 깨우쳐준다. 작품은 민족주의운동으로부터 공산주의운동에로의 방향전환을 이룩한 김형직이 독립운동단체들의 통합과 후대교육사업을 위하여 온갖 노고와 심혈을 기울이다가 왜놈들에게 받은 고문의 후유증과 심한 동상으로 하여 1926년 6월 5일 세상을 떠나는 것으로 끝나고 있다.

3. 강반석(김일성의 어머니) 형상

서정서사시 <장군님의 어머니>(1962년 백하)는 김씨가문형상들을 노래한 첫 작품으로서 주목된다. 이 시는 김일성이 갓 조직한 항일무장대오를 이끌고 남만으로 떠나던 길에 병중에 있는 강반석을 찾았다는 실제 역사적 사실에 기초하여 쓰여졌다.

이 시는 강반석을 위대한 사랑으로 김일성을 민족의 태양으로 안아 올린 빛나는 생애를 걸어 온 열렬한 공산주의혁명투사 그리고 조선의 어머니로서의 형상으로 부각하고 있다.

작품은 김일성을 민족의 태양으로 키운 강반석의 고매한 풍모를 기본 형상적 핵으로 내세우고 있다.

작품은 김일성이 앓고 있는 어머니를 위해 구해온 좁쌀 한말에 대한 이야기를 소재로 하여 혁명을 하겠으면 혁명을 하고 살림을 하겠으면 살림을 하라는 강반석의 지엄한 말에 담긴 혁명가의 혈연적 사랑을 보여주고 있다. 자기의 병환과 집안살림보다는 만백성을 위해 혁명의 길로 떠나도록 아들에게 엄하게 타이르는 강반석의 형상이 잘 나타나 있다. 시에서는 강반석을 혁명의 높은 뜻과 강의하고도 굴할 줄 모르는 굳센 의지, 혁명의 최후 승리에 대한 확고한 신념에 기초한 낙관주의 등 숭고한 공산주의풍모를 갖춘 형상으로 부각하고 있다.

가사 <조선의 어머니>(1967년 집체작), <위대한 어머니의 사랑>(1970년 집체작); 서정시 <우리 인민의 축복을 받으십시오>(1966년 신진순), <강반석 어머니를 우러러>(1968년 안정기), <만경봉에 올라>(1970년 한상호), <어머님의 노래>(1970년 정문향), <하늘땅에도 비길 수 없는 어머님의 사랑이여!>(1972년 이계심), <어머니의 그 사랑에 받들려>(1972년 방금숙), <어머님의 노래>(1972년 정문향); 서사시 <조선의 어머니>(1970년 조선작가동맹시문학분과위원회 집체작) 등은 열렬한 공산주의혁명투사이며 조선의 위대한 어머니로 떠받들린 강반석의 숭고한 혁명가적 풍모와 불멸의 업적을 형상한 작품들로 꼽힌다. 이러한 작품들에서 굽이치고 있는 시적 정서는 한평생을 모진 풍랑 속에 살아오며 김일성을 키워낸 강반석의 조국과 인민에 대한 열화같은 사랑과 고매한 혁명가적 풍모, 숭고한 혁명정신과 빛나는 혁명활동역사에 대한 다함없는 칭송, 그녀에 대한 무한한 존경과 흠모, 그녀의 높은 뜻과 불멸의 혁명업적은 영원무궁토록 인민들의 심장 속에 소중히 간직될 것이며 그녀는 공산주의혁명투사의 귀감으로 이 땅 위에 영생하리라는 신념이다.

가사 <조선의 어머니>는 북한에서 강반석의 숭고한 혁명정신과 빛나는 투쟁업적을 높이 칭송한 명가사로 꼽히고 있다.

유서 깊은 만경대의 초가집에서
어머니는 혁명 위해 살아오셨네
넓고 넓은 사랑 속에 태양은 솟아
사회주의 새 아침은 밝아 왔어라
(후렴)아 우리 어머니 강반석 어머니
인민들의 마음 속에 별처럼 빛나네

가사는 시적 이미지의 추상성과 비약의 엉성함 속에서 태양으로 상징되는 김일성을 키워 '인민들의 마음 속에 별처럼 빛나'는 '우리 어머니 강반석 어머니'를 노래하고 있다.

가사 <위대한 어머니의 사랑>은 세상에 널리 알려진 효성어린 좁쌀 한 말과 달비에 관한 감동적인 이야기를 시적 계기로 설정하고 아들에게 기울인 강반석의 한없이 고결한 사랑과 숭고한 혁명가적 풍모를 열렬한 찬양의 감정으로 노래하고 있다

서정시 <어머님의 노래>는 강반석이 어린 아들에게 조용히 불러주던 뜻깊은 노래를 소재로 하여 자식들을 민족의 영웅으로, 위대한 혁명가로 키우기 위하여 기울인 크나큰 사랑을 노래하였다. 시에서는 또한 김형직이 지니고 있던 조국광복의 큰 뜻을 아들이 실현하길 바라는 강반석의 절절한 염원과 아들의 높은 뜻을 받들며 혁명투쟁에 한 생을 바친 강반석의 숭고한 풍모를 빛나게 형상하였다. 이와 함께 시에서는 김일성의 사랑의 품에 안겨 끝없는 행복을 누리는 인민들이 강반석을 끝없이 흠모하며 언제나 강반석의 그 노래를 가슴 속 깊이 새겨 넣고 있는데 대하여 노래했다.

<조선의 어머니>는 강반석의 형상을 시화한 첫 서사시로서 눈에 띄인다. 강반석의 영광찬란한 혁명활동과 강의한 혁명의지, 고매한 덕성을 형상화한 이 서사시는 4개의 장과 맺음시로 구성되어 있다.

「제1장 혁명의 큰 뜻을 높이 받들어」에서는 김형직의 혁명활동을 적극 도운 혁명가의 안해, 미더운 전우로서의 강반석의 거룩한 모습을 노래하였다. 「제2장 위대한 어머니사랑」에서는 김일성을 낳아 키운 조선의 어머니로서의 강반석의 숭고한 풍모를 노래하였다. 「제3장 역사에 빛나라, 불멸의 위업이여!」에서는 김일성의 영도를 받들고 조국의 광복과 여성들의 사회적 해방을 위하여 몸바쳐온 강반석의 혁명활동을 노래하였다. 「제4장 혁명의 길 위에 비낀 붉은 노을」에서는 김일성이 창건하는 항일유격대의 첫 군복을 짓고 그 혁명적 무장대오를 감격의 눈물로 맞이하는 강반석의 형상을 노래하고 있다. 또한 서사시는 어머니의 병환이 걱정되어 좁쌀 한 말을 가지고 찾아온 아들을 엄하게 나무라시며 혁명의 길로 떠나보

내면서도 눈물 한방울 보이지 않는 강반석의 고결한 혁명정신, 강의한 혁명적 의지를 보여 주었으며 혁명의 길을 떠나는 김일성의 신발에 깔아 준 달비에 깃든 사랑의 이야기를 서정적으로 읊고 있다. 「맺음시」에서는 오늘날의 행복에 잇닿아진 강반석의 업적과 우리 모두를 혁명과 건설에로 끊임없이 고무하고 있다는 강반석의 영상을 시 전반에 대한 종합적인 표상 속에서 재음미하고 있다.

희곡 <우리의 어머니>(서막, 4막 6장, 종막 1968년 집체작)는 1920년 초여름~1932년 초까지를 시대배경으로 하여 김일성이 밝힌 조선혁명에 관한 주체적인 노선을 받들고 혁명투쟁을 적극 벌려나가는 강반석의 형상을 부각하고 있다.

서막은 1929년 초여름 김일성이 제시한 과업을 실현하기 위한 공산주의소조회의를 지도하는 강반석의 모습을 보여준다.

1막에서는 1929년 여름방학을 이용해 내려오는 김일성을 만나 뵙기 위하여 무송집에 모여드는 각계각층 인물들이 등장한다.

2막은 1930년 여름 소사하집을 무대로 하여 5·30폭동의 후유증으로 혁명이 시련을 겪고 있을 때 카륜회의노선을 받들고 마을사람들을 혁명화해 나가는 강반석의 모습을 보여주고 있다.

3막은 1931년 항일무장투쟁준비를 위해 대중을 혁명화하는 사업을 적극 밀고 나가는 강반석의 혁명활동을 추수폭동을 중심으로 하여 보여주고 있다.

4막은 1932년 초 항일유격대결성을 위한 마지막 준비사업을 돕는 강반석의 모습을 보여주고 있다.

이 작품에서 강반석은 보다 많이 김일성의 혁명사업을 돕는 조수 격으로 등장하고 있다. 이 작품은 강반석을 부각한 첫 희곡작품이다.

이외에 <우리의 어머니 강반석 여사>(1968)라는 기록영화가 있다.

1970년 남효재가 지은 장편전기소설 <조선의 어머니>는 강반석의 40여년의 생애와 혁명활동을 연대적 순차에 따라 폭넓게 반영하고 있다. 소설은 모두 4개장으로 구성되어 있는데 매장은 강반석의 생애와 혁명활동에서 커다란 전환점을 이룬 역사적 시기의 생활내용을 담고 있다. 1장에서는 강반석의 유년시기와 소녀시절을 여러 측면에서 다양하게 형상하였다. 2장에서는 김형직의 안해로서, 전우로서의 강반석의 위대한 풍모를 치중하여 그렸다. 3장에서는 김일성을 낳아 키운 조선의 위대한 어머니로서의 자애로운 풍모를 보여주고 있다. 4장에서는 조국의 광복과 여성들의 사회적 해방을 위한 불굴의 투쟁모습을 보여주고 있다. 소설은 전기소설답게 강반석이 1932년 7월 31일 세상을 떠나는 것으로 끝난다. 그리고 여담으로 김일성이 부모들의 유언을 잘 받든 데 대해 언급하고 있다. 전반 소설은 강반석이 어린 시절부터 지닌 지극한 효성과 뛰어난 총명, 인자하고 강의한 성품과 불굴의 의지, 일제침략자들에 대한 끝없는 증오심과 인민들에 대한 열렬한 사랑, 조국광복에 대한 혁명적 열정을 잘 보여주고 있다.

1972년 이기영이 창작한 장편소설 <역사의 새벽길>(상)에서 강반석은 모진 가난과 난관을 이겨내며 일편단심 남편 김형직의 혁명활동을 돕는 숭고하고도 아름다운 풍모를 만경대와 강동에서의 구체적인 생활모습을 통하여 잘 보여주고 있으며 특히 김형직이 일제경찰에 체포되었을 때와 그 후 투쟁위업을 이어나가는 모습에서 강의하고 슬기로운 성품을 잘 보여주고 있다.

총서 「불멸의 역사」 해방전편 <닻은 올랐다>에서 강반석은 남편의 독립운동을 절대적으로 지지하며 어린 김일성에게 혁명적 영향을 주고 있다.

총서 「불멸의 역사」 해방전편 <혁명의 여명>에서 강반석은 무송에서 부녀회를 뭇고 여성들을 혁명의 길로 이끌어 주며 김일성의 혁명활동을 헌신적으로 도와 나선다.

총서 「불멸의 역사」 해방전편 <은하수>에 나오는 강반석은 성심성의로 아들 김일성의 뒷바라지를 하는 자아 희생적인 고상한 어머니로 등장한다. 이를테면 김일성의 부탁을 받고 앓는 경주를 돌봐줌은 물론 고향의 할머니가 가져온 토목 두 필 중 한 필을 팔아 경주의 몸보신에 필요한 보약을 산다든가 국경가까운 동만쪽에 새 지역을 개척해야 하겠다는 김일성의 뜻을 받들어 가족들과 함께 안도로 이사해 간 것은 그 좋은 보기로 된다.

　총서 「불멸의 역사」 해방전편 <봄우뢰>에서 강반석은 병고에 시달리면서도 그런 내색을 전혀 내지 않고 김일성의 혁명활동을 힘껏 뒷받침해 준다. 김일성이 부강촌에 머슴으로 들어갈 때나 우사령과 담판하러 갈 때도 언제나 힘을 주고 고무를 해 준다.

　총서 「불멸의 역사」 해방전편 <1932년>에 나오는 강반석은 鞠躬盡瘁, 死而後已하는 이미지로 안겨온다. 병석에 누운 몸이건만 강의한 의지로 안도부녀회사업을 지도하기도 하고 생의 마지막 나날엔 자기의 머리태를 잘라 김일성의 신발깔개를 만들며 자기의 염원을 고이 담는다. 그리고 큰 일을 위해 애짭잘한 감정에 매이지 않는 대범함과 굳건함을 보인다. 김일성이 집에 들렀다가 발걸음이 떨어지지 않아 집 주위를 돌며 망설일 때 준절하게 타일러 떠나보내는 대목은 그 보기로 되겠다.

　총서 「불멸의 역사」 해방전편 <대지는 푸르다>에서 강반석은 안도에 있으면서 부녀회사업도 하고 김일성에게 고무적인 편지도 보낸다. 시동생 김형권의 체포소식을 가지고 안도에 온 하연성의 쇠약한 몸을 성심성의껏 돌봐주어 회복시킨다.

　총서 「불멸의 역사」 해방전편 <준엄한 전구>에서 강반석은 병약한 몸으로 이웃에 사는 칠성이 일가를 물심양면으로 정성껏 돕는다. 강반석은 다 죽었던 칠성이도 지성으로 살리 내고 까막눈이던 칠성이 어머니의 눈도 틔워준다. 결국 지나친 피로와 병으로 강반석은 짧은 생을 마감하게 된다.

4. 김철주(김일성의 막내 동생) 형상

　총서 「불멸의 역사」 해방전편 <혁명의 여명>에서 김철주는 새날소년동맹원들을 이끌고 연예대활동을 벌린다.

총서 「불멸의 역사」 해방전편 <은하수>에 나오는 김철주는 자기 집에 병치료차 온 경주를 누님이라고 따르며 불편이 없도록 해 주려고 애쓰는 고상한 인간미를 보여주고 있다.

총서 「불멸의 역사」 해방전편 <고난의 행군>에서 김철주는 소년아동사업을 조직하고 지도하며 형인 김일성의 혁명사업을 최선을 다 해 뒤바라지 한다.

총서 「불멸의 역사」 해방전편 <봄우뢰>에서 김철주는 병환에 있는 어머니 강반석을 돌보며 김일성의 혁명활동을 돕는다.

총서 「불멸의 역사」 해방전편 <1932년>에 나오는 김철주는 헌신적으로 공청사업에 투신한다. 집을 멀리 떠나 있다 보니 어머니의 임종도 지켜지 못한다. 어머니가 세상을 떠난 비통함을 묵새기며 형인 김일성을 따라 혁명을 끝까지 할 결심을 굳게 다진다. 그래서 유격대에 들겠다고 김일성을 찾아간다. 김일성의 타이름에 계속 공청사업을 보다가 적들와의 뜻밖의 조우전에서 희생된다.

<혁명전사>(전·후편. 1987년 송상원), <영생>(전·후편 1988년 송상원)은 1980년대에 들어서 김철주형상을 부각한 대표적인 시나리오이다.

<혁명전사>는 1930년대 초 5·30폭동의 후유증으로 일제의 가혹한 탄압선풍이 휘몰아치던 엄혹한 시기 안도현 두룸봉 일대에서 벌린 김철주의 혁명활동을 보여주고 있다. 이를테면 김철주는 혁명조직들이 파괴된 어려운 조건 하에서 김일성이 1931년 5월 명월구회의에서 제시한 조직노선을 지켜낼 굳은 결심을 품고 소년연예대활동을 벌려 나간다. 두룸봉에서 연예대가 공연하던 때 그곳 공청책임자인 봉수가 연설을 준비한대로 하지 않고 사촌형인 석근이가 고쳐 준대로 하여 마을유지로부터 비난과 조소를 받고 쫓겨나게 된다. 이 사실을 두고 김철주는 연예공연이 파탄되고 혁명조직이 대중들로부터 오해를 받게 된 것보다 혁명적 조직노선과 어긋나는 주장이 대중에게 전달된 데 대해 더욱 가슴아파 한다. 왜놈들의 간계와 모략에 의해 중국인 지주 천가네 집에서 머슴살이를 하던 공청원 금순이가 일본놈들의 홍행단에 끌려가게 되었을 때 김철주는 일신의 위

험을 무릅쓰고 그 집에 찾아가서 금순을 구원한다. 김철주는 변절자 학철이가 달고 온 일제경찰의 추격으로부터 자신을 구원해준 산전막 노인이 김성주인 줄 알고 황송해할 때 자기는 그분 밑에서 싸우는 전사라고 대답한다. 김철주는 혁명의 길 위에 가로놓인 일시적인 난관과 시련에 겁을 먹고 김일성이 제시한 조직노선을 흥정하는 개량주의자 석근을 찾아가 준열히 단죄하고 두룸봉 일대의 혁명조직을 튼튼히 꾸리고 그 주위에 광범한 대중을 묶어 세운다.

<영생>은 1935년 봄 김철주가 안도에서 반일부대 공작부장의 임무를 수행한 역사사실을 통하여 김철주의 형상을 부각하고 있다. 1935년 봄 일제는 대규모의 병력을 조선인민혁명군과 반일부대 '토벌'에 동원시키는 한편 북만원정의 길에 오른 조선인민혁명군이 반일부대를 버리고 떠났다는 허위선전을 퍼뜨려 조·중인민의 반일공동전선을 파괴하려고 악랄하게 책동하였다. 이러한 때 김일성은 파멸상태에 놓인 반일부대들을 구원하며 조선인민혁명군이 이들과의 단합된 역량으로 일제침략자들과 투쟁할 데 대한 방침을 제시한다. 김철주는 이제 곧 항일유격대에 입대하게 되고 오매에도 그리던 형님과 상봉하게 되었건만 반일공동전선방침을 관철하기 위하여 3년전부터 사업하던 보국군을 다시 찾아간다. 김철주가 자리를 뜬 사이에 보국군두령 서규오는 일제의 밀정인 부두령 송미화의 모략에 걸려 투쟁의 자신감을 잃고 진퇴양난의 길에서 헤매이게 된다. 보국군에 들어온 김철주를 눈에 든 가시처럼 여기는 송미화는 보국군에 끌려온 여성들을 구원하기 위하여 찾아온 유격대원 금순이를 음흉한 흉계를 꾸며 살해하며 식량 공작하러 갔던 자기 병사들을 가차없이 쏴 죽이고 부대의 행동방향을 일제에게 통보해주는 등 악랄한 행위를 감행하여 보국군을 위기에 몰아넣는다. 김철주는 병사들에게 의지하여 송미화의 정체를 밝혀내고 일제의 집요한 추격 속에서 식량난을 타개하며 진격로를 헤쳐 나간다. 그러던 어느날 부대가 포위 속에 들어 더는 전진할 수 없게 되는데 적들은 공산당대표를 넘겨줄 것을 요구한다. 김철주는 결사대를 무어 적진으로 뚫고 들어가 보국군부대를 포위 속에서 구출해낸다. 그리고는

부상당한 몸으로 적들의 추격을 피하여 200여리 길을 달려왔으나 결국 어느 산전막에서 적들의 삼엄한 포위 속에 들게 되며 여기서 적들과 싸우다가 불 속에서 최후를 마친다.

주로 강반석의 형상을 부각한 희곡 <우리의 어머니>에서 김철주는 둘째 형 김영주와 더불어 김일성의 혁명노선을 받들어 나가는 영특한 모습으로 안겨오고 있다.

5. 김형권(김일성의 둘째 삼촌) 형상

서정시 <영원히 투쟁의 길을 걷고 계십니다>(1972년 집체작)는 김형권의 강의한 혁명정신과 불멸의 혁명업적을 노래하고 있다.

시나리오 <누리에 붙는 불>(1977년 백인준)은 1930년대 초 김형권이 김일성의 혁명노선을 받들고 조선혁명군의 한 무장소조를 이끌고 국내에 진출하여 벌린 혁명활동을 보여주고 있다.

총서 「불멸의 역사」 해방전편 <혁명의 여명>에서 김형권은 김일성의 혁명활동을 적극적으로 도와 나선다.

총서 「불멸의 역사」 해방전편 <은하수>에 나오는 김형권은 김일성의 뜻을 전적으로 받들어 무송에서 안도지구로 오가면서 혁명활동을 벌린다든가 형수님인 강반석을 모시고 안도로 이사를 한다.

총서 「불멸의 역사」 해방전편 <대지는 푸르다>에서 김형권은 김일성의 파견을 받고 국내 무장소조원들을 이끌고 풍산 쪽에 진출하여 왜놈경찰서를 치며 맹활약을 하다가 체포된다. 서대문감옥에 수감되어서도 혁명의 지조를 굽히지 않고 사람들을 교육하며 옥중투쟁을 벌이다가 옥사하고 만다.

주로 강반석을 부각한 희곡 <우리의 어머니>에 김형권은 김일성의 혁명노선을 받들고 싸우는 형상으로 등장하고 있다.

6. 이외에 형상들

장편소설 <역사의 새벽길>에서 김일성의 할아버지 김보현과 할머니 이보익은 독립운동에 나선 아들의 뜻을 받들어 주고 힘 있게 뒷받침 해주는 인자하고 강의한 형상으로 등장한다.

총서 「불멸의 역사」 해방전편 <닻은 올랐다>에 나오는 김보현·김보익 두 늙은 양주는 자식들의 독립운동과 혁명활동을 전적으로 지지하며 자식들을 멀리 이국땅으로 떠나 보내기도 하는 넓은 도량을 보이고 있다.

총서 「불멸의 역사」 해방전편 <은하수>에 나오는 만경대할머니(이보익. 필자 주)는 손자에 대한 사랑이 그 누구보다도 지극하다. 맏손자인 김일성을 만나보기 위해 허리에 토목 두 필을 띠고 수천리 길을 걸어 무송으로 온다. 그리고 눈치도 빠르고 꿋꿋한 기상을 나타낸다. 강반석이 김일성의 체포소식을 숨기었으나 어느새 곧 바로 눈치챈다. 그러나 아무 내색 없이 속으로 슬픔을 삼키며 이겨낸다.

총서 「불멸의 역사」 해방전편 <잊지 못할 겨울>에서 이보익은 김일성이 무장투쟁을 그만두도록 하기 위한 일제의 모략책동에 의해 강제로 연행되어 백두산지구로 온다. 그러나 이보익은 일제 특무들의 온갖 회유와 기만, 위협에도 굽힘이 없이 견결히 맞서 싸운다. 그러면서 김일성에 대한 그리움 및 굳은 믿음을 표시한다. 왜놈들은 이보익의 억센 기상에 눌려 다시 그녀를 만경대로 돌려보내지 않으면 안 된다.

총서 「불멸의 역사」 해방전편 <잊지 못할 겨울>에서 김보현은 일제 및 그 주구들의 회유, 압력에 견결히 맞서 싸운다.

총서 「불멸의 역사」 해방후편 <조선의 봄>에서 김보현은 김일성의 토지개혁방침을 견결히 옹호하며 낙후한 농민들을 교육각성시킨다. 손자 김일성이 나라의 '임금'이 되었지만 우월의식 같은 것은 전혀 없이 계속 농사를 짓고 초가집에 살며 농민의 본분을 잊지 않는다. 이보익, 김형록 형상도 마찬가지이다. 김형록은 항상 삼촌으로서 집을 잘 돌보지 못했다는 자괴지심도 가지고 있다.

장편소설 <성벽에 비낀 불길>(1983년 박태민)에서는 김일성의 증조할 아버지 김응우의 생활과 활동이 전면적으로 그려져 있지는 않지만 이야 기줄거리발전의 관건적인 대목들에서 비중있게 그려져 있다.

양각도에서 있은 천렵놀이에서 남이장군의 애국적인 시조를 읊는 김응 우의 호탕한 모습은 매우 인상적이다. 김응우의 자주정신과 열렬한 애국 정신은 기아책략과 화공병법을 발기하고 평양성인민들을 「샤만」 호를 격 침시키기 위한 투쟁에로 불러일으키는 데서 집중적으로 나타나고 있다.

소설에서는 바로 김응우의 지휘 밑에 미국침략자들을 몰아내기 위한 인민들의 영웅적 투쟁이 전개되었음을 보여주고 있다.

총서 「불멸의 역사」 해방전편 <잊지 못할 겨울>에서 김일성의 둘째 삼 촌 김형록은 묵묵히 김씨가문을 지탱하며 집 근심 안 하도록 김일성의 항 일무장투쟁을 돕는다. 김형권이 서대문감옥에 갇혔을 때 감옥까지 찾아 가 본다.

<개선>(한설야 작)에 등장하는 김일성의 숙모는 당시 조선의 일반 아 주머니와 같은 소박한 모습 그대로다.

<역사의 새벽길>(상)에는 강반석의 맏오빠 강진석이 등장하는데 그는 김형직의 높은 뜻과 탁월한 방침을 받들고 적극적으로 활동하는 활달하 고 완강한 모습을 보여주고 있다.

장편전기소설 <조선의 어머니>에는 강반석의 유년시절과 소녀시절에 혁명적인 영향과 적극적인 교양을 준 애국적이며 혁명적인 교육가로서의 아버지 강돈욱과 반일혁명투사로서의 맏오빠 강진석이 등장한다.

김일성의 가정성원들을 일괄적으로 노래한 작품들.

먼저 항일혁명투쟁시기에 씌어졌다는 나무구호들을 보면 김일성 · 김정 숙 · 김정일을 아울러 노래한 것들이 많다. 이를테면,

'조선사상에 대통운은 민족의 태양 김일성장군을 모신 것이고 백두항일 여장수 감정숙장군을 모신 것이고 백두광명성을 모신 것이다. 3대통운 만 만세'같은 데서는 구호식으로 '3대통운 만만세'를 고창하고 있다면,

2천만 민족아
만방에 자랑하자
조선의 3대 대영걸
그이는 김일성
김정숙
백두광명성
만세 만만세

(함경북도 연사군 발굴)

백두산에 솟은 3태성 빛을 뿌리니
빛 없던 조선이 빛난다
장수별-태양으로
여장수별-모성으로
자성은 광명성으로
만대에 빛나리라

(함경북도 연사군 발굴)

달아달아 밝은 달아
하늘 중천에 뜬 밝은 달아
달 속의 계수나무를
은도끼로 찍고 금도끼로 다듬어
천상에 왕궁을 짓고
항일대장 김일성
여장수 김정숙
백두광명성
천만년 모시자

(함경북도 연사군 발굴)

여기서는 시적인 맛이 나게 첫 번째 「구호문헌-시」에서 '조선의 3대 대
영걸', 두 번째 구호문헌-시에서 '백두산에 솟은 3태성'을 노래하고 있다.
그리고 세 번째 「구호문헌-시」에서는 제법 전통적인 시적 이미지를 살리

면서 '천만년 모시자'를 내세우고 있다.

다음 광복 후 창작된 서정시 <유언>(1949년 김영철), <불길>(1950년 김영철), <위대한 혁명일가>(1972년 집체작), 가사 <수령님의 혁명일가 길이 받드세>(1973년 이종성)은 보기로 되다.

이런 작품들에서는 김씨가문의 어느 특정인에 국한시키지 않고 조선에서 '만경대혁명일가'로 불리고 있는 김씨가문 전반을 한데 다잡아 혁명적이며 애국적 가정으로 극찬하며 충성의 맹세를 다지고 있다. 이를테면 <위대한 혁명일가>에서는 미국 해적선 '샤만호'를 불살라 버렸다는 김일성의 증조할아버지, 「志遠」의 높은 뜻을 세운 반일혁명투사 김일성의 아버지 김형직, 김일성을 위대한 혁명가로 키웠다는 강반석, 김일성의 높은 뜻을 받들고 청춘도 생명도 아낌없이 바쳤다는 김형권과 김철주를 거론하면서 김씨가문을 '혁명가정의 모범으로 온 세상에 빛나는 집이여!'하고 노래하고 있다. 그리고 <수령님의 혁명일가 길이 받드세>에서는 조선의 혁명역사를 이룩했다는 이른바 김씨가문의 불멸의 업적을 찬양하면서 김씨가문을 모신 다함없는 행복과 기쁨 및 김씨가문을 길이 받들어 갈 충성의 맹세를 다지고 있다.

이외에 김일성 일가를 그린 영화 <만경대>(1968년)가 있다.

제2편

수령 및 준수령들이 창작한 문학작품 연구

세계 많은 나라를 돌아보아도 북한에서처럼 수령들이 문학예술에 흥취를 가지고 직접 지도하며 창작을 해 온 예는 많지 않다. 김일성·김정일은 명실공히 북한의 수령으로서 많은 정치적 행각을 드러냈음은 더 말할 것도 없고 문학예술분야에서도 이론, 창작에 걸쳐 진한 획을 긋고 있다. 사실 이들 수령 뿐만 아니라 준수령들이라 할 수 있는 김정숙, 김형직, 강반석도 문학창작의 편린들을 남겨 돋보인다. 김형직, 강반석이 김일성의 부모고 김일성, 김정숙이 김정일의 부모임을 감안할 때 그 무슨 수령이요, 준수령이요 하는 거창한 얘기를 떠나서 그 어떤 유전학전 차원에서 이들 문학창작을 조명해 볼 필요가 있다. 결론적으로 얘기하면 김씨가문이 문학적 기질이 농후함은 더 말할 것도 없다. 북한에서는 김일성, 김정일, 김정숙 나아가서 김형직, 강반석 등 무릇 김씨 집안 사람들이 창작한 모든 문학작품들을 일률적으로 「불후의 고전적 명작」으로 명명하고 있다. 아래에 북한에서 배열되는 수령 및 준수령 순으로 그 창작의 시간적 순서에 따라 주요 작품들에 한해서 그 내용을 일별해 보도록 하자.

1. 김일성 편

김일성의 회고록 <세기와 더불어>(1) p.226~227에 보면 김일성은 일찍 길림육문중학교시절 상월 선생과 나눈 얘기에서 자기는 '사실 전 문학과목을 특별히 사랑하고 작가라는 직업에 대해서도 몹시 동경하고 있습니다. 나라가 독립된 후에는 혹시 문학의 길을 선택하겠는 지도 모르겠습니다'고 했다. 그리고 상월 선생과 문학에 대한 견해를 자주 교환했는데 초점을 이룬 것은 문학의 사명에 관한 것이었다고 했다. 이를테면 문학이 현실을 어떻게 반영하며 사회의 발전을 어떻게 추동하는가 하는 문제를 가지고 많은 이야기를 나누었다고 한다.

김일성은 북한의 정권을 잡은 초창기부터 문학예술에 대해 관심을 보여왔다. 이를테면 1951년 6월 30일 작가, 예술인들과 한 담화 <우리 문학예술의 몇 가지 문제에 대하여>, 1951년 12월 12일 세계청년학생예술축전에 참가하였던 예술인들 앞에서 한 연설 <우리 예술을 높은 수준에로 발전시키기 위하여>, 1964년 1월 8일 연극 <아침노을>을 보고 연극예술인들과 한 담화 <문학예술작품에서의 갈등문제에 대하여>, 1966년 4월 30일 작곡가들과 한 담화 <혁명적이며 통속적인 노래를 많이 창작할 데 대하여>, 1968년 11월 1일 영화부문 일군들 앞에서 한 연설 <혁명적 영화창작에서 나서는 몇 가지 문제에 대하여>, 1970년 2월 17일 과학교육 및 문학예술부문일군협의회에서 한 연설 <교육과 문학예술은 사람들의 혁명적 세계관을 세우는데 이바지하여야 한다> 등 일련의 담화와 연설 및 글들을 보면 문학예술창작의 세부적 문제까지 언급하며 다분히 문학예술적 수양을 보이고 있다. 김정일의 말을 빌면 '수령님의 교시에는 문학예술작품창작의 총적인 방향 뿐 아니라 세부적인 내용에 이르기까지 다 밝혀져 있습니다'는 것이다.

김일성의 문학적 재능은 그가 직접 창작했다는 많은 극작품과 시가들에서 잘 나타나고 있다.

　북한에서 김일성이 항일무장투쟁시기 창작한 문학은 북한 문학예술의 빛나는 혁명전통을 마련한 것으로 본다. 1960년대에 출간된 한 책은 1930년대 항일무장투쟁과정에서 혁명연극이 융성할 수 있었던 이유를 1920년대 말 김일성이 공청운동을 하며 선전교양사업으로 「연극회」를 조직, 지도한 데서 찾았다. 김일성의 「연극회」가 혁명연극의 모태가 되었다는 것이다. 이런 문학적 유산들은 김일성이 직접 썼거나 그의 세심한 지도로 창조되었다는 것이다. 김정일은 문학예술을 조직지도하기 시작한 1960년대 초에 바로 이런 관점을 내놓았다. 김정일은 1960년 11월 24일에 한 연설과 1961년 3월 5일에 발표한 논문에서 항일혁명문학예술이 북한문학의 유일한 혁명전통으로 되며 공산주의문학예술건설의 귀중한 재부라는 데 대하여 명시했으며 그것을 전면적으로 계승하는 것은 문학예술에서 주체를 확고히 세우고 북한 문학예술을 혁명적이며 인민적인 문학예술로 발전시켜 나가기 위한 근본담보로 된다고 지적했다. 그러므로 항일혁명문학예술작품들을 대대적으로 발굴하고 그것에 대한 전면적 연구를 심화하여 빛나게 계승발전시켜 나가야 한다고 강조하였다. 그리고 여기서 가장 중요한 것은 김일성의 불후의 고전적 친필 명작들을 모두 찾아 내여 재현하는 것이라고 하면서 불후의 고전적 명작들을 원작 그대로 옮겨 놓고 그것을 본보기로 하여 북한문학을 발전시키면 혁명적 문예전통은 순결하게 옹호고수되고 빛나게 계승발전될 것이며 사회주의, 공산주의 문학예술건설에서 근본적인 전환이 일어나게 될 것이라고 강조했다. 그러면서 항일혁명문학예술전통과 진보적 문학예술일반을 섞어 놓는 일이 절대로 없어야 하겠다고 지적했다. 이것은 훗날 <주체문학론>(단행본 p.66)에서 ‘우리 당의 빛나는 혁명적 문학예술전통은 위대한 수령님께서 항일혁명투쟁시기에 친히 불후의 고전적 명작을 창작하시는 과정에 이룩된 가장 영광스러운 문학예술전통이다’라고 개괄된다. 그리고 김일성이 광복 후 창작한 문학작품은 자주시대 문학예술의 본보기로 되는 고전적 명작들이라고 한다. 여하튼 김일성이 창작한 작품들은 「불후」, 「고전」, 「본보기」, 「기념비적」, 「명작」이라는 키워드로 최고 가치를 부여받고 있다. 김일성이 직접 창작했다는 <꽃파는 처녀>, <성황당>, <혈해>, <한 자위단의 운명> 등 작품은「불후의 고전적 명작」으로 명명되고 혁명문학전통을 이룬 초석들로 되어 1960년대 말 1970년대에 들어서 김정일의 직접적인 조직지도하에 소설, 시나리오 등 다른 문학예술장르들로 옮겨졌다.

1.1 항일투쟁시기에 창작한 것

김일성은 일찍 창덕학교에 다니는 어린 시절에 직접 혁명적인 음악유희 <열세집>의 창작공연을 지도하면서 비범한 예술적 천품과 재능을 나타냈다. <세기와 더불어>(1) p.91에 보면 이 유희는 13명의 학생들이 무대에 올라 노래를 부르며 마분지로 만든 열세 개 도의 지도를 붙여 조선지도를 만드는 춤이다. 1924년 가을철운동회 때 이 음악유희를 무대에 올렸는데 공연도중에 순사가 운동장에 나타나 당장 걷어치우라고 야단을 쳤다.

그 다음 김일성은 초기혁명활동시기와 항일무장투쟁준비를 위한 시기에 많은 가사와 극작품을 직접 창작했다. 이에 대해 김일성은 다음과 같이 말하고 있다. '우리도 학생시절에 공청활동을 하면서 청년들을 망라하여 각본도 쓰고 작곡도 하고 연극도 꾸며 가지고 선전대를 만들어 군중 앞에서 공연도 하고 연설도 하였습니다.'4) 그리고 항일무장투쟁시기에 춤과 노래, 연극 등 많은 예술작품을 창작했다. 이에 대해 김일성은 다음과 같이 말하고 있다. '항일무장투쟁시기 우리는 춤과 노래, 연극 같은 작품들을 만들어 가지고 인민들 앞에서 자주 공연하였는데 그것은 인민들을 각성시키며 반일민족해방투쟁에로 불러일으키는데서 커다란 작용을 하였습니다'5), '우리가 항일무장투쟁을 할 때 만든 혁명가요들은 유격대원들뿐 아니라 유격구에 있는 늙은이, 젊은이, 어린이 할 것 없이 모두가 즐겨 불렀습니다.'(<김일성저작집> 제20권 p.293)

---

4) <김일성저작집> 16권 p.238.
5) <사회주의문학예술론>, p.519.

　이 시기 김일성이 창작했다는 작품들을 보면 조국과 향토에 대한 사랑과 애착, 조국에 대한 크나큰 자랑과 조국광복의 새날에 대한 열망을 나타낸 혁명가요 <사향가>, <조선의 노래>가 있다. 그리고 이 시기 혁명적 극작품들도 창작하였다. 역사의 교훈을 통하여 나라의 자주권을 찾고 진정한 독립을 이룩하기 위한 참된 길을 밝혔다는 혁명연극 <안중근 이등박문을 쏘다>, <혈분만국회> 그리고 아는 것이 곧 힘이다는 것을 나타낸 <딸에게서 온 편지>, 주도권을 둘러싸고 파쟁만 일삼는 민족주의계통의 종파분자들을 풍자한 <3인1당>, 사람은 없는 신을 믿을 것이 아니라 자기힘을 믿어야 한다는 사상을 밝힌 혁명연극 <성황당> 그리고 나라 잃고 수난당하는 민족이 자기 자신을 해방하기 위해서는 혁명하는 길밖에 다른 길은 없다는 사상을 밝힌 혁명가극 <꽃파는 처녀>, 착취사회와 착취계급의 악랄성과 반동적 본질을 폭로하면서 투쟁에로의 궐기를 호소한 혁명연극 <지주와 머슴군>, <흡혈귀>, <젊은 소작농>, 청소년의 계급적 각성을 취급한 <8월 추석>등이 있다.

　그리고 본격적인 항일무장투쟁을 시작하던 시기인 1934년 3월 반일인민유격대를 조선인민혁명군으로 개편하고 조선인민혁명군의 군가로 지었다는 혁명가요 <조선인민혁명군>, 북만원정을 마치고 돌아오던 길에 지었다는 혁명가요 <반일전가> 그리고 가무 <단심줄>, <13도자랑>; 1936년 5월 주체사상을 구현하여 조선혁명의 강령으로 작성한 「조국광복회10대강령」을 발표한 후 이것을 가사화하여 혁명가요 <조국광복회10대강령가>를 창작하였다. 그리고 김일성은 극작품을 창작하면서 여러 주제가를 창작했다. 극작품 <꽃파는 처녀>의 <꽃파는 처녀>, 극작품 <피바다>의 <피바다가>, <'토벌'가>, 극작품 <한 자위단의 운명>의 <가련한 신세>가 그 보기로 되겠다.

　이런 시가작품들과 더불어 연극작품들도 창작하였다. 무기탈취와 무장대오의 확대강화, 항일유격대의 불패의 전투적 위력을 반영하고 일제의 패망상을 폭로한 혁명연극 <아버지는 이겼다>, <기민탄식>, <유언을 받들고>, <승냥이>, <혁명의 한길에서>, <경축대회>, <게다짝이 운다> 등

이 있다. 이 시기 특히 인민들로 하여금 혁명의 도리를 깊이 깨닫고 계급적
으로 각성하여 투쟁의 길에 적극 떨쳐나서도록 고동한 혁명연극 <혈해>
(<피바다>의 전신)와 <한 자위단의 운명>을 창작하였다.

아래에 작품내용을 좀 구체적으로 보도록 하자.

<사향가>는 김일성이 1927년 길림에서 초기혁명활동을 할 때 직접 작
사, 작곡한 것이다. <어머님과 노래>(p.41)에 보면 김정숙은 '<사향가>는
김일성장군님께서 친히 배워주신 노래입니다'라고 회억하고 있다. 김일성
수하 항일빨찌산들은 이 <사향가>를 부르면서 향수를 달랬다 한다. 이에
대해 김일성 자신은 '김정숙동무를 비롯한 항일혁명투사들은 … <사향가>
를 즐겨 부르면서 해방된 조국의 앞날을 내다보았습니다'고 말하고 있다.

　　1. 내 고향을 떠나 올 때 나의 어머니
　　　　문 앞에서 눈물 흘리며 잘 다녀 오라
　　　　하시던 말씀 아 귀에 쟁쟁해

　　2. 우리 집에서 멀지 않게 조금 나가면
　　　　작은 시내 돌돌 흐르고 어린 동생들
　　　　뛰노는 모양 아 눈에 삼삼해

　　3. 대동강물 아름다운 만경대의 봄
　　　　꿈결에도 잊을 수 없네 그리운 산천
　　　　광복의 그날 아 돌아가리라

김일성의 자작시 가운데서 가장 인간미가 넘치는 시다. 여성적인 시다.
그렇게 굳세고 강하고 장장 50년간 철권 통치로 북한을 휘잡이해 온 김일
성에게도 이런 애짭잘한 인간미가 있었나 할 정도로 너무나 인간적인 시
다. '쟁쟁', '돌돌', '삼삼' 그 표현도 섬세하고 형상적이다. 전반 시가 일종
향수에 폭 젖어 있다. 고향 산천, 사람들… 에 대한 향수로 폭 젖어 있다.
'광복의 그날 아 돌아가리라'라는 김일성의 사나이같은 면모를 보여 주는

마지막 구절이 향수에 젖어 약해지기 쉬운 마음을 굳세게 다잡는다고 할 수 있겠지만 결국 '아 돌아가리라'는 의지의 표출로 전반 시에 관통되는 향수라는 감정 흐름에 합류하고 있다. 이 시는 시를 읊는 모든 이의 공감을 불러일으키기에 족하다. 80대 노인 김일성의 석쉼한 육성 <사향가> 녹음테프 노래가 있다 한다. 이 녹음테프 노래는 서거 얼마 전에 부른 노래라 한다. 실로 人之將死, 其言也善하는 人之常情을 느끼게 하는 노래이기도 하다.

<조선의 노래>는 김일성이 1928년 1월 상순 무송에서 조선에서 처음으로 되는 공산주의소년혁명조직인 새날소년동맹을 조직하고 그 동맹원들로 연예선전대를 무어 대중 속에서 선전사업을 벌리던 시기에 자기가 창간한 신문 <새날>에 발표하고 연예선전대에서도 부르게 하여 청소년들과 인민들 속에 널리 보급된 노래이다. 김일성은 '세상에는 나라도 많지만 우리 조국처럼 아름답고 살기 좋은 나라는 드문 것입니다. 산천은 아름답고 땅은 기름져 오곡백과 무르익고 땅 속에 금은보화 가득한 나라, 슬기롭고 용감하고 문명한 인민이 사는 나라, 이 얼마나 자랑스럽고 귀중한 조국입니까!'(<김일성저작집>1권 p.238)라고 했는데 <조선의 노래>는 바로 이 말의 시적인 전개로 보면 되겠다.

> 1. 아침의 해빛이 아름답다고 곱다고
>   우리의 이름을 조선이라 불렀네
>   이처럼 귀하고 아름다운 내 나라
>   이 세상 그 어데 찾아볼 수 있을가

1연에서는 '조선'이라는 이름풀이로부터 '내 나라' 으뜸의 자긍심을 토로하고 있다.

> 2. 삼천리 강산에 금은보화 넘치고
>   반만년 역사를 자랑하는 내 나라

> 간악한 왜놈들 이 땅에서 내쫓고
> 해방의 종소리 높이높이 울리자

2연에서는 지리, 역사로부터 다시 한번 「내 나라」를 자랑하면서 해방의 의지를 호소하고 있다.

> 3. 왜놈도 지주도 모두 없는 새 조선
>   자유의 강산에 우리 주권 세우자
>   슬기론 인민이 살아가는 내 나라
>   우리의 손으로 길이길이 빛내자

3연에서는 사회주의를 지향한 미래상을 펼쳐보이고 있다.

김일성의 회고록 <세기와 더불어>(1) p.258에 보면 <혈분만국회>, <안중근 이등박문을 쏘다>, <딸에게서 온 편지>와 같은 연극들은 김일성이 길림육문중학교시절인 1927(16세 때)년 겨울방학에 대중계몽을 목적으로 새날소년동맹원, 백산청년동맹원, 부녀회원들로 구성된 연예선전대를 무어 무송과 그 주변의 농촌부락들을 돌아다니며 한 달 가량 순회공연을 할 때 창작지도한 것이다.

<혈분만국회>는 김일성이 길림에서 공부하던 1927년 겨울방학에 무송에 가서 백산청년동맹과 새날소년동맹, 반일부녀회 성원들로 연예선전대를 뭇고 직접 창작하여 공연하도록 한 작품이다. 이 극작품은 이준이 국권회복을 위해 「세계정의」 및 대국에 기대를 걸고 헤그 「만국평화회의」에 참가하여 뜻을 이루지 못하고 배를 가른 역사적 사실을 기본 줄거리로 하면서 이준의 사상적 제한성과 비극적 운명을 통하여 외세의존은 환상에 불과하고 오직 우리 민족 자체의 힘으로 나라의 독립과 민족의 자주를 쟁취해야 한다는 사상을 나타냈다.

<안중근 이등박문을 쏘다>는 애국자인 열혈청년 안중근이 1909년 가을에 할빈역두에서 조선침략의 원흉인 이등박문을 쏘아 죽인 실재한 역사

적 사실을 기본 줄거리로 하면서 안중근의 애국적 투쟁이 가지고 있는 제한성과 비극성을 명확히 보여 주면서 개인 테로의 방법으로는 나라의 독립과 민족의 자주권을 이룩할 수 없고 오직 인민대중의 단합된 힘만이 승리의 담보라는 것을 나타내고 있다. 무산계급의 대중영웅주의 사상을 고취하고 있다.

당시 이 극에 대해 김일성은 다음과 같이 말했다고 한다.

'여러 분은 이제 연극에서 안중근이 이등박문을 쏘는 장면을 보게 됩니다.

이것은 자기 조국을 빼앗긴 사람들이 조국을 강탈한 죄 많은 침략자를 복수하는 것입니다. 그러나 안중근은 강도들의 마수에 희생되었습니다. 오늘 일제침략자들은 강도의 법을 가지고 우리 조선의 수많은 애국자들을 체포고문학살하고 있습니다. 이것을 어찌 참을 수 있겠습니까.

나라를 사랑하는 사람들은 한데 뭉칩시다! 안중근은 혼자였기에 그것으로 그쳤지만 모두 단결하면 우리 힘은 강대합니다. 이등박문은 죽었어도 침략자는 그냥 남아있습니다. 우리는 강도무리들을 기어코 조국강토에서 몰아내야 합니다. 그러기 위해서는 단결해야 합니다.'

<딸에게서 온 편지>는 오래 동안 기다리던 딸에게서 온 편지를 받아든 늙은 내외와 그를 둘러싸고 벌어지는 사건을 줄거리로 하고 있다. 시집간 무남독녀인 딸에게서 온 편지를 받은 늙은 내외는 반가움에 어쩔 줄 몰랐으나 그들은 글을 몰라 편지를 읽을 수가 없었다. 지나가던 한 신사에게 부탁했으나 그도 글을 몰라 울먹이자 늙은 내외는 같이 따라 울게 된다.

작품은 다음 장면들에서 길을 지나가던 혁명군대원이 신사에게서 편지를 빼앗아들고 읽고서는 딸이 생남했다는 기쁜 소식을 전하자 그제야 늙은 내외가 기쁨의 눈물을 흘리는 장면을 펼쳐보이고 있다.

작품은 이런 경희극적 줄거리를 통하여 사람은 누구나 배워야 하며 알아야 살아갈 수도 혁명할 수도 있다는 사상을 나타내고 있다. 일종 사회문화계몽적인 내용을 나타내고 있다. 김정일은 이 연극의 주제에 대해 '지식은 광명이고 무식은 암흑이라는 생활의 진리를 해학적인 웃음 속에서 깊이 있게 밝히고 있습니다'(<연극예술에 대하여> 단행본 p.69)고 개괄하고 있다.

<3인 1당>은 김일성이 길림육문중학교시절 혁명활동을 벌림에 있어서 지도권쟁탈을 위한 「정의부」, 「참의부」, 「신민부」의 우두머리들의 파벌 싸움을 직접 목격하고 그들의 사고와 행동을 바로 잡아주며 청년학생들을 혁명적으로 각성시키고 교양하기 위하여 직접 창작한 작품이다. 이 극작품은 가상적인 왕국의 세 정승이 자리다툼을 치열히 벌리다가 마침내 기진맥진하여 모두 쓰러지고 마는 내용을 통하여 파벌 싸움을 일삼다가는 나라와 민족을 망하게 한다는 사상을 강조하고 있다. 이와 함께 혁명적 단결에 관한 사상을 교훈적으로 천명함으로써 시대와 혁명발전의 요구에 예술적 해답을 주고 있다. 이 극작품의 창작 및 공연 경위가 총서 「불멸의 역사」<혁명의 여명>에 반영되어 있다. 그리고 김일성의 <세기와 더불어(1)>(p.310~311)에 보면,

"우리는 생각다 못해 그들에게 좀 더 큰 자극을 줄 목적으로 민족주의자들의 권력싸움을 풍자한 연극을 만들었다. 그것이 지금까지 전해지고 있는 <3인1당>이다.

준비가 다 된 후 내가 가서 3부의 지도자들을 초청하였다. 회의를 하느라고 수고하시는 선생님들을 위해 우리들이 연극을 하나 만들었는데 피곤도 푸실 겸 한번 와보라고 하니 그들은 다들 좋아하면서 손정도네 예배당으로 찾아왔다.

노래와 춤을 비롯한 몇 가지 종목들이 끝난 다음 맨 마지막으로 연극을 무대에 올랐다.

처음에는 그 영감들이 연극이 재미난다고 하면서 대단히 좋아하였다. 그러다가 세 사람이 서로 자리다툼을 하는 연극의 내용이 자기네들을 풍자한 것임을 알아채고는 얼굴들이 시뻘개져서 '나쁜 놈들, 우리를 감히 모욕해? 저 성주(김일성. 필자 주)가 아주 못쓰게 됐다'고 하면서 달아나 버리었다.

나는 다음날 아침 일찍이 그들한테 찾아가서 시치미를 떼고 물었다.

'어제 저녁에 선생님들은 왜 공연도중에 가시었습니까? 연극을 마지막

까지 보셔야 재미있지 않습니까?'

그러자 영감들은 노발대발하면서 너희들이 어제 저녁 우리를 뭐라고 욕했는가고 나에게 대들었다.

나는 그들에게 우리의 진심을 이야기하였다.

'선생님들, 무엇이 그렇게 노엽습니까? 선생님들이 서로 싸우기만 하기에 우리도 너무 답답해서 연극을 만들었습니다. 어제 저녁 연극은 청년들의 의사를 대변한 것인데 청년들이 무엇을 지향하고 대중이 무엇을 원하고 있는지 선생님들도 아셔야 하지 않겠습니까.'

우리의 사리정연한 말에 자극을 받은 그들은 이제는 저 사람들보기가 부끄러워서라도 무엇이든지 하나 만들어야겠다고 하였다.

그 후 3부는 형식상으로나마 국민부라는 이름으로 통합되었다."

<안중근 이등박문을 쏘다>, <혈분만국회>, <3인1당>은 선행한 반일운동과 민족주의운동의 약점과 제한성을 밝히면서 나름대로 정당한 투쟁노선, 방침, 방법을 제시한데 바쳐진 극작품들이다.

1930년 김일성은 오가자, 카륜, 고유수 일대에서 대중정치교양사업을 진행할 때 극작품 <지주와 머슴군>, <흡혈귀>, <젊은 소작농>을 창작하였다.

<지주와 머슴군>은 먼저 한 머슴군과 그의 가정이 당하는 비참한 이야기가 펼쳐진다. 머슴군이 밭에 일나간 사이에 악착한 지주놈과 그 여편네는 머슴의 안해에게서 젖먹이를 강제로 떼 내고 그녀를 도시에 있는 왜놈에게 팔아버린다. 뒤늦게 이 사실을 알고 달려온 머슴이 지주놈에게 항거해 나섰으나 그놈은 오히려 지팽이를 휘둘러 머슴의 눈까지 멀게 한다. 분노한 머슴이 얼굴을 싸쥐고 지주놈을 찾아 돌아간다. 이때 늙은 머슴 박서방이 그에게 몸부림치며 우는 아이를 안겨준다. 머슴은 아이를 안고 더러운 세상을 저주하며 대문을 더듬어 밖으로 나간다. 작품은 다음 장면에서 지주의 악착한 흉계를 보여준다. 지주놈은 머슴의 아들이 커서 앙갚음을 할 수 있으니 마저 죽여야 하겠다면서 박서방을 불러 돈뭉치와 칼을 준다. 박서방은 지주의 강요에 못 이겨 눈먼 머슴에게서 동냥젖을 자기가

먹여주겠다고 하면서 아이를 빼앗아냈으나 머슴의 사정을 알아주는 사람은 역시 머슴밖에 없다는 눈먼 머슴의 말을 듣고 일시나마 지주에게 속아넘어가 모진 마음을 먹었던 자신을 심각하게 뉘우치게 된다. 작품은 마지막 장면에서 각성한 박서방이 지주놈의 총을 빼앗아 놈을 징벌하며 눈먼 머슴과 왜놈 집에서 도망쳐온 그의 안해와 함께 혁명군이 있는 곳을 찾아 떠나는 것으로 끝나고 있다.

보다시피 <지주와 머슴군>은 한 머슴군과 그 가정이 당하는 비참한 이야기를 기본 내용으로 하면서 그의 각성과정을 통하여 일제와 결탁한 지주놈들의 비인간적 본성을 폭로하고 농민들의 참된 삶의 길은 투쟁의 길이라는 것을 힘 있게 확증하고 있다.

<흡혈귀>에서는 정미소에 고용되어 일하는 한 가정(아버지, 어머니, 아들)의 이야기가 기본으로 전개되고 있다. 고역에 시달려 몸져누운 아버지를 대신하여 힘겨운 노동에 내몰린 아들은 어느 하루 굶주림에 못 이겨 쌀겨 속에 있는 싸레기를 먹다가 감독놈에게 발각된다. 이것이 '죄'가 되어 들씌워지는 벌금을 어떻게 하나 면해보려고 병으로 누워있던 아버지까지 다시 고역에 끌려 나오지 않으면 안되었다. 그리하여 아버지와 어머니, 아들이 정미소에서 힘겨운 고역을 치르게 된다. 그러던 가운데 아버지가 쌀가마니를 운반하다가 그만 못 견디고 쓰러져 피대에 감겨들게 되며 이것을 본 아들이 구원하려 뛰어들었으나 그도 역시 심한 부상을 입게 된다. 달려온 노동자들에 의해 아버지와 아들은 구출되지만 이미 아버지는 세상을 떠나고 아들마저 이때 받은 심한 부상으로 후에 죽고 만다. 이에 여인은 땅을 치며 누가 남편과 아들을 죽였는가고 하면서 주인놈의 죄행을 규탄하는데 이를 지켜보고 있던 노동자들은 더는 참지 못하고 분연히 정미소주인을 반대하는 투쟁에 나선다.

보다시피 어느 한 정미소에 고용되어 일하는 한 노동자가정이 당하는 고역과 비참한 운명을 통하여 정미소 주인놈과 그 앞잡이 감독놈의 야수적 만행과 악랄한 착취상을 낱낱이 발가놓고 근로하는 인민들은 단결하여 투쟁에 일떠서야 한다는 사상을 강조하고 있다. 이 극작품은 처음으로

노동계급의 형상을 창조하고 그들의 단결된 투쟁을 보여 주었다.

<젊은 소작농>은 먼저 어느 한 농촌마을 씨붙임이 한창인 때 풀뿌리와 나무껍질로 겨우 연명해가는 농민들의 비참한 생활을 보여주고 있다. 주인공인 젊은 소작농은 굶주림에 시달리는 안해와 밥을 달라고 졸라대는 어린 것들을 보다 못하여 지주놈에게 찾아가 장리쌀이라도 꾸어줄 것을 간청하였으나 지주놈은 오히려 왜놈과 짜고 들어 그를 군용도로공사장에 끌어가려 한다. 그러나 이것을 거절했다는 '죄'로 젊은 소작농은 반주검이 되어 돌아온다. 그리하여 농민들은 지주놈의 묵은 벼창고를 들 부시며 달려드는 경찰놈들과 맞서 싸운다. 이 싸움에서 소작농의 안해는 적의 흉탄에 맞아 숨을 거둔다. 이 과정을 통하여 젊은 소작농을 비롯한 농민들은 왜놈과 지주놈들을 때려 부시지 않고서는 살수 없다는 것을 깨닫게 되며 젊은 소작농은 투쟁의 길을 찾아 집을 떠난다.

보는 바와 같이 작품에서 주인공을 비롯한 절대 다수의 농민들은 부모처자들의 주린 창자를 달랠 길 없어 허덕이고 있는데 왜놈들을 등에 업은 지주놈들은 농민들이 피땀으로 지은 곡식을 돼지에게 먹이는 것과 같은 당시의 첨예한 사회적 모순을 낱낱이 폭로하면서 이러한 사회적 모순은 오직 농민들이 각성하여 투쟁에 일떠설 때에만 해결될 수 있다는 것을 젊은 소작농의 형상을 통하여 보여주고 있다.

<성황당>은 김일성이 길림시주변의 조선인부락들과 넓은 농촌지역들에 나가 농촌청년들 속에서 조직선전활동을 벌리던 시기에 창작한 극작품이다. 1928년 카륜에서 처음 공연되었다. 작품은 복순의 어머니가 처음에는 성황신을 믿다가 나중에는 성황당을 제 손으로 까부시기까지의 과정에서 벌어지는 사건들을 펼쳐 보이면서 사람은 존재하지 않는 귀신을 믿을 것이 아니라 제 힘을 믿고 운명을 개척해야 한다는 소박한 도리를 천명하고 있다. 일종 농촌의 미신타파 계몽극이다. 이 연극은 항일투쟁시기 인민들의 의식을 계몽하기 위하여 꾸준히 공연되었다고 한다. 김정일은 이 연극의 주제에 대해 "얼핏보면 미신타파를 주제로 한 작품같지만 단순히 미신을 믿어서는 안 된다는 사상만 강조하는 것이 아니라 인간의 운명은

'하느님'이나 '신령'에 의하여 좌지우지되는 것이 아니라 인간 자신에 의하여 개척되고 결정되며 따라서 세상에서 믿을 것이란 자기 자신의 힘밖에 없다는 자주적 인간의 운명문제를 강조하고 있습니다"고 했다.

김일성이 1930년 11월 오가자에서 첫 공연의 막을 올린 가극작품 <꽃파는 처녀>는 1920년대 말~1930년대 초를 시대적 배경으로 하여 가난한 꽃분이일가의 비참한 생활과 그들의 계급적 각성과정을 기본 내용으로 하고 있다. 작품에서 꽃분이의 아버지는 지주놈의 등쌀에 못이겨 일찍이 세상을 떠났고 어린 동생 순희는 악착한 지주놈과 그 여편네 때문에 눈이 멀었으며 꽃분이는 어머니의 약을 살 돈을 마련하느라고 마른 날, 궂은 날 가림없이 꽃을 팔지 않으면 안 되었다. 오빠 역시 죄아닌 '죄'로 붙잡혀 감옥에 끌려갔으며 어머니는 빚 값에 얽매여 고역에 시달리다 세상을 떠난다. 그래서 꽃분이는 한가닥 희망을 품고 700리 먼길을 걸어 감옥으로 오빠를 찾아가 보니 그를 기다리는 것은 오빠가 죽었다는 소식뿐이다. 홀로 남겨두고 온 눈먼 동생 순희 때문에 차마 죽지 못하고 가까스로 고향으로 돌아와 보니 동생이 행방불명이 되고 말았다. 이에 꽃분이는 이판사판으로 배지주와 생사결판을 하나 결국 당하고 만다. 그러다가 꽃분이는 감옥에서 탈출하여 조선인민혁명군의 한 대원으로 성장한 오빠 철용의 영향하에 궐기한 마을사람들의 폭동 및 배지주의 청산에 의해 구원되며 오빠의 혁명적 영향하에 계급적으로 각성하고 혁명의 꽃을 팔게 되는 혁명가로 성장한다. 김정일은 이 작품에 대해 '혁명가극 <꽃파는 처녀>에는 설음과 효성의 꽃바구니가 투쟁과 혁명의 꽃바구니로 된다는 심오한 종자가 심어져있습니다'(<가극예술에 대하여> 단행본 p.19)고 했다.

1933년 화룡현 일대에서 창작공연된 연극 <아버지는 이겼다>는 1932년 4월 25일 김일성 항일유격대가 조직된 전후시기에 활발히 진행된 무기획득 및 무장대오의 확대강화라는 시대적 과제를 반영한 첫 작품이다. 이 연극은 왜놈들의 무기를 빼앗을 데 대한 혁명조직의 지시를 받은 지하공작원-아버지가 철도노동을 하면서 무기를 빼앗는 과정을 반영하고 있다. 노동자들과 함께 일하던 주인공은 왜놈경관을 제끼고 무기를 빼앗는다.

그 후 다른 조직원과 함께 탈취한 무기를 갖고 유격대를 찾아 집을 떠나려던 아버지는 놈들의 추격을 받아 뒤 울안에 피신한다. 왜놈들은 그의 집에 들이닥쳐 아들을 위협하면서 아버지가 간 곳을 대라고 총으로 위협한다. 이 위기일발의 순간 주인공은 빼앗은 무기로 놈들을 처단하고 안해와 아들을 구원한다. 그 후 마을사람들의 바래움을 받으며 유격대로 떠나간다.

연극은 이러한 내용을 통하여 항일무장투쟁초기의 무기획득을 위한 투쟁의 간고성과 그 과정에서 발현된 투사들의 대담성과 영웅성을 잘 보여주고 있다.

1934년에 창작된 연극 <승냥이>는 요영구유격근거지에 대한 적들의 3차 '토벌'이 있은 날에 공연하도록 했다는 것이다. 이 연극은 인민혁명정권하에서 자유롭고 행복한 새 생활을 건설하고 있는 유격근거지에 달려들어 야수적 만행을 감행한 승냥이 일제놈들을 격멸소탕하는 근거지인민들의 영웅적인 투쟁 모습을 보여주고 있다. 작품은 '토벌'작전으로 인민들을 무참히 학살하는 일제들의 야수적 만행을 폭로하면서 유격근거지사수에 떨쳐나선 항일유격대와 인민들의 영웅적 투쟁과 무비의 용감성, 필승의 신념을 훌륭히 형상하고 있다.

<기민탄식>과 <유언을 받들고>는 항일유격대오의 장성발전 및 인민대중과 혈연적으로 연결된 불패의 위력을 형상함으로써 각계각층의 인민대중을 항일무장투쟁에 떨쳐나서도록 고무하는데 적극 이바지했다는 것이다.

<기민탄식>은 막다른 생활처지에 이른, 계급적으로 각성하지 못한 한 농촌 머슴군 청년이 원수들의 탄압과 기만선전에 넘어가 일시 '자위단'에 들었다가 항일유격대의 혁명적 영향으로 참된 삶의 길, 투쟁의 길에 나서는 과정과 머슴군 청년의 어릴 때 동무인 유격대청년의 형상을 통하여 착취 받고 억압받는 사람들은 자신의 처지를 한탄만할 것이 아니라 결연히 일떠나 손에 무장을 잡고 혁명의 길에 나서야 한다는 사상을 강조하고 있다.

<유언을 받들고>는 김일성이 조선인민혁명군을 창건하고 항일무장투

쟁을 조직영도함으로써 조선인민의 반일민족해방투쟁이 무장투쟁의 새로운 높은 단계에로 발전하고 있던 역사적 시기에 창작공연된 작품이다.

작품의 중심에는 한 부녀회원의 아들딸인 오누이가 서있다. 이들의 아버지는 일찍 일제를 반대하는 투쟁의 길에 나서서 간난신고와 풍파를 겪으며 싸웠으나 올바른 영도를 받지 못한 탓으로 하여 끝내 뜻을 이루지 못하고 원수들의 손에 무참히 희생되고 만다.

그러나 어머니는 김일성이 제시한 무장투쟁노선을 높이 받들고 혁명조직의 한 성원이 되어 적극적인 혁명활동을 벌린다. 이 과정에 그의 아들들도 어머니의 혁명적 영향을 받아 믿음직한 혁명의 새 세대로 자라난다. 혁명의 불길이 더욱 세차게 타 번져 춘황폭동이 일어났을 때 어머니는 그 앞장에서 용감하게 싸우다가 원수들의 흉탄에 맞아 쓰러진다. 임종이 가까워왔을 때 어머니는 오누이를 곁에 불러 앉히고 아버지가 남긴 쓰라린 피의 교훈을 잊지 말라고 타이른다. 그러면서 자기가 못 다한 조국광복의 성스러운 혁명위업을 대를 이어 끝까지 수행해나가야 하며 그렇게 하자면 오직 김일성이 밝힌 항일무장투쟁노선을 심장으로 받들고 조선인민혁명군에 들어가 싸워야 한다는 것을 간곡히 당부하고 장렬히 최후를 마친다. 어머니의 유언을 받들고 오누이는 결연히 조선인민혁명군에 입대한다.

<경축대회>와 <게다짝이 운다>는 비슷한 내용의 풍자희극이다. 두 작품은 유격대의 '토벌'을 앞두고 혹은 '토벌'이 실패로 끝난 마당에 '축하연'에서 허장성세하던 왜놈들이 항일유격대의 기습을 당하여 총 한방 쏘아보지 못하고 녹아나는 것을 기본 줄거리로 하고 있다. <경축대회>는 1936년 8월 무송현 만강에서 <혈해>, <한 자위단의 운명>과 함께 공연되었다.

<게다짝이 운다>는 김일성이 어느 한 도시습격전투에서 있은 일을 보고받고 그것을 소재로 하여 창작한 것으로 1936년 시난차에서 공연되었다.

<혁명의 한 길에서>는 1931년 가을부터 1939년 여름까지의 긴 역사적 시기를 시대적 배경으로 하여 주인공 최영혁과 김진숙을 비롯한 남녀청년들이 혁명의 길에 떨쳐나서 손에 무장을 든 름름한 혁명가로 자라나는 과정을 보여주고 있다.

김일성은 본격적인 항일무장투쟁을 시작하던 시기인 1934년 4월 반일인민유격대를 조선인민혁명군으로 개편하고 조선인민혁명군의 군가로 혁명가요 <조선인민혁명군>을 지었다. 이 노래에서는 조선인민혁명군의 전투적 사명과 투쟁과업을 높은 혁명적 열정과 기백으로 나타내고 있다.

> 1. 우리들은 조선인민혁명군
>   혁명 위해 싸우는 붉은 전투원
>   우리들의 투쟁강령 정의로우니
>   강령을 관철시켜 힘껏 싸우자

보는 바와 같이 서적 화자-우리들은 바로 자기 자신이 조선인민혁명군임을 엄숙히 선포하며 떳떳이 자랑한다. 이 힘있는 웨침 속에는 자신들이 조국과 혁명을 위해 한 몸 바쳐 싸우는 참된 전사들이며 정의로운 강령을 위해 투쟁하는 붉은 전투원이라는 높은 긍지와 혁명적 자각이 안받침되어 있다.

2~8연에서는 일제의 죄행과 만행을 폭로단죄하면서 혁명투쟁에서 나서는 구체적인 과업들을 명백하게 밝히고 있다. 2~4연에서는 일제가 식민지통치를 유지하기 위해 침략무력과 군사시설을 대대적으로 늘이면서 해외침략과 인민탄압에 혈안이 되어 날뛰고 있는 것을 반대할 데 대하여, 5~7연에서는 사회적 불평등과 빈궁의 근원을 밝히고 위만군으로 하여금 병변에 나서게 하며 일제의 온갖 악법과 노예교육을 반대할 데 대하여 견결히 주장하면서 폭로와 규탄의 기백을 높이고 있다. 이러한 시형상은 일제가 저지른 온갖 범죄적 책동과 죄악에 대한 폭넓은 일반화로 된다.

가요는 특히 8연에서 일제침략자들에 대한 폭로단죄의 기백을 파시즘적인 통치를 때려 부실 전투적인 감정으로 승화시킴으로써 조선인민혁명군의 전투적 과업을 힘있게 확증하고 있다.

> 8. 야수같이 악착하게 압박을 하니
>   우리들은 군중에게 호소를 하여

일제놈의 파쏘적인 통치제도를
한결같이 일어나서 때려부시자

이와 같이 1연에서 조선인민혁명군의 높은 영예와 긍지, 전투적 사명에 대하여 힘있게 강조하고 다음 연들에서 일제강점하의 조국의 비참한 현실과 구체적인 투쟁과업들을 명백히 밝힘으로써 가요 전반에서 혁명대오-조선인민혁명군의 투쟁위업의 정당성과 필승불패의 위력을 폭넓고 깊이 있게 보여주었다.

가사는 매 연에서 일제의 침략상과 약탈상을 폭로하면서 여기에 놈들을 반대하여 싸울 데 대한 전투적 호소를 적절히 배합함으로써 높은 정론성과 호소성을 보장하였다. 가사는 특히 시적 자아-조선인민혁명군의 높은 긍지와 자부심이 열렬히 토로된 만큼 원수에 대한 규탄의 감정이 높고 강렬하며 승리의 기백이 줄기차게 관통되어 있는 것이 특징적이다.

이 가요는 조선인민혁명군의 전투적 군가로, 행징곡으로 되었다.

김일성은 1935년 1월 하순 북만원정을 마치고 돌아오던 길에 천교령 부근에서 촉한을 만났을 때 하늘이 무너지는 한이 있더라도 기를 쓰고 살아서 혁명을 하여야 한다고 하며 혁명가요 <반일전가>를 지어 항일유격대원들과 인민들을 필승의 신념으로 교양하였다. 이 노래에 대해 김일성은 <세기와 더불어> 제3권에서 다음과 같이 말하고 있다.

'설사 하늘이 무너지는 한이 있더라도 우리는 기를 쓰고 살아서 혁명을 해야 한다. 우리가 살아서 돌아가지 못하면 우리를 기다리는 동만의 수많은 일거리들을 어떻게 한단 말인가. 우리가 여기서 그대로 주저앉으면 조선인민이 일제의 영원한 노예가 된다.

내 머릿속에서는 문득 하나의 사상이 떠올랐다. 그것은 바로 오늘날 <반일전가>라는 이름으로 불리우는 노래를 낳은 사상이었다.

나는 발구가까이에 쓰러져있던 왈룡이를 혼들어 앉힌 다음 그에게 가사를 받아쓰게 하였다. 처음에는 나와 왈룡이가 이 노래를 불렀다.

그러자 쓰러졌던 전우들이 하나 둘 일어나 노래를 합창하였다.'

　　1. 일제놈의 발굽소리는 더욱 요란타
　　　금수강산 우리 조국 짓밟으면서
　　　살인방화 착취약탈 도살의 만행
　　　수천수만의 우리 군중을 유린하노라

　　2. 나의 부모 너의 동생 그대의 처지
　　　놈들의 총창 끝에 피 흘렸고나
　　　나의 집과 너의 밭은 놈들의 손에
　　　잿더미와 황무지로 변하였고나

　　6. 일어나라 단결하라 노력대중아
　　　굳은 결심 변치 말고 싸워나가자
　　　붉은 기아래 백색테로 뒤엎어 놓고
　　　승리의 개가높이 만세 부르자

　　이 작품에는 일제의 침략적 및 야수적 본성과 그로 인한 비참한 현실이 진실하고 예리하게 해부되어 있으며 제국주의침략자들과는 추호도 타협 없이 끝까지 싸울 데 대한 투철한 혁명정신과 승리의 신심이 격동적으로 표현되어 있다. 작품의 혁명적인 사상감정은 높은 호소성과 강한 정론성, 선동성을 띠고 있다.

　　1936년 5월 5일 김일성은 동강에서 조선의 첫 반일민족통일전선조직인 조국광복회창건을 선포하고 그것의 강령으로 「조국광복회10대강령」을 발표했다. 이 강령을 가사화하여 창작한 것이 혁명가요 <조국광복회10대강령가>이다. <조국광복회10대강령가>는 혁명강령인 「조국광복회10대강령」을 해설한 명작이다. 이 가요는 「조국광복회10대강령」의 조항에 따라 10개 조로 되어 있으며 매 연에서는 강령의 조항을 세련되고 간결한 시행에 담아 정확히 해설하고 있다. 이 작품은 정책해설에 이바지하는 시가창작의 선구적 모범으로 된다. 이 가요에서는 정권문제를 내세우고 민족적 독립과 나라의 민주주의적 발전을 위한 제반 문제를 형상적으로 밝히고 있다.

    1. 이천만의 조선동포 총동원하여
       반일혁명통일전선 굳게 다지고
       왜놈의 야만통치 어서 때려 부시여
       인민정부 건설함이 제1조로다

    2. 노동자와 농민들은 한데 뭉치고
       각계각층 군중들과 연합을 하여
       있는 재부 지식 능력 모두다 동원하여
       부강조선 건설함이 제2조로다

　1, 2연에서는 혁명에서 근본문제로 나서는 주권에 관한 문제를 가요형상으로 노래하고 있다. 여기서는 민족적 모순이 주요 모순으로 부상한 시대적 상황하에서 전민족적 단합을 호소하고 '인민정부', '부강조선' 건설을 내세우고 있다.

　<조국광복회10대강령>의 제3강령부터는 새로 수립될 인민정권이 반제반봉건민주주의 혁명단계에서 실현하여야 할 정치, 경제, 군사, 문화 분야의 제 과업들을 천명함으로써 광범한 인민대중의 요구와 지향을 가장 정확히 반영하였다.

　가요의 3~9연에서는 위의 내용을 매 절에서 내용별로 심화하여 구체적으로 노래하고 있다.

　3연에서는 혁명무력을 건설할 데 대한 내용을 반영하고 있다.

    3. 왜놈의 육해공군 신식무장을
       모두다 우리 손에 빼앗아 쥐고
       주저말고 용감하게 모두 나가 싸우는
       우리 군대 조직함이 제3조로다

　가요에서는 우리 인민의 역사에서 처음으로 되는 인민의 군대, 혁명의 군대를 창건할 데 대한 사상을 반영하면서 일제의 무장을 빼앗아 무장하면서 전체 인민이 손에 무장을 들고 떨쳐나 싸울 것을 호소하였다.

가요 4, 5연에서는 낡은 사회경제제도의 개혁과 반제반봉건민주주의
혁명단계에서 수행해야 할 과업들을 밝히면서 자립적 민족경제를 건설할
데 대한 사상을 노래했다.

　　5. 재촉하는 빚과 세납 물지를 말며
　　　　착취하는 전제제도 반대하면서
　　　　우리의 산업을 우리 손으로 건설해
　　　　순조롭게 발전함이 제5조로다.

6, 7, 8, 9연에서는 사회생활의 모든 분야에서 완전한 정치적 자유와
권리를 보장할 데 대한 문제, 새 사회 건설에서 해결하여야 할 사회문화
적 과업들에 대하여 폭넓게 노래하였다.

　　6. 언론출판 사상결사 자유를 찾아
　　　　봉건세력 백색테로 반대하고서
　　　　체포된 우리 투사 모두 탈환해 내여
　　　　배신자를 쫓아냄이 제6조로다

　　7. 양반상놈 남녀노소 가리지 말고
　　　　한결같은 평등행복 누려가면서
　　　　연약한 부녀들을 존중하고 돌보아
　　　　인격직위 보장함이 제7조로다

　　8. 우리 민족 노예 삼는 동화교육과
　　　　쌈터에서 죽이려는 군사훈련을
　　　　굳세게 반대하며 튼튼히 뭉쳐나서
　　　　우리 문화 보급함이 제8조로다

　　9. 우리들이 쓰는 물건 만들어주는
　　　　노동자의 임금과 대우 높이고
　　　　실업자와 병든 자를 지성껏 도와주며
　　　　치료하고 살려줌이 제9조로다

10연에서는 <조국광복회10대강령>에서 제기한 전반적 조선혁명과 항일무장투쟁의 승리를 위하여 국제적 연대성을 강화할 데 대한 사상을 노래하고 있다.

> 10. 우리들을 도와주는 나라와 민족
>   친밀하게 연합하여 하나가 되고
>   원수와 한 편 되는 간악한 부르죠아
>   한결같이 반대함이 제10조로다

<조국광복회10대강령가>에서는 김일성이 조국광복회회장으로서 민족의 비전 및 그 실현 방도들을 잘 제시하고 있다.

<피바다>는 김일성이 동강회의 후 무송현성전투를 승리적으로 진행한 조선인민혁명군주력부대를 이끌고 1936년 8월 하순경 백두산지구에로 진출하는 간고한 시기에 창작하여 무송현 만강부락에서 연극으로 공연했다. 김일성은 <세기와 더불어>(제5권 p.43)에서 이 연극의 창작경위에 대해 '우리가 <피바다>를 구상하고 그 대본작업에 착수한 것은 동강회의 직후였다고 생각된다'고 했다.

김일성은 이 작품에 대해 다음과 같이 말했다. '항일무장투쟁시기 우리는 <피바다>라는 연극을 만들어 유격대원들 앞에서도 공연하고 인민들 앞에서도 공연하였습니다. 연극 <피바다>는 일제놈들이 조선인민을 닥치는 대로 학살하는 만행을 폭로하고 주인공이 점차 각성하여 혁명투쟁의 길에 나서는 것을 기본 내용으로 하였습니다.'6) 김정일은 이 연극에 대해 '불후의 고전적 명작 <피바다>는 일제의 식민지통치 밑에서 착취와 압박을 받으며 살아가는 한 어머니의 생활을 통하여 혁명이란 무엇이며 왜 혁명을 해야 하는가, 혁명을 하자면 어떻게 해야 하는가 하는 것을 진실하고 깊이 있게 그린 작품입니다. 이 작품에서는 수난의 피바다를 투쟁의 피바다로 만들어야 한다는 사상이 강하게 울려나오고 있습니다'고 개괄하

---

6) <사회주의문학예술론>, p.519.

고 있다. 보다시피 <피바다>는 1930년대 전반기 일제의 식민지통치 밑에서 착취와 압박을 받으며 살아가는 주인공 어머니의 성격변화과정 즉 혁명가로서의 성장과정을 통하여 민족의 독립과 계급적 해방을 이룩하기 위해서는 손에 무장을 잡고 싸움의 길에 나서야 한다는 사상을 나타내고 있다.

<피바다>는 주인공 어머니와 그 일가의 생활과 운명을 중심으로 한 극적 형상을 통하여 무엇보다 먼저 가장 악독하고 잔인한 침략자, 약탈자인 일제침략자들 및 그 주구들에 의해 「피바다」로 된 조선민족의 삶의 상황을 펼쳐 보이고 있다. 어머니일가의 북간도에로의 이주 및 마을농민들의 소작쟁의의 실패 그리고 일제토벌의 야만성은 이것을 잘 보여주고 있다. 다음 모진 생활의 고통 속에서 순박하기만 하던 어머니가 자신의 생활체험과 혁명조직의 교양으로 점차 혁명을 인식하고 투쟁에 나서는 과정을 진실하게 그림으로써 혁명은 왜 해야 하며 혁명은 특별한 사람만이 하는 것이 아니라 누구나 각오를 가지고 투쟁에 나서면 혁명가로 될 수 있다는 사상경향을 나타내고 있다.

작품의 주인공 어머니로 말하면 처음에 사회에 대하여, 세상물정에 대하여 잘 모르는 그저 착하고 부지런하고 순박하기만 한 보통 농촌여성이었다. 어머니는 왜놈들이 제 나라도 있는데 왜 남의 나라에 쳐들어와 무고한 인민들을 닥치는 대로 학살하는지 그리고 지주놈은 왜 왜놈들과 한짝이 되어 농민들의 피땀을 더 많이 짜내려고 날뛰는 지도 잘 몰랐다. 그러나 마을에 대한 왜놈들의 토벌 및 사랑하는 남편의 희생 그리고 별재마을 친척들의 참화는 어머니를 소박하나마 계급적으로 각성하게 한다. 그러다가 항일유격대공작원의 혁명적 영향으로 가난한 사람들이 한데 뭉쳐 혁명의 길에 나서야 한다는 각오를 갖고 혁명의 길에 나서게 된다. 이로부터 어머니는 조직에서 맡겨주는 어려운 혁명임무를 혼신을 다 해 완성하고 아들을 희생하면서까지 유격대공작원을 구원하는 고상한 경지에 이르며 마지막 부분에서는 직접 총을 들고 성문을 열어 제끼며 유격대의 진공에 배합하는 성숙된 혁명투사로 성장한다.

<한 자위단의 운명>은 김일성이 1936년 초 조선인민혁명군 주력부대를 이끌고 남호두를 떠나 만강에 이르는 간고한 행군길에서 구상, 창작하고 동년 8월 무송현 만강에서 <피바다>, <경축대회>와 함께 공연하도록 했다. 작품은 1930년대 일제 식민지통치하에서 억압과 착취, 멸시와 천대만을 받아오던 소박한 농촌청년 갑룡이가 우여곡절에 찬 생활체험을 통하여 마침내 혁명적으로 각성되고 일제를 반대하는 무장투쟁의 길에 들어서는 과정을 형상하고 있다. 작품은 이를 통하여 일제의 식민지통치제도의 반동적 본질과 혁명투쟁의 필연성을 밝히고 무장투쟁노선의 정당성을 예술적으로 확증하고 있다. 작품의 이러한 주제사상은 주인공 갑룡이의 형상을 기본으로 하여 밝혀지고 있다. 주인공 갑룡이는 처음 아버지에 대한 효성이 지극하고 동무들과 가난한 이웃을 사랑하는 착한 마음을 가지고 있기는 하나 아직 계급적으로 각성하지 못하여 적에 대한 적개심이 없는 어질고 순박하기만 한 농촌청년으로 등장한다. 그는 비록 왜놈들이 살판치는 험악한 세상이지만 자기의 근면하고 성실한 노력이면 자식을 위해 지지리 고생하며 홀로 늙어온 아버지와 자기만을 믿고 사는 사랑하는 금순이를 행복하게 해줄 수 있으리라 생각한다. 그러다가 강제로 끌려간 「자위단」에서의 생활은 갑룡이로 하여금 자신의 어리석음을 가슴 아프게 뉘우치고 자체의 힘으로 침략자를 쳐 없애야만 인간의 도리를 지킬 수 있고 참된 삶도 누릴 수 있다는 계급적 민족적 각성을 하게 되며 투쟁의 도리를 깨닫게 된다. 이런 깨달음은 아버지와 친구 철삼이의 무참한 죽음이 계기가 되어 「자원단」 단원들을 규합하여 분연히 떨쳐 일어나 무장투쟁의 길로 나아가게 한다. 이 연극에 대해 김정일은 '…<한 자위단의 운명>의 종자는 「자위단」에 들어도 죽고 안 들어도 죽는다는 것입니다. 여기에 이 명작이 내놓은 인간문제의 철학적 깊이가 있습니다'(<주체혁명위업의 완성을 위하여> 제1권 p.203)고 했다.

<조선문학사(1926~1945)>(p.298)에 보면 당시 관람자들은 이 연극의 공연을 보면서 주인공이 겪는 비참한 생활에서 자기 자신의 생활을 보고 울분을 이기지 못하였으며 수비대장과 「자위단」 단장놈에 대한 끝없는 적

개심으로 가슴 불태웠다. 그리하여 공연이 끝난 후 「일제강도놈들을 타도하자!」라는 유격대 선전원의 힘있는 목소리가 울리자 관람자들은 분노에 찬 주먹을 높이 쳐들며 소리높이 일제히 호응해 나섰다고 한다.

그리고 한 할머니는 감동을 이기지 못하여 무대 앞으로 뛰쳐나와 어쩌면 연극이 신통히도 내 아들이 「자위단」에 끌려가던 그 때의 형편과 꼭 같은가고 하면서 원수놈들의 그 어떠한 위협과 공갈에도 굴하지 않고 놈들과 맞서 끝까지 싸우겠다고 결의를 다지었다. 뒤이어 한 청년이 달려나와 흥분된 감정을 누르지 못하며 일제의 개노릇을 하는 「자위단」에 끌려갈 것이 아니라 조선독립을 위하여 혁명을 하겠다고 하면서 자기를 유격대에 받아줄 것을 탄원해 나섰다. 그러자 장내의 이곳저곳에서 너도나도 앞을 다투며 일어선 청년들이 유격대에 입대시켜줄 것을 요청해 나섰다. 이에 김일성은 탄원해 나선 청년들의 손을 하나하나 굳게 잡아주고 그들의 청원을 승낙하여 줌으로써 수많은 청년들이 그 자리에서 항일유격대에 입대하였다고 한다.

1939년 12월 말 김일성이 신입대원들의 계급의식과 민족적 자각을 높이고 그들에게 필승의 신념을 안겨주기 위하여 직접 창작하고 송화강가의 원시 밀림의 숙영지에서 공연을 지도했다는 희곡으로는 <혁명의 한길에서>가 있다. 이 희곡은 반일인민유격대가 창립된 1932년 4월 25일을 전후한 시기로부터 1939년까지의 역사적 시기를 시대적 배경으로 하여 인민대중이 계급적으로 각성하여 조직적으로 무장투쟁에 일떠서는 과정을 보여주면서 날로 공고발전하는 조선인민혁명군의 위용과 그 승리의 필연성을 심오하게 형상한 작품이다. 아울러 인민들의 고통과 불행의 화근인 일제의 식민지통치의 반동성과 악랄성을 폭로규탄하고 조국의 광복과 인민의 자유와 행복은 오직 민족의 태양 김일성이 영도하는 항일무장투쟁에 의하여서만 이룩될 수 있다는 혁명의 진리를 인민들의 가슴속에 깊이 심어주었다는 것이다. 이 작품은 김일성이 조선인민혁명군대원들을 이끌어 1939년 12월 쟈신즈목재소습격전투에서 승리한 후 송화강가에 이르러 혁명군대원들과 목재소노동자들 앞에서 조직진행한 연예공연 때에 처음으로 무대에 올랐다.

1.2 광복 후에 창작한 것

로대 위에 올라서니 천하절승 예로구나
묘향산 절경이야 태고부터 있는 것을
전람관 여기 솟아 푸른 추녀 나래 펴니
민족의 존엄 빛나 비로봉 더욱 높네

만산에 붉은 단풍 가을마다 붉었으리
노동당 새 시대에 해빛도 찬란하니
단풍도 고와라 더욱 붉게 물들면서
산천에 수 놓누나 이 나라 새 역사를

사대로 망국으로 수난도 많던 땅에
온 세계 친선사절 구름같이 찾아 든다
5천년 역사국에 처음 꽃 핀 이 자랑을
금수강산 더불어 후손만대 물려주리

— 묘향산 가을날에 —

　이 시는 김일성이 1979년 10월 15일 국제친선전람관7)을 돌아보고 6층 누대에 올라 아름다운 묘향산의 가을 경치를 한눈에 바라보며 즉흥시로 읊은 것이라고 한다.
　이 시는 제목이 「묘향산 가을날에」이지만 실은 묘향산 가을을 노래한 것은 아니다. 醉翁之意不在酒인 것이다. 이 시에서 김일성은 묘향산 가을날을 빌려 국제친선전람관의 상징성을 노래하고 있다. 이를테면 옛날에 우리가 사대로 남에게 갖다 바치기만 했다면 오늘은 우리도 당당히 남이

---

7) 김일성·김정일이 세계 여러 나라 국가 수반 및 정당들을 비롯한 저명한 인사들로부터 받은
　선물들을 전시해 놓은 곳이다. 위치는 묘향산에 있다.

갖다 바치는 것을 받는 반만년 역사에 있어서의 새 시대에 대해 노래하고 있는 것이다. 순화되고 세련된 말로 다듬어진 마지막 단락의 '온 세계 친선사절 구름같이 찾아 든다'는 바로 이러한 뜻을 나타내고 있는 이 시의 詩眼으로 된다. 이 시에서 김일성은 '민족의 존엄을 빛난다'는 자기가 이끄는 북한 현시대에 대한 자부심이 대단하다. 일국의 수령으로서의 기개가 잘 나타나 있다 하겠다.

이 시는 현재 묘향산의 국제친선전람관구내 향암천기슭에 김정일의 지시로 대형천연화강석을 정교하게 다듬은 길이 8메터, 높이 3.8메터의 비에 새겨져 있다. 그리고 이 시는 팜플렛으로도 나왔는데 국제친선전람관 내의 매점에서 팔고 있다.

그럼 아래에 김일성이 1992년 2월 16일 '민족 최대의 경사스러운 명절'8) 김정일 생일 50돐을 축하하여 직접 지었다는 <贊光明星>, <광명성 찬가>를 보도록 하자.

白頭山頂正日峯
小白水河碧溪流
光明星誕五十週
皆贊文武忠孝備
萬民稱頌齊同心
歡呼聲高震天地

— <贊光明星> —

백두산마루에 정일봉 솟아 있고
소백수 푸른 물은 굽이쳐 흐른다.
광명성 탄생하여 어느 듯 쉰돐인가
문무충효 겸비해 모두 다 우러르네.
만민이 칭송하는 그 마음 한결같아

---

8) 북한에서는 김일성·김정일 생일날을 '민족 최대의 경사스러운 명절'이라고 하며 가장 성대히 쉰다. 현재 김일성 생일날은 「태양절」로 정해져 국외 손님들까지 초청하여 4월 15일 전후 한 열흘 내지 보름간 예술축제 등 여러 행사로 성황을 이룬다.

우렁찬 환호소리 하늘 땅 뒤흔든다.

— <광명성찬가> —

이 시는 김일성이 김정일을 이미 자기 후계자로 정한 현실적 상황하에서 김정일을 기껏 올리 춰 위신을 세워 주기 위해 지은 것이다. 이에 대해 김왕섭은 <경애하는 수령 김일성동지는 주체적 문학예술창조의 빛나는 모범을 이룩하신 영도의 천재이시다>9)에서 김일성이 '자신께서 백두산에서 개척하신 혁명위업을 경애하는 김정일동지께서 대를 이어 완성해 나가시는 것이 너무도 기쁘시여 경애하는 장군님을 찬양하는 시를 쓰셨던 것이다'고 표현하고 있다.

이 시의 첫 두 구절은 순 자연 경관에 대한 서술같지만 실은 김정일이 태어났다는 「백두산고향집」을 상징하는 정일봉과 소백수를 언급함으로써 김정일이야말로 「백두산혁명기상」10)을 이어 갈 「광명성」이라는 것에 모 박고 있다. 세 번째 구절은 세월의 덧없음에 대한 80 노인 김일성의 인간적 진실한 고백으로 된다. 네 번째 구절은 '문무충효'라는 말로 김정일의 후계자감, 수령감으로서의 完全無缺함을 개괄하고 있다. 마지막 두 구절은 김정일이 크게 민심을 얻고 있다고 시적 과장을 하고 있다.

보다시피 이 시는 말 그대로 「광명성」-김정일에 대한 찬가다. 선대 수령이 후계 수령에 대한 찬가로 볼 수 있다. 이 찬가가 김일성의 권위로 김정일을 뒷받침해 주고 내세워 주는데 톡톡히 한몫하고 있음은 더 말할 나위도 없다.

이 시는 김일성이 먼저 7언고시 한문으로 짓고 다시 우리말로 옮겼다 . 북한에서는 일찍 1966년에 정책 차원에서 한문 폐지에 순 우리말을 쓰도록 하는 문화어운동을 벌려 한문시를 짓는 사람은 없어지고 말았다. 일상 용어에 한문식 단어만 사용해도 백안시되는 세상에 한문시 창작같은 것은 엄두도 못 낸다. 그런데 김일성만은 예외인지 <贊光明星>을 버젓이 선

---

9) <자주시대 문학예술의 위대한 영재 김일성동지>, p.112.
10) 북한에서는 이 말로 김일성의 혁명위업을 나타내고 있다.

보이고 있다. 이것이 김일성이 이 세상에 남긴 마지막 시편이라 할 때 어쩐지 서글픔이 갈마들기도 한다.

2. 김정일 편

　김정일의 親作시가가 꽤 되는 줄로 안다. 그런데 이중 적어도 과반수가 김일성의 위대성과 안녕을 노래한 송가들이다. 북한에서는 김정일의 이런 송가들을 수령형상문학의 본보기창조로서 불후의 고전적 명작으로 꼽고 있다[11].

　김정일이 창작한 주요 작품들을 나열해 보이면 다음과 같다.

　시가작품 <조국의 품>(1952년 8월), <초상화>(1953년 3월), <우리의 수령>(1953년 4월), <축복의 노래>(1953년 6월), 동시 <우리 교실>(1954년 4월), <한 초가 한시간 되어줄 수 없을가>(1954년 11월), <우정에 대한 생각>(1957년), <나의 어머니>(1957년), <대동강의 해맞이>(1960년), <조선아 너를 빛내리>(1960년 9월), <백두의 행군길 이어가리라>(1962년 8월), <진달래>(1962년 9월), <제일강산>(1962년 10월), <충성의 노래>(1970년), <수령님의 높은 뜻 붉게 피었네>(1970년), <어디에 계십니까 그리운 장군님>(1971년 11월), <사랑하는 오빠와 우리 삼 형제>등이 있다. 그리고 극작품 <패전장군의 말로>(1953년), <보천보의 홰불>(1954년), <우리 분단에서 있은 일>(1955년)이 있다.

　송시 <초상화>는 6·25동란기간 어린 김정일이 김일성의 초상화를 보며 아버지에 대한 무한한 그리움을 달래며 전쟁승리의 확신을 믿었다는 것을 노래하고 있다.

　송시 <우리의 수령>은 <위대한 수령 김일성동지 문학영도사2>의 「제4절 전쟁의 종국적 승리에 이바지하는 문학작품창작사업 조직영도」(p.387)

---

11) <수령형상문학>, p.25.

에 보면 '위대한 수령님을 모신 우리 민족이 제일이라는 민족제일주의정
신을 빛나게 구현하고 있는 것으로 하여 커다란 문학사적 의의를 가지게
되었다'는 평가를 받고 있다.

시 <조국의 품>에서는 '해빛처럼 밝고 밝은 조국의 품은/아버지장군님
품이랍니다'라고 읊으므로써 김일성의 품이 곧 조국의 품이라고 갈파하고
있다. 이것을 김정일이 '수령님께서 계시기에 오늘의 우리 조국이 있고 우
리 인민의 행복과 존엄이 있으며 보다 휘황찬란한 미래가 있는 것입니다.
그러므로 조국의 품은 수령님의 품이고 수령님의 품은 어버이품이라고
하는 것입니다'라고 말한 내용의 시적 표현으로 보면 된다.

김정일은 대학교 때 '나는 어렸을 때 나라의 운명을 한 몸에 지니신 어
버이수령님께서 준엄한 전선길을 걸으실 때면 저 멀리 하늘가에 서린 포
연을 바라보며 마음속으로 안녕을 축복하군 하였습니다'라고 감회 깊게
어린시절을 회상했다는 것이다.

김정일은 이런 충효심을 시로 펴내기도 했던 것이다.

6·25동란시기 김정일은 한때 만경대혁명학원에 있었다. 싸움이 가렬
해지고 승리의 날이 가까워올 수록 김일성을 뵈옵고 싶은 마음이 더욱 간
절하였고 김일성의 안녕과 건강을 염려하는 마음이 더 깊어졌다고 한다.
6·1아동절을 맞아 이런 마음을 달랠길 없던 김정일은 직접 필을 들어 아
버지인 김일성에게 다음과 같은 편지를 쓴다.

> 항상 그리운 아버지에게
> 아버지, 그간 안녕하십니까?
> 조국해방전쟁에서 미국양코배기를 때려 부시느라고 얼마나 수고하십니
> 까?
>   …
>   … 가장 중요한 부탁으로서 아버지에게 말씀드릴 것은 아버지는 개인의
> 몸인 것이 아니라 전체 조선인민의 수령입니다.
>   … 아버지께서 건강하시며 항공에 주의하고 항상 몸조심함은 전체 조선인
> 민의 행복이며 또한 우리들의 행복입니다. 아무쪼록 건강에 많이 노력하실

것을 멀리서 축복합니다.

1953년 6월 1일
김정일 올림

김정일은 이렇게 정성담아 안녕을 축복하는 편지를 다 쓰고 난 다음에
도 미진한 감이 들어 그 마음을 그대로 담아 가사를 써내려 간다.

어둡던 강산에 봄을 주시고
조선을 빛내신 아버지장군님
저 멀리 하늘가 포연이 서리면
인민은 안녕을 축복합니다

나라의 운명을 한 몸에 지니신
아버지장군님 인민의 수령님
준엄한 전선길 안녕하심은
온 나라 가정의 행복입니다

미제를 쳐부신 영웅의 땅에
낙원을 펼치실 아버지장군님
찬란한 조선의 미래를 위해
인민은 안녕을 축복합니다

이렇게 가사를 다 쓴 다음 김정일은 이어 피아노를 타며 곡을 붙였다.
바로 그 노래가 김정일이 직접 작사, 작곡한 <축복의 노래>라는 것이다.
이 시를 지을 때 김정일은 10대 초반이라 실로 어린 김정일치고는 너
무도 조숙하고 기특하다 하겠다. 이 시는 현재 묘향산 어느 한 바위 위에
주홍글자로 보란듯이 새겨져 있다.
<패전장군의 말로>는 6·25동란을 배경으로 미군의 육해공군 장교들
의 패전상과 인민군정찰병들에 의한 미군사령관의 죽음을 통하여 미군의
멸망의 불가피성을 보여준 내용으로서 1953년 김일성의 생일기념을 맞으

면서 진행된 예술경연무대에서 공연하도록 했다는 것이다. 김정일은 배역 선정과 연기훈련, 등장인물의 분장과 무대장치를 비롯한 모든 공연준비를 직접 지도했다.

<보천보의 홰불>은 보천보전투승리 17돐에 즈음하여 창작, 공연되었다. 이 연극은 보천보전투과정을 극의 줄거리로 하면서 김일성의 형상을 부각하고 있다.

<우리 분단에서 있은 일>은 모범분단칭호쟁취운동과정에서 실지 있은 사실을 소재로 하고 있다. 극의 내용은 분단위원장을 비롯한 열성분자들이 '말썽군' 철남이를 도와주고 이끌어 모범학생으로 만들고 모범분단의 영예를 쟁취하는 이야기를 담고 있다

<우리 교실>에서는 김일성의 자애로움 속에 그 가르침을 받드려 나가려는 김정일의 어른스러운 충성의 마음이 잘 노래되고 있다.

1, 2연에서는 객관적인 요소에 주관적인 느낌을 융합하여 상황설정을 잘 하고 있다

> 1. 아름다운 교실
>   언제나 재미나는 교실
>   앞에는 원수님 초상화
>   환하게 모셔져 있지요
>
> 2. 오늘 아침도 기쁜 마음으로
>   우리 교실에 들어서니
>   언제든지 반가운 듯이
>   우리 보고 공부 잘하라고…

3연에서는 어른스러운 상징적 이미지로 시대적 상황을 개괄해내고 있다.

> 3. 추운 겨울은 지나가고
>   봄바람에 실버들 푸르렀네
>   우렁찬 건설의 노래와 함께

원수님을 우리는 받드네

4연에서는 어른스러운 거창한 개괄과 호소를 내뿜고 있다.

4. 노래하자! 원수님을…
   우리는 승리하였네
   행복한 민주의 터전은 건설되네
   노래하자! 우리의 원수님을…

5연에서는 1, 2절 내용을 한번 더 강조해주고 있다.

5. 우리의 교실은 알뜰한 교실
   언제든지 책상에 앉으면
   너그럽게 웃으시며 말씀하시네
   새 나라 착한 아이들 되라고…

6연에서는 위의 내용을 반복하면서 김일성에 대한 충성을 다짐하고 있다.

6. 우리는 언제나 받드네 원수님을…
   원수님의 가르침을 따라
   새 나라 일군이 되자!
   항상 준비하자!

<한 초가 한시간 되어줄 수 없을가>에서는 김일성이 쉴 때만이라도 한 초가 한시간 되어주길 안타까이 바라는 김일성의 건강과 안녕만을 바라는 김정일의 효성이 잘 안겨오고 있다.

안타까운 이 마음
그 누가 알아주랴

시계야 너라도 좀 더디게 가다오
아버님 쉬실 때만이라도
한 초가 한시간 되어줄 수 없을가…

<나의 어머니>는 그 제목에서도 알 수 있다시피 김정일이 어린 시절에 여읜 어머니 김정숙에 대한 사무치는 그림움과 잊지 못할 추억을 토로해 내고 있다. 김정일의 가장 인간적인 감정이 흘러 넘치는 사모가로 볼 수 있다.

1, 2연에서는 물심양면으로 정성들여 키워준 어머니에 대한 인간적인 고마움을 읊고 있다.

1. 세월의 눈비를 다 맞으시며
   나를 품어 키우신 나의 어머니
   만가지 소원을 헤아려 보시며
   조선의 고운 꿈 꽃피워 주셨네

2. 비와도 눈와도 먼길 떠나도
   손잡아 이끄신 나의 어머니
   순간을 살아도 빛나게 살라고
   길러준 그 품을 내 어이 잊으랴

3연에서는 어머니의 고마운 온정에 대해 김일성에 대한 충성으로 보답할 것을 다짐한다.

3. 기쁘나 힘드나 부르고 싶은
   정답고 미더운 나의 어머니
   그 은혜 못 잊어 세월의 끝까지
   수령님 받들어 한길을 가리라

4연에서는 어려서 미처 몰랐던 어머니 사랑을 커서 알게 되었다고 하며 자식된 사랑의 감격을 읊고 있다.

　　4. 어머니 어머니 나의 어머니
　　뜨거운 그 사랑 내 크며 알았네

　<대동강의 해맞이>에서는 '오늘은 대동강 해돋이 맞고/내일은 공산주의 해맞이 하자/혁명의 길 이어 세상 끝까지/주체의 노을을 펼쳐가리라'에서 보는 바와 같이 자기의 거창한 포부를 읊고 있다. 이런 포부는 두 달 후인 1960년 9월 김정일이 김일성종합대학에 입학하는 날 대학의 캠퍼스에 있는 용남산에 올라 말 그대로 조선을 빛낼 뜻을 밝힐 <조선아 너를 빛내리>라는 즉흥시에서 더 고조된다.

　　　해 솟는 용남산마루에 서니
　　　삼천리 강산이 가슴에 안겨 온다
　　　이 땅에서 수령님 높은 뜻 배워
　　　조선혁명 책임진 주인이 되리
　　　아, 조선아 너를 빛내리

　　　위대한 수령님 높이 모시고
　　　주체의 한 길로 억세게 나아가리
　　　사나운 풍랑도 폭풍도 헤쳐
　　　조선을 이끌고 미래로 가리
　　　아, 조선아 너를 떨치리

　　　누리에 빛나는 태양의 위업
　　　대를 이어 해빛으로 이어 가리라
　　　주체의 붉은 노을 지구를 덮을
　　　공산주의 그날을 앞당겨 오리
　　　아, 조선아! 나의 조선아!

　이 시는 대학을 입학한 김정일의 결심, 맹세로 보면 된다. 이 결심,

맹세는 '아, 조선아 너를 빛내리', '아, 조선아 너를 떨치리', '아, 조선아! 나의 조선아!'라는 매 절의 마지막 구절에 집약적으로 잘 나타나 있다. 18살 청년의 결심, 맹세로서 그를듯하다. 훗날 「제왕장상」이 될 패기가 넘치기도 하다. '삼천리 강산'을 안고 '조선혁명 책임진 주인이 되'며 '조선을 이끌고 미래로 가'고 '공산주의 그 날을 앞당겨 오'려는 큰 스케일의 미래지향적인 결심이고 맹세이다. 그런데 이 모든 것은 어디까지나 김일성에 대한 절대적 충성을 전제로 하고 있다. 김정일은 어느 한 외국친구가 오랜 역사와 큰 규모를 가지고 있는 자기네 나라 대학에 와서 유학할 것을 권고했을 때 '나는 김일성종합대학에서 공부하겠소'하며 단호하게 거절했다고 한다. 그것은 바로 이 시에서 밝힌 바와 같이 '이 땅에서 수령님 높은 뜻 배우'기 위해서였다는 것이다. 그리고 시에서는 그 결심, 맹세의 구체적 내용으로서 바로 '위대한 수령님 높이 모시고/주체의 한길로 억세게 나아가리', '누리에 빛나는 태양의 위업/대를 이어 해빛으로 이어가리라'로 모 박고 있다. 이 시는 현재 곡이 붙여져 노래로 불리고 있다. 그리고 대형화강암에 새겨져 김일성종합대학 본관이 있는 둔덕 아래 쪽 양지바른 곳에 모셔져 있다. 이 시비는 대학입학신입생들의 정신교양에 제구실을 다 하고 있다. 신입생들은 이 시비 앞에서 두 주먹을 불끈 쥐고 김정일을 따라 배울 것을 맹세하곤 한다.

1962년 8월, 김정일은 대학교 2학년 때 군사훈련을 하는 어은동군사야영지에서 가사 <백두의 행군길 이어가리라>를 창작한다.

> 1. 총창을 비껴들고 산정에 오르니
>   멸적의 장수 힘 온 몸에 넘친다
>   미래를 꽃피울 피끓는 가슴에
>   달려갈 앞길이 파도쳐 밀려온다
> 2. 천만대군 이끌고 험산준령 넘고 넘어
>   백두의 행군 길을 곧 바로 이어가리
>   침략자 미제를 이 땅에서 내 몰고
>   통일된 조국을 한 품에 안으리라

3. 삼천리 강산을 낙원으로 꽃피워
   조선의 영광을 온 누리에 떨치리
   그 어떤 원쑤도 다치지 못하게
   내 조국 영원히 지켜가리라

이 가사를 짓게 된 계기에 대해 김정일은 다음과 같이 말하고 있다. '우리는 혁명의 무기, 계급의 무기를 더욱 억세게 틀어잡고 이 땅에서 미제침략자들을 몰아내고 조국을 통일하여야 합니다. 우리 시대 앞에 나선 이러한 숭고한 의무를 생각하면 가슴에 솟구치는 맹세를 억제할 수 없습니다. 나는 오늘의 이 감정을 시행에 옮겨놓고 싶습니다.' 이 가사도 말 그대로 맹세문이다. 숭고한 의무에 대한 맹세문이다. 2, 3절의 '… 이어가리', '… 안으리라', '… 떨치리', '… 지켜가리라'는 이것을 잘 나타내 주고 있다. 좀 구체적으로 풀이해 보면 1절에서는 무력에 호소한 미래개척에 관한 맹세를 내비치고 있다. 2절에서는 1절에서 추상적으로 전개된 미래개척에 관한 맹세가 구체적인 방도와 비전으로 안겨 온다. '천만대군 이끌고 험산준령 넘고 넘어'와 '침략자 미제를 이 땅에서 내몰고'가 그 방도로 되고 '백두의 행군길을 곧 바로 이어가리'와 '통일된 조국을 한 품에 안으리라'가 그 비전이 되겠다. 3절에서는 2절에서 제시된 비전이 이미 실현될 것을 전제로 하여 전개된 미래개척에 관한 맹세다. 3절의 첫 두 구절은 '삼천리강산'과 '조선'으로 상징되는 통일조국을 잘 가꾸고 빛내어 가겠다는 맹세이고 마지막 두 구절은 이런 가꾸고 빛날 통일조국을 '영원히 지켜가'겠다는 맹세다. 이 시는 20살에 나는 김정일의 패기가 넘치다. 스케일이 크다. '장수힘', '천만대군', '한 품에', '삼천리강산', '온 누리', '영원'과 같은 시어들은 그 패기와 스케일을 잘 드러내 준다. 2절의 '천만대군 이끌고', '백두의 행군길을 곧 바로 이어가리'에서는 훗날 김일성의 수령 자리를 이을 뜻을 은근히 내비치고 있다. 바로 이런 뜻이 있기에 아래에 '통일된 조국', '낙원으로 꽃피워', '조선의 영광'같은 운운은 매우 자연스럽고 잘 어울린다. 위에서 보다시피 이 가시는 전반 시적 흐름이 일종 의무에 대한 맹세로 관통된 만큼 구체적인 형상적 이미지보다는 의지를 강하게 나타내는 독백식 맹세문으로 되어 있는 것이 특징적이다. 전반적으로 놓고 볼 때 이 가사는 김정일의 의지적이며 박력 있는 스타일을 잘 보여주고 있다.

그리고 이어서 1962년 9월에는 가사 <진달래>와 10월에는 서정시 <제일강산>을 창작했다.

먼저 <진달래>를 보도록 하자.

> 1. 해빛이 따스해 그리고 곱나
>   봄소식을 전하며 피는 진달래
>   어제나 오늘이나 변함 없는 꽃송이
>   (후렴)진달래야 진달래야 조선의 진달래
>
> 2. 오가는 비바람 다 맞으며
>   산허리에 피어난 붉은 진달래
>   긴긴밤 찬서리에 피고 또 피어서
>
> 3. 때 늦은 봄에도 사연을 담아
>   해빛 밝은 강산에 피는 진달래
>   못 잊을 어머님의 그 모습이런가

이 가사는 제목에서 시사하다시피 진달래에 대한 노래다. 후렴구 '진달래야 진달래야 조선의 진달래'는 그것을 직접 말해 준다. 그런데 여기서 진달래는 김정일 어머니인 김정숙을 상징하고 있다. 북한에서는 김정숙이 살아 생전 진달래를 무척 좋아했다 하여 진달래하면 바로 김정숙의 상징 코드로 되고 있다. 전문 김정숙의 형상을 부각한 다부작 장편소설 「충성의 한길에서」의 제5부는 제목 <진달래>로 바로 김정숙을 상징하고 있다. 그럴진대 이 가사는 사실 김정숙에 대한 노래로 된다. 어머니에 대한 김정일의 노래로 볼 수 있다. 마지막 절에 '못 잊을 어머님의 그 모습이런가'는 그 직접적인 주석으로 된다. 현재 북한에서 「어머니」하면 바로 김정숙으로 통하고 있다. 그러니 김정숙을 '조선의 진달래'로 읊은 것은 격에 맞다 하겠다. 이 가사는 진달래의 아름다움, 일찍 피는 등 생태적 특징에 기탁해 김정숙의 아름다움, 선구자적 이미지, 변함없는 꿋꿋함, 간난신고를 이기는 강인함 등 인간적 미를 노래하고 있다. 그런데 여기서 첫 연의 첫 구절 '해빛이 따스해 그리도 곱나'가 시사하는 독특한 의미에 대해 짚고 넘어 갈 필요가 있다. 북한 언어 사용의 상징코드를 놓고 볼 때 이 구절에서 햇빛이 김일성을 상징하고 있음은 두말할 것도 없다. 그럴진대 김정숙의 아름다움은 어디까지나 김일성의 가호가 있음으로 하여 성립되는 것으로 안겨온다. 실지 북한에서는 김정숙을 김일성와의 연결 고리 즉 김일성에 대한 충성심의 귀감으로 내세우며 그 형상을 수립하고 있다. 이 가사는 김정일이 아들 신분에서 이미 세상을 떠난 어머니를 노래하고 있지만 거기에는 추호의 애수나 애상같은 것은 볼 수 없고 어머니에 대한 거침없는 찬미 일로를 달려 결국 '조선의 진달래'로까지 승화시키고 있다. 여기서 김정일의 단순 직방적인 젊은 시절의 밝은 일면을 엿볼 수 있다.

다음 <제일강산>을 보도록 하자.

이 서정시는 아름다운 금수강산을 대상으로 하였으되 이것을 「제일강산」으로 노래한 단순히 한편의 경물시가 아니라 세상이 부러워하는 사회주의 낙원을 마련해준 김일성의 품, 노동당의 품이야말로 이 세상 진짜 「제일강산」이라고 노래하고 있다. 그러면서 김일성의 크나큰 은덕과 따사로운 사랑에 대하여 가슴 깊이 새겨야 된다고 강조하고 있다. 그리고 마지막 연 '아, 세계가 부러워 너만을 바라보게/내 너를 더 높이 안아 올리리/조선아, 조선아!/너는 나의 것 나는 너의 것'에서는 조선-조국과 혼연일치가 된 가운데 조선을 빛내는 일에 자기를 헌신하겠다고 시적 자아는 격정적으로 웨치고 있다. 이 서정시는 아버지 김일성에 대한 김정일의 송가이며 김정일의 거창한 포부를 내뿜고 있다. 젊은 김정일의 충효의 모습을 잘 보여주고 있다 하겠다. 이 서정시는 김일성의 <조선의 노래>와 그 모럴을 같이 하면서 <조선아 너를 빛내리> 의 강한 모토가 가미되어 있다.

김정일은 가사 1970년에 <충성의 노래>, <수령님의 높은 뜻 붉게 피었네>, 1971년에 <어디에 계십니까 그리운 장군님>를 지어 김일성 송가문학의 절정을 이룬다.
　먼저 <충성의 노래>를 보도록 하자.

　　　1. 장백의 험한 산발 눈보라 헤치시고
　　　　 혁명의 수 만리 길 걸어오셨네
　　　　 내 조국 찾아주신 위대한 수령님께
　　　　 인민들은 일편단심 충성을 맹세하네

　　　2. 찬이슬 맞으시며 농장을 찾으시고
　　　　 눈오는 이른 새벽 공장을 찾으시네
　　　　 크나큰 그 은덕은 만대에 길이 빛나리
　　　　 인민들은 심장으로 충성을 노래하네

　　　3. 삼천리 내 조국에 해빛은 찬란하고
　　　　 행복의 노래 소리 넘쳐흐르네
　　　　 통일된 강산에서 인민들은 대를 이어
　　　　 위대하신 수령님 모시고 천만년 살아가리

　1연에서는 지나간 항일무장투쟁시기 김일성의 혁명업적을 노래하고 있고 2연에서는 현세에서의 현지지도의 길을 끊임없이 걷고 있는 김일성의 건설업적을 노래하고 있으며 3연에서는 통일의 미래비전을 제시하고 있다. 그러면서 詩眼으로 되는 매 연의 마지막 구절을 통하여 말 그대로 충성의 노래를 읊조리고 있다.
　다음 <수령님의 높은 뜻 붉게 피었네>를 보도록 하자.

　　　1. 삼천리 아름다운 금수강산에
　　　　 행복의 노래소리 넘쳐흐르네
　　　　 수령님 모시고 사는 이 행복
　　　　 인민들은 이 영광 노래 부르네
　　　　 은혜로운 어버이 넓은 품 속에
　　　　 천리마의 조국이 꽃피어 났네

    2. 해마다 농장 벌에 만풍년 들고
       공장엔 노동의 기쁨 넘치네
       수령님 이끄시는 주체의 조국
       온 세상에 찬란한 빛을 뿌리네
       수령님의 높은 뜻 조국강산에
       영원히 꽃으로 붉게 피었네

    3. 끝없는 이 행복을 노래부르며
       사람들 화목하게 살아간다네
       수령님 높은 은덕 가슴에 안고
       빛나는 미래를 향해 갑니다
       자애로운 어버이품 속에 안겨
       천만년 길이길이 살아가리라

보다시피 가사에서는 '천리마의 조국', '주체의 조국'을 꽃피우고 빛을 뿌리게 한 김일성의 업적을 조선의 기상을 대표한다는 '천리마', '주체'로 개괄하고 있다. 그러면서 '해마다 농장 벌에 만풍년 들고/공장엔 노동의 기쁨 넘치네', '사람들 화목하게 살아간다네'와 같은 보다 구체적인 현실적 화폭으로 안받침하고 있다. 그리고 '인민들', '사람들'이 느끼는 '행복', '영광', '은혜로운 … 넓은 품 속', '자애로운 … 품 속' 같은 체험 세계 및 '… 높은 은덕 가슴에 안고/빛나는 미래를 향해가'고 '천만년 길이길이 살아가리라'는 열렬한 소망 속에 김일성의 은덕을 돋보이게 하고 있다. 이 가사의 전반 정서적 흐름은 '행복의 노래 소리 넘쳐흐르고', '끝없는 이 행복을 노래 부르'는 이중주로 흘러가고 있다.

　김정일은 혁명가극창조사업을 지도하면서 가극에 들어갈 가사작품들을 많이 지었다 한다.

　<어디에 계십니까 그리운 장군님>, <사랑하는 오빠와 우리 삼 형제>는 그 보기로 되겠다.

北斗七星 저 멀리 별은 밝은데
아버지장군님은 어데 계실가
창문가에 불 밝은 최고사령부
장군님 계신 곳은 그 어데일가

적후천리 밀림속 밤은 깊은데
우리의 장군님은 어데 계실가
가을바람 찬바람 불어 올 수록
따사로운 그 품이 그립습니다

어려운 처지에 놓이면 놓일 수록 더 일편단심 김일성만을 애타게 그리고 있는 시적 자아의 이미지가 가냘프게 안겨온다.

<어디에 계십니까 그리운 장군님>은 김일성의 지시에 따라 창작되는 혁명가극 <당의 참된 딸>을 김정일이 직접 지도하는 과정에 주제가가 신통치 않다고 여겨 밤을 지새워 가며 지은 것이라고 한다. 그래서 그런지 지금도 이 노래는 북한의 일반 사람들에게서 뿐만 아니라 많은 공식적인 공연에서도 곧 잘 불리워지고 있다.

<사랑하는 오빠와 우리 삼 형제>는 가극 <꽃 파는 처녀>에서 불리워진 노래이다. 혈육의 정을 잘 노래하고 있다.

김정일은 친애하는 지도자로 불리면서 문학예술을 책임진 1970년대 초까지 직접 문학창작을 해 왔다. 그러다가 친애하는 지도자로부터 그 위상이 점점 더 높아지면서 권력의 보좌에 올라가면 갈수록 다망한 사업 때문인지 문학창작에 더는 손을 대지 않았다. 그에 대한 송가 창작이 날이 갈수록 왕성해 짐에 따라 그의 親作도 점점 자취를 감추고 말았다.

김정일은 <피바다>, <꽃 파는 처녀>, <당의 참된 딸>, <한 자위단의 운명>, <금강산의 노래>라는 5대 혁명가극을 창작하고 성황당식 혁명연극을 창작하는데 직접 관여했다. 속도전을 해 <한 자위단의 운명>은 40일 만에 영화로 각색하였고 가극혁명을 일으킨 피바다식 혁명가극은 불과 2년 동안에 5편씩이나 창조해 냈다고 한다. 이런 작품을 창작해내는 데는 통이 큰 김정일의 역할이 절대적이었다. 김정일은 이 작품들을 김일성 유일사상체계를 세우는 작업과 밀접히 연관시켜 자기의 위상을 수립하고 문화예술과 선전선동부문을 장악할 수 있었다. 결국 김정일은 이런 과정을 거쳐 노동당권력의 핵심부로 진입했고 후계자로 자리를 굳힌 줄로 안다.

3_ 김정숙 편

  김정숙은 학교 문 앞도 가보지 못했지만 노래와 무용을 창작하고 아동단연예대를 지도했던 것이다. <어머님과 노래>에 실린 「몸소 지어 보급하신 노래 <장군별 따라서 조국 땅으로>」라는 글을 보면 김정숙은 '순간도 손에서 책을 놓지 않으시고 야학에서 배운 지식을 밑천으로 부단히 지식을 넓혀 가시었기에 이 시기에 이르러서는 벌써 자신의 생활과정에서 체험하고 느끼신 소박한 감정을 가사에 담을 수 있었고 춤도 안무하실 수 있었던 것이다.' <빛나는 영상을 우러러>(p.200)의 「꽃 이불에 담긴 소원」에 '여사께서는 수는 실에 물을 잘 들여야 곱게 되고 오래 가도 색이 날지 않는다고 하시면서…'라는 대목을 보면 김정숙은 繡藝에도 상당히 조예가 있었음을 알 수 있다. 같은 책 「청년일군의 첫 째 임무」(p.43)에 보면 김정숙은 청년들의 강연제강을 보아 줄 때 '불추주야'를 '낮과 밤이 따로 없이'로, '용왕매진'을 '힘차게 달려나가자'로 통속적으로 수정을 가했다는 것을 봐서는 글 솜씨도 어지간히 있은 걸로 짐작된다. 그리고 같은 책 「친히 완성하여 주신 <단심줄>」(p.73)에 보면 김정숙이 '가무 <단심줄>에서는 개별적인 인물들의 형상을 살릴 필요가 없습니다. 그렇게 제멋대로 춤을 추면 가무에서 보여주자는 사상을 명백히 나타낼 수 없을 뿐 아니라 오히려 작품에 손상을 줄 수 있습니다. 가무 <단심줄>에서는 반드시 춤동작을 하나같이 통일시켜야 합니다'라고 한 대목을 보면 완연히 안무가, 감독의 안목을 내비치고 있다. 여기에 보면 김정숙은 작품의 사상내용을 표현함에 있어서 예술형식을 잘 조직할 줄 알았던 것같다. 이런 예술적 재능은 <주체예술의 향도성> 212)의 「조선 식 무용을 더 훌륭히 만들어야 하겠습니다」에서도 볼 수 있다. 이를테면 광복 후인 1947년 북조선가극단이 발족하면서 처음으로 창작된 민족가극 <견우직녀>(<금강산팔선녀>)도 김정숙의 지도하에 '하늘나라'에 올라갔던 직녀가 다시 금강산에 내려와 사는 이야기로 고쳐졌다고 한다. '하늘나라'라는 것도 이 땅이 너무 가냘프고 불행하여 행복한 세상을 갈망하는 사람들이 만들어낸 것인데 오늘은 나라가 해방되어 인민들이 잘 사는 세상이 되었으니 선녀들도 내려와 살아야 할 것이 아닌가고 했다는 것이다.

그럼 아래에 김정숙이 1933년에 지었다는 <장군별 따라서 조국 땅으로>라는 가사를 보도록 하자. 이 노래는 김정숙이 팔구공청위원회 위원으로서 주로 아동단사업을 맡아 볼 때 저녁이면 아동단원들이 달을 쳐다보고 고향을 그리면서 오래 전부터 민간에서 불리 워 오던 <달 노래>를 자주 부르는 것을 보고 가사와 곡이 애수에 차 있는 이 노래대신 새 노래를 지을 것을 결심하고 아동단연예대의 공연종목의 하나로 지은 것이라 한다.

   1. 흘러가는 둥근 달 너만 가려니
      보고 싶은 고향마을 우리도 가련다
      우린 우린 아동단 총을 메고서
      (후렴)장군별을 따라서 조국 땅으로

   2. 눈비 속에 참나무 억세게 크고
      훈련으로 우리는 몸을 다진다
      우린 우린 아동단 굳게 뭉치여

   3. 우리 엄마 내 동생 생각하며는
      가슴 속에 붉은 피가 절로 끓는다
      우린 우린 아동단 원수를 치고

---

12) 최익규, 조선노동당출판사, 1983.

이 가사는 아동단의 노래답게 '장군별 따라서 조국 땅으로'라는 시적 모럴을 반복적으로 매 절에 결론적으로 깔며 간단명료하게 조직되었다. 여기서 '장군별'은 물론 김일성을 가리키고 있다. 이 노래는 김정숙이 아동가사를 하나 짓는데도 얼마나 김일성에 대한 충성심 고취에 신경을 썼는가를 잘 보여주고 있다. 이것은 김정숙이 조선소년단의 입단서약문을 작성할 때도 '우리 소년단원들은 무엇보다도 장군님께 충성다할 것을 맹세하는 것이 중요하지 않겠는가'하며 그 첫 마디를 '나는 김일성장군님의 충직한 아동단원으로서…'13)시작했다는 에피소드와 좋은 표리를 이루고 있다. 이 노래는 김정숙이 창작한 무용 <흰 갈매기>와 함께 아동단연예대의 주요 종목의 하나로 무대에 오르게 되여 군중들을 무한히 기쁘게 해주었고 투쟁에로 불러일으켰다 한다.

4. 김형직 편

김형직은 글에는 나라를 사랑하는 뜨거운 감정이 진실하게 반영되어야 한다는 것 그리고 글과 필자와의 관계, 필자의 사상과 글의 사상과의 변증법적 관계에 대해 나름대로 천명했다. 그의 글에 대한 이런 견해는 혁명활동의 전 기간 문필실천에 그대로 구현되었으며 시가창작과 문필문예활동의 확고한 지침으로 되었다.

김형직은 순화학교에 다니던 소학시절부터 10대의 청소년학생시절에 이미 많은 글을 썼는데 모든 글들은 한결같이 반일사상과 애국주의사상으로 관통되어 있다. 김형직이 순화학교 4학년 때 쓴 작문 <개미>는 어릴 때부터 애국의 넋을 지니고 반일의 광복의지를 키워 간 그의 애국정신을 잘 시사해주고 있다.

이 작문은 개미라는 작은 동물에 비교하여 단결된 힘의 위력과 생활력

---

13) <빛나는 영상을 우러러>의 「조선소년단의 첫 구호」, p.107.

에 대하여 생동하게 표현하면서 나라를 찾기 위한 싸움에 조선사람들이 단결하여 일어설 데 대하여서와 모두가 한 마음, 한 뜻으로 뭉쳐 싸우면 반드시 승리할 수 있다는 필승의 사상을 보여주었다.

김형직은 1910년 평양 경상골 병대마당에서 청년학생들의 대운동회 끝에 일제가 강요한 「을사5조약」 체결을 반대하는 웅변모임이 있을 때 일제를 때려부시고 나라의 독립을 이룩할 것을 호소하는 열변을 토하였으며 순화학교 학생들과 마을사람들 속에서 반일애국심을 키워주기 위한 연설을 자주 하곤 하였다.

1911년 12월에 비밀조직인 혁명적인 독서회를 뭇고 <동국지략>, <웰남망국사>를 비롯한 역사책들과 을지문덕, 이순신과 같은 애국명장들의 전기 그리고 <금수회의록>과 같은 문예서적들을 탐독하고 감상글도 쓰게 하였다.

김형직은 또한 숭실중학교 학생청년들을 발동하여 노래와 춤, 연극같은 것을 만들어 가지고 다양한 연예활동을 벌렸으며 그 과정에 청년학생들과 대중들을 계몽, 각성시켰다.

김형직은 일찍부터 김일성의 성장과 교양에 혁명적 문예작품이 커다란 영향력과 감화력을 가진다는 것을 알고 직접 여러 편의 노래들을 지어 불러 주면서 노래에 담겨진 반일애국사상으로 교양하였다.

김형직은 순화학교에서 교편을 잡았을 때 작문시간에 글 제목을 선택하는 데서도 「백두산」, 「금강산」, 「묘형산」, 「압록강」, 「두만강」, 「무궁화」와 같이 조선의 것을 주로 하여 나라를 사랑하는 정신을 키워주도록 하였으며 조국의 역사와 관련한 글짓기와 이야기들을 통하여 민족적 자부심과 긍지감을 북돋아 주고 반일애국정신을 심어 주었다. 특히 창가시간에 광복정신을 분발시키는 많은 노래들을 배워주면서 학생들의 시대에 대한 자각과 애국의지를 키워나갔다. 그때 김형직이 직접 배워 준 노래들 가운데는 <금풍은 소슬하고…>, <아름다운 우리 나라…>, <소년애국가> 등이 있다.

김형직은 1916년 봄에 강동군봉화리에 명신학교를 세우고 많은 혁명적인 시와 노래를 지어 학생들에게 배워주었다. 그리고 직접 교과서를 집필

했는데 이 교과서에 시작품도 있고 재미나는 이야기들도 있었다 한다.

김형직은 명신학교에서 공부하는 학생들을 위하여 직접 <명신학교교가>를 지어 보급하였으며 <전진가>, <양춘가>, <조선의 자랑>과 같은 노래들을 배워 주면서 조국광복을 위한 애국성전에로 그들을 불러일으켰다. 이밖에도 이야기모임, 웅변모임, 글짓기, 연예공연, 체육회 등 다양한 형식의 문예활동을 통하여 청소년학생들을 나라의 기둥감으로 키워나갔다 한다.

    1. 슬프도다 조선민족아
       4천여년 역사국으로
       자자손손 복락하더니
       오늘 이 지경 웬말인가
       (후렴)억사철사로 결박한 나를
       동무들의 손으로 끊어버리고
       독립만세 우뢰소리에
       동해가 끓고 산이 동하리

    2. 남산초목도 눈이 있으면
       우리와 같이 슬퍼하겠고
       동해의 어별도 맘이 있으면
       우리와 같이 슬퍼하리라

— <정신가> —

이 시에서는 후렴구를 제외한 첫 부분에서 망국노가 된 민족의 비운에 대해 통탄하고 있으며 후렴구에서는 독립, 광복의 의지를 산천이 감명하는 것으로 호소하고 있다.

1917년 초봄 순천군후탄면화오리에 있는 사립 명덕학교에 나가서 직접 시범강습에 출연하였으며 청중들의 심금을 울리는 연설도 했다. 강습을 마치는 날 저녁에는 강습생들과 마을청년들로 간소한 연예공연을 준비하도록 지도하여 주었다. 이날 공연종목에는 합창, 독창, 피리독주, 연극

등 10여 개의 종목이 올랐는데 연예공연은 종목마다 인기를 끌었다.

그 후 김형직은 신성학교, 일신학교, 양실학교를 비롯하여 여러 학교들을 찾아 웅변모임, 토론회, 독서모임 등 다양한 과외활동을 통하여 청소년학생들을 반일혁명투쟁에로 준비시켰다.

이 시가에서 중요한 내용을 이루는 것은 또한 노동자, 농민을 비롯한 근로하는 인민을 각성시키며 그들을 민족해방을 위한 투쟁에로 힘있게 불러일으키는 혁명적인 투쟁정신이다.

김형직은 포평에서 사람들이 많이 모이는 예배당을 교양장소로 이용하였으며 그곳에서 연설, 강연, 노래보급 등으로 적극적인 반일선전을 진행하고 조직성원들의 비밀모임도 자주 가졌다. 김형직은 강연을 한 다음 풍금을 직접 치면서 노래를 배워 주었다. 그때 보급한 노래 가운데는 이런 노래가 있었다.

언덕 위에 솔을 심어 십년 배양 자라났다
곧은 것은 재목 되고 굽은 것은 화목 된다
우리 모두 굳게 뭉쳐 몸과 마음 다져가자
청산 속에 묻힌 옥도 갈아야만 빛이 난다

이 밖에 <기전사가>, <청년활동가>, <독립군가> 등 많은 노래들을 배워 주었는데 가요들은 모두 다 청소년들에게 시대 앞에 지닌 임무에 대한 자각과 활동, 단결과 투쟁을 호소하는 진취적인 내용을 담은 것들이다.

김형직은 애국적인 청소년학생들의 가슴속에 슬기로운 민족정신과 단결된 힘으로 원수를 맞받아 산악도 떠밀고 나가는 전투적인 돌진의 기백을 심어주기 위하여 혁명적인 가요창작에 심혈을 기울이었다.

김혁직이 지어 보급한 <전진가>를 비롯하여 <기전사가>, <청년활동가>, <독립군가> 등 여러 가지 노래들은 청소년학도들에게 시대와 겨레의 의무를 뜨겁게 자각시키며 그들을 반일애국투쟁에로 힘있게 불러일으키는데 크게 이바지하였다.

가요 <전진가>는 김형직이 강동군 명신학교에서 교편을 잡고 청소년학생과 군중들을 계급적으로 각성시키고 반일혁명투쟁에로 힘있게 불러 일으키던 나날에 직접 지어 보급하던 노래이다.

김형직은 명신학교에서 학생들을 가르치던 시절에 음악과목을 매우 중시하면서 직접 지은 혁명적인 노래들을 보급 선전하는데 깊은 관심을 돌리였다. 가요 <전진가>는 혈기왕성하고 진취적인 청소년학생들에게 난관을 과감히 뚫고 나가는 전투적 돌진의 정신, 전진의 기백을 북돋아주는 투쟁의 노래로 널리 불리였다.

가요는 사상정서적 내용과 시적 형상에서 다른 가요들과 구별되는 일련의 특성을 가지고 있다

<전진가>를 비롯한 그의 많은 시가들에는 「志遠」의 애국사상에 기초한 통일과 단결의 염원이 심오하게 일반화되어 있으며 광범한 대중의 뭉친 힘, 조직된 힘의 위력에 대한 확신이 넘쳐흐르고 있다.

   1. 태평양과 대서양의 무한한 물은
     산곡간의 적은 물이 회합함이요
     우리들의 적은 지식 발달하기는
     천신만고 지난 후에 능히 하리라
     (후렴)청년들이 가는 앞길 태산과 같이 험하다
     고생함을 낙심말고 나아갈 때에
     청년들아 용감력을 더욱 분발해
     용진용진 나아가세 문명부강케

   2. 오고가는 바람형세 맹렬한 것은
     무형무색 공기들이 회합함이요
     우리들의 적은 사업 성취하기를
     노심초사 힘써함이 이것 아닌가

이 시는 '티끌모아 태산', '단결은 곧 힘' 그리고 오직 곤란을 두려워하지 않고 용왕매진하면 꼭 뜻한 바를 이루어내고 만다는 소박한 인생도리를 청년들에게 피력하고 있다.

가요의 1연에서는 청년들에게 지식습득과 발달과정은 쉽게 이루어지지 않으며 천신만고를 거쳐 힘겹게 성취되는 매우 어려운 일이라는 것을 태평양과 대서양이 이루어지는 과정에 비유하여 노래하고 있으며 2연에서는 애국사업이 성취되는 과정 역시 勞心焦思의 결과로 이루어지는 힘겨운 사업이라는 것을 맹렬한 바람이 이루어지는 과정에 비교하여 설득력 있게 노래하고 있다.

후렴에서는 투쟁의 앞길에 가로놓인 난관과 시련이 아무리 크다 하더라도 낙심하지 않고 과감히 뚫고 나갈 때 부강하고 융성 번영하는 문명조국을 세워나갈 수 있다는 심오한 진리를 밝혀주고 있다.

이와 같은 내용을 통하여 가요에서는 지식을 습득하고 문명조국을 세우는 애국사업도 결국은 전투적 돌진의 정신으로 난관과 시련을 과감히 뚫고 나갈 때 성취될 수 있다는 사상을 밝히고 있다. 다시 말하여 청년들은 난관을 뚫고 나가는 전투적 돌진의 정신을 가져야 한다는 사상을 핵으로 삼고 있다.

가요는 前聯은 기본사상을 밝혀내기 위한 시적 상황과 전제를 제시하는 부분으로 되어 있고 후렴에 들어와서 가요의 기본 사상이 밝혀지고 있다. 이런 시적 구성은 충분한 정서적 축적과 승화과정을 통해 시형상을 무르익히면서 사상적 결론을 도출하려는 창작의도로부터 출발하고 있는데 이것이 바로 <전진가>가 보여준 하나의 중요한 특성으로 되겠다.

김형직은 또한 사립학교학생들을 위하여 교가를 지어 보급하였다. 교가는 학생들은 물론 마을의 어린이들과 청년들 속에서 나라의 기둥으로 새 세대로서의 의무와 사명감을 깊이 자각하게 하였다.

김형직은 오래동안 교육사업에 몸을 담고 있으면서 많은 교가를 지었다. 자기가 직접 창립한 명신학교교가는 물론이고 다른 학교의 교가들도 지어 주었다 한다. 이를테면 <명신학교교가>, <승덕학교교가> 등이 그 보기로 된다.

1916년 3월 20일 명신학교는 개교식을 갖게 된다. 이 개교식에서 김형직은 나라의 독립을 이룩하기 위한 큰 사람이 되기 위해 배워야 한다는 연설을 한다.

'… 큰 사람이 되자면 제 나라를 생각해야 한다. 우리는 제 나라를 찾아
야 한다.

나라 없는 백성은 부모 없는 사람과 같다. 그렇기 때문에 우리가 공부를
잘 하는 것도 제 나라를 찾고 장래 훌륭한 나라를 세우자고 하는 것이다. …'

그리고 즉흥시 한 수를 격조높이 읊는다.

> 낙낙장송 큰 나무도 깎아야만 동량이 되고
> 공부하는 청년들아 너의 직분 잃지 말자
> 새벽달은 넘어가고 동천조일 비쳐온다

시에서는 청년들을 학업에 면려하는 호소성과 더불어 조국광복의 희망
의 서광을 내비치고 있다.

이 연설과 즉흥시는 일종 교육구국의 이념을 보여주기도 한다.

이런 이념이 <명신학교교가>에서 구체화되어 나타난다. <명신학교교
가>는 모두 3연로 되어 있다.

1연에서는 명신학교의 자연적 입지조건을 제시한다.

> 봉화산 기세 있게 여기 솟았고
> 열파강이 흘러내려 감돌아드는
> 우리의 명신학교는 반석 위에 터를 닦고
> 높이높이 솟아서 영원무궁 지나도록 길이 빛나리

보다시피 산수가 어울리진 '명당' - 반석 위에 자리잡은 명신학교의 휘
황찬란한 미래에 대해 확신하고 있다.

2연에서는 명신학교의 역할, 자부심과 더불어 길이 보존할 뜻을 밝히
고 있다.

> 국가의 큰 인물도 여기서 나고
> 국가의 큰 재목도 여기서 나네
> 봉화산과 열파강이 마르고 닳도록
> 우리의 명신학교를 영원무궁 지나도록 길이 보존하세

여기서는 '국가'라는 말을 반복함으로써 시대와 민족의 요망에 부응한 명신학교의 고차원의 역할 및 자부심이 강조되면서 자연스럽게 길이 보존할 결론으로 이어졌다.
　3연에서는,

> 삼천리 아름다운 금수강산에
> 슬기롭고 용감한 우리 학도야
> 원대한 뜻을 품고 지식배양 분발해
> 동터오는 새 조선을 영원무궁 지나도록 길이 받드세

직설적으로 조선의 山水에 조선의 영걸들, 조선의 학도들인 '우리'가 「志遠」의 뜻을 세워 조선을 위한 공부를 하자고 호소하고 있다.
　1916년 11월 김형직은 송오리(지금의 승호구역 봉도리)에서 승덕학교 사업을 지도하면서 학생들에게 <승덕학교교가>를 지어 직접 배워 주었다. 교가는 모두 3연로 되어 있다.

> 1. 앞에는 무광산 뒤에 대동강
>   동에는 떡 밭에 서에 봉황산
>   산 좋고 물 맑은 송오마을에
>   자랑높이 승덕학교 서있다네

1연에서는 산수가 어울리는 '풍수지리'적으로 빼어난 승덕학교의 입지 조건을 자랑스럽게 읊고 있다.

　　2. 배움의 글소리 하늘 높이 닿고
　　　무쇠 힘 키우는 구령 요란타
　　　씩씩하게 자라서 청년학도들
　　　우리들이 나갈 길 양양하다네

　2연에서는 智, 德, 體를 고루 갖춘 인재로 자라나는 청년학도들의 자랑찬 모습을 노래하고 있다.

　　3. 삼천리 초목도 우리 것이고
　　　광명한 내일도 우리 것일세
　　　나가세 한마음 용진스럽게
　　　우리 학교 승덕학교 만세 만만세

　3연에서는 희망찬 미래를 펼쳐 보이며 이 모든 것을 있게 한 승덕학교의 무궁한 번영을 기원하고 있다.

　1917년 김형직은 의주에 있는 나라를 지켜 싸운 선조들의 애국정신과 멸적의 기개가 어려 있는 통군정에 올라 동행한 사람들에게 선조들이 슬기와 용맹을 떨치던 기백으로 애국청년들을 선발하여 군사를 키워 빼앗긴 나라를 되찾고 명승고적으로 이름난 통군정도 민중의 것으로 만들어야 한다고 하면서 직접 시 한 수를 지었는데 그것이 <통군정의 노래>라고 한다.

　　1. 백두산 정기품고 흘러 2천리
　　　배노래 구룡포에 처량하구나
　　　전립을 옆에 끼고 백마산 보니
　　　의주라 통군정은 희망을 주네
　　2. 압록강 푸른 물에 붉은 피 흘러
　　　현해탄 흡혈귀들을 전멸하자고
　　　삼각산마루에서 맹세다지니
　　　의주라 통군정은 싸움터로다

> 3. 백일원 넓은 뜰에 군사를 길러
>   물건너 압제자를 구축하고서
>   무산자 새 사회를 건설하리라
>   의주라 통군정은 개선각이다

이 시에 나오는 백일원은 조선조 때 군대들이 훈련하던 곳으로 군인들의 실탄사격을 관람하던 누대이다. 김형직은 이 백일원의 유래에 대해 군대를 100일 동안 양성하다가 일단 유사시에 하루를 써먹는다는 뜻에서 온 누대이름이라고 하면서 지금은 저 훈련장이 잡초무성한 폐허로 되었지만 앞으로 일제를 몰아내고 또 다시 우리의 군대가 저 백일원에서 보무당당하게 훈련할 때가 올 것이라고 힘주어 말했다 한다. 이 시는 '백두산', '구룡포', '백마산', '의주', '통군정', '압록강', '삼각산', '백일원' 같은 역사상 韓민족과 밀접히 관계되어 있는 유서 깊은 곳을 선택하여 시적 세계를 구성하고 있다. '백두산', '구룡포', '백마산', '압록강', '삼각산'같은 것은 짙은 민족적 정서를 불러일으키며 '의주', '통군정', '백일원'같은 것은 멸적의 기개를 불러일으킨다. 이 시는 분명 무장투쟁의 기치를 내걸고 있다. 시의 1, 2연에서도 이런 기미는 얼마든지 볼 수 있겠지만 3연에서는 '군사를 길러' '구축하'자고 공공연히 웨치고 있다. 그리고 이 시 매 연의 마지막 구는 '의주라 통군정은 희망을 주네', '의주라 통군정은 싸움터로다', '의주라 통군정은 개선각이다'로 끝맺고 있는데 이것은 우리 선조들처럼 희망을 품고 싸우면 이긴다는 시적 모럴을 그대로 드러내주고 있다. 시의 3절에서 '무산자 새 사회를 건설하리라'는 시대를 앞질러 나간 김형직의 계급론적인 사회주의이상실현의 의지를 나타내고 있다.

1918년 가을 김형직은 「조선국민회」사건으로 옥고를 치르고 고향 만경대로 돌아온다. 어느날 그는 쇠약해진 몸을 지팡이에 의지하여 푸른 소나무가 우거진 만경대의 남산에 오른다. 바위틈에 뿌리 내리고 거연히 솟아 있는 푸른 소나무를 바라보던 김형직은 사시장철 푸르러 변함없는 소나무의 억센 기상 앞에서 끓어오르는 격정을 참지 못하여 <남산의 푸른 소나무>라는 즉흥시를 읊었다.

이 시는 혁명의 앞길에 그 어떤 풍파와 곡절이 가로놓인다 하더라도 끝까지 변치 않고 그 길을 꿋꿋이 걸어가리라는 굳센 의지와 신념이 굽이치고 있다.

이 시는 김형직이 지닌 「志遠」의 뜻과 민족자주정신이 투철히 구현되어 집식구들과 동지들의 가슴속에 조국광복에 대한 불타는 열망을 세차게 지펴 주었다고 한다.

남산의 저 푸른 소나무가
눈서리에 파묻혀서
천신만고 괴롬 받다가
양춘을 다시 만나 소생할 줄을
동무야 알겠느냐

나라의 독립을 못할 바에야
살아서 무엇하리
몸이 찢겨 가루되어도
광복의 한길에서 굴함없을 줄
동포야 믿어다오

이 한 몸 싸우다 쓰러지면
대를 이어 싸워서도
금수강산 삼천리에
양춘을 찾아 올 제 독립만세를
조선아 불러다오

시 제목이 <남산의 푸른 소나무>이듯이 1연은 '남산의 저 푸른 소나무가' 운운으로부터 시적 발상을 하고 있다. 切題가 적절하다. 김형직은 평시에 소나무를 무척 좋아했다고 한다. 그에게 있어서 소나무는 마음의 기둥으로 되고 있었으며 굳센 의지와 신념의 상징으로 언제나 변함없이 꿋꿋한 지조와 청렴한 정신, 깨끗하고 숭고한 양심의 대명사로 간직되어 있었다고 한다. 그리하여 동지들에게 보내는 고무의 편지 속에 소나무를 그려 보내기도 했다는 것이다. 그러니 김형직이 고향 남산의 푸른 소나무에 자신의 굽힐 줄 모르는 독립의지를 기탁했음은 충분히 이해가 간다. 1연에서는 은유적으로 시적 형상을 구성했다면 2, 3연에서는 직설적인 특색을 보여주고 있다. 김형직은 항상,

'나라를 독립시키지 못할 바에야 살아서 무엇하겠습니까?

내 몸이 찢기여 가루가 될지언정 일제놈들과 싸워 이겨야 하겠습니다.

내가 싸우다가 쓰러지면 아들이 하고 아들이 싸우다가 못하면 손자가 싸워서라도 우리는 반드시 나라의 독립을 성취하여야 합니다'라고 외웠다 한다. 「愚公移山」식의 끈질김을 보여주기도 한다. 이것을 2, 3연의 주석으로 보면 딱 들어맞는다.

이 시는 1연에서 '동무야', 2연에서 '동포야', 3연에서 '조선아'에서 보는바와 같이 호칭의 의미적 외연을 넓혀 감으로써 그 절절함을 점점 더 고양시키고 있다. 그리고 '양춘'이라는 말도 1연에서는 '자연적인 봄빛'을 뜻했다면 3연에서는 '미래지향적인 광복'을 뜻하고 있어 시적 의미를 심화기키며 음미할 여지를 준다.

김일성은 <남산의 푸른 소나무>에 대해 다음과 같이 언급하고 있다.

'아버지는 그때 고향을 떠나기에 앞서 <남산의 푸른 소나무>라는 시를 남겨였다. 그것은 몸이 찢겨 가루가 되어도 대를 이어가며 굴함없이 싸워 삼천리금수강산에 기어이 독립의 새봄을 가져오려는 아버지의 군은 맹세였다.'14) 이것은 이 시를 이해하기에 좋은 주석감을 제공해주고 있다.

김형직은 만경대를 떠나 의주에 있는 구리도에 나가 구리도 명신학교 사업을 지도하면서 학생들 속에서 웅변모임, 토론회, 학예회, 노래보급 등 다양한 문예활동을 벌리였으며 직접 혁명적인 시와 노래들을 보급하면서 청년학생들을 반일애국사상과 혁명정신으로 교양하였다.

1918년 벽동의 신명학교를 찾아 강연과 노래보급으로 학생청년들을 고무하였다.

---

14) <김일성저작> 45권 p.34.

　김형직은 청수동회의에서 제시된 새로운 투쟁방침을 관철하기 위하여 벽동에서 반일운동지들과 모임을 가진 후 구름 한 점 없는 달밤 동주성 남문루각인 완월루에 올랐다. 완월루는 그 옛날 나라의 변강방위임무를 수행하던 장수들이 달구경을 즐기던 곳이다. 그때 김형직은 오늘과 같이 왜놈들에게 나라를 빼앗긴 망국노의 처지에서는 아름다운 자연도 빛을 내지 못한다고 하면서 옛날 우리 선조들이 북방국경을 개척하고 4군 6진을 설치하여 기세를 떨칠 때 변방을 지켜선 장수가 읊은 시라고 하며 시 한 수를 외웠다. 그리고는 먼 옛날에도 이렇게 지켜 싸웠는데 우리가 어찌 보고만 있겠는가고 하면서 우리도 분연히 떨쳐 일어나 원수를 치고 승전고를 울리면서 온 누리에 독립을 선포하고 새 나라를 세워야 한다고 힘주어 말했다 한다. 이어서 동주성을 한눈에 굽어보며 시 <짓밟힌 동포야 일어나거라>를 즉흥적으로 읊었다. 이 시는 사람들을 반일성전으로 격조 높이 호소하고 있다.

      1. 달 밝은 완월루에 높이 올라서
         동주성 바라보니 감개 깊어라
         북변강 배사공의 구슬픈 저 노래
         구봉산 기슭에 메아리치네

      2. 네 모습 예로부터 아름다워서
         길손의 시흥을 불러왔건만
         왜놈의 학정아래 눈물지으니
         달빛도 산천도 빛을 잃었네

　이와 같이 1, 2연에서는 예로부터 아름다운 산천이건만 왜놈의 학정아래 빛을 잃었다고 통탄하고 있다. 그러다가 3, 4연에서,

      3. 굶주리는 민중아 슬퍼 말아라
         짓밟힌 동포야 일어나거라
         판가리 싸움에 이 몸 바치니

사나이 총검이 분노에 운다

4. 무도한 왜적들을 쳐물리치고
    동주성 완월루에 다시 올라서
    목청껏 독립만세 높이 부르자
    무산민중 새 사회 세워나가자

라고 민중을, 동포들을 판가리 싸움에로 궐기시키며 독립만세 그 날을 기약한다. 마지막 구 '무산민중 새 사회 세워나가자'는 역시 <통군정의 노래>에서처럼 시대를 앞질러 나간 김형직의 계급론적인 사회주의이상실현의 의지를 나타내고 있다.

1920년 김형직은 다시 청수동으로 나와 범골 용소에서 농우회와 청년단간부들의 모임을 지도했다. 모임이 끝난 후 지하혁명조직성원들의 요청에 의하여 <철봉산>이라는 시 한 수를 지었다. 이 시는 당시 김형직이 용소 바위에 직접 썼는데 1938년 대홍수가 지기 전까지 그대로 보존되어 있었으나 지금은 그 형체가 거의 없어지고 한 부분만이 남아있다고 한다.

시 <철봉산>에는 아름다운 조국강산을 짓밟은 일제침략자들을 무장으로 쳐 부시고 기어이 광복의 큰 뜻을 이룩하고야 말려는 김형직의 불타는 신념과 의지가 노래되고 있다.

1. 높이 솟은 철봉산아
    물결 푸른 압록강아
    청산류수 바라보니
    절승경개 예로구나

2. 설음 안고 떠나간 이
    큰 뜻 품고 돌아왔네
    철봉산아 울려다오
    독립군의 총소리를

1연에서는 말 그대로 '청산류수', '절승경개'로 자연의 아름다움을 펼쳐 보이고 있다. 그런데 2연에서 돌연 '설음 안고 떠나간 이'로써 인간사회의 비극을 시사하고 있다. 자연과 인간의 괴리를 연출하고 있다. 이 시의 묘미는 단지 이 괴리로 끝나는 것이 아니다. '큰 뜻 품고 돌아왔네'는 이 괴리를 해소할 마음의 시작이고 '독립군의 총소리를'은 행동의 시작이다. 보다시피 시에서는 결심도 결심이겠지만 이미 행동세계로 들어간 무장투쟁의 고고성을 알리고 있다.

1922년 초봄 김형직은 직접 <국어독본> 교재를 집필하여 류하현 삼원포에 있는 조선인소학교 교재편집소에 선물로 보내 주었다. 이 교재는 당시 만주일대 조선인소학교들에서 국어교과서로 이용되었다.

<국어독본>은 모두 40과로 되어 있는데 거기에는 김형직이 직접 지은 시가작품들과 동화작품들도 많이 실려 있었다. 그 중에는 유구한 역사를 자랑하고 아름다운 금수강산을 노래한 시들이 많은데 <산 좋고 물 맑은 아름다운 내 조국> 은 그 보기로 되겠다.

산 좋고 물 맑은 아름다운 내 조국
금수강산삼천리 아름다운 내 조국
산과 들엔 오곡백과 무르익고
동해의 어별들은 헤염쳐 논다

두의 높은 기상 꿋꿋이 품고
반만년의 역사를 자랑하는 내 나라
왜놈들을 이 땅에서 때려 부시고
자유로운 회복 위해 용감히 싸우자

보는 바와 같이 시가에서는 산 좋고 물 맑은 아름다운 금수강산, 금은 보화 가득 찬 조국에 대한 무한한 긍지와 자랑을 노래하면서 일제를 쳐 물리치고 번영하고 자유로운 새 나라를 세우기 위한 반일애국성전에로 사람들을 힘있게 불러일으키고 있다.

1923년 가을 신파, 삼수 일대로 나가 혁명활동을 하는 중 너럭바위 낚시터에 이르러 가슴에 품고 있던 혁명의 큰 뜻을 장진강 푸른 물결에 담아 다음과 같은 시 구절을 남겼다고 한다.

> 장진강 거센 물결아
> 너는 애국지사들의 푸른 넋과
> 이 나라 백성들의 뜻을 담아 실고
> 흐르고 또 흘러라

김형직이 직접 지은 시 <장진강 거센 물결아>에는 무산혁명의 큰 뜻을 품고 무산대중을 조직하여 강도 일제를 무장으로 때려눕히고 나라의 광복을 기어이 성취하고야 말려는 서슬 푸른 의지와 확고한 결심이 격조높이 노래되고 있다.

1923년 11월초 김형직은 국내 삼수군의 여러 곳에 들리어 독립운동자들의 비밀모임도 지도하고 청년들과 학생들에게 글을 가르치고 연설도 하였으며 혁명적인 노래도 보급하였다.

성내리에 들렸을 때 나라 잃은 망국노의 처참한 신세를 통탄만 할 것이 아니라 모두 다 힘과 지혜를 모아 왜놈들을 이 땅에서 몰아내기 위하여 힘껏 싸우자고 호소하면서 격정에 넘쳐 시 한 수를 읊는다.

> 나라를 잃어버린 민족의 슬픔
> 성안에도 가득히 어리었구나
> 잃었다 울지 말고 총을 잡자
> 광복의 내 나라 찾고서야 말리

시에는 왜놈들에게 나라를 빼앗긴 민족의 비통한 체험과 눈물을 복수로 바꾸어 무장으로 일제를 몰아내고 기어이 조국광복을 이룩하고야 말려는 의지와 필승의 신념이 넘치고 있다.

1925년 봄에 무송에서 정규적인 조선인소학교인 백산학교를 다시 세우고 명예교장이 되어 교육사업을 세심히 돌봐주었고 지어는 학교개교식을 위해 준비한 연예공연도 지도하여 주고 학생가창대와 연예대를 무어 인민들 속에서 혁명적인 노래를 보급하고 무용과 연극공연으로 인민들과 청소년들을 반일애국사상과 선진사상으로 교육하는데 신경 썼다고 한다.

김형직도 어디까지나 세 아들을 둔 아버지인지라 여느 부모와 마찬가지로 어린 자식들을 키우면서 아름다운 소원을 담아 자장가를 부르기도 했다. 전래 자장가는 일반적으로 어머니들이 짓거나 불렀으나 김일성 형제들 관련 자장가는 김형직이 직접 지어 부른 것이 좀 특이하게 눈에 띤다. 현재 김형직이 지은 자장가는 2편이 전한다.

> 조선의 아가야
> 우리 아가야
> 무럭무럭 자라서
> 얼른 잠간 소학교
> 가정에는 효자동
> 친척에는 화목동
> 나라에는 영웅동
> 우리 나라 영웅동
>
> ― 자장가(1) ―

이 자장가는 일반 자장가들이 보통 '우리 아가'로 들어가는 것이 특색인데 단번에 '조선의 아가야'로 들어감으로써 耳目一新의 효과를 가져오고 있다. 그 다음 '무럭무럭 자라서/얼른 잠간 소학교'에서 보다시피 體·智적으로 빨리 잘 자라 '가정', '친척', '나라'/'효자', '화목', '영웅'의 점진법적인 상승소망을 나타내고 있다. 그리고 일반 자장가에서는 부모 말 잘 듣고 공부 잘하여 큰 사람이 되라는 등 그 표현이 추상성을 띠고 있다면 이 자장가에서는 '소학교', '가정', '효자', '친척', '화목', '영웅', '우리 나라' 등 비교적 구체적 표현들을 구사하고 있는 것이 특색이다. <자장가(1)>의 이런 특성은 <자장가(2)>에서 전개된 상태에서 보다 잘 나타나고 있다.
<자장가(2)>는 2연으로 된 가요이다.

  1. 아가야 자장자장 어서 자거라
     아가야 자장자장 잘두 자누나
     친척에는 화목동 부모님께 효자동
     사랑있다 장중보옥 능할하 자장

  2. 아가야 자장자장 얼른 소학교
     아가야 자장자장 벌써 중대학
     박사동이 되어라 영웅동이 되어라
     우리 나라 광복사업 능할하 자장

— 자장가(2) —

<자장가(2)>도 <자장가(1)>에서처럼 1, 2연의 첫 부분에서 體·智적으로 빨리 잘 자라 역시 孝子童, 和睦童, 英雄童이 되기를 기대한다. 그런데 2연에서 英雄童과 나란히 博士童이 되어라고 한데는 문무를 겸비한 큰 인물이 되기를 바라는 간절한 소원을 기탁하고 있다. 그리고 마지막 구에 '광복사업'이라고 밝힘으로써 英雄童, 博士童이 되는 목적이 그 어떤 사사로운 개인적인 출세지향이 아니라 어디까지나 절실한 시대적 요구한 부응한 거창한 것임을 제시하고 있다.

이 두 자장가는 민족주의운동으로부터 초기공산주의운동으로 방향전환을 한 선구자로 꼽히는 김형직이 창작했음에도 불구하고 그 기저에는 은근히 修身齊家治國平天下의 유교적 이념이 바탕을 이루고 있다. 현재 북한에서 어린이들에게 삶의 지표로 요구하는 孝誠童·忠誠童도 여기서 예외가 아니다.

북한에서는 자장가(1), (2)를 지난날의 자장가형식을 비판적 견지에서 이용하면서 거기에 처음으로 혁명적인 내용을 관통시키고 유년기아이들의 연령심리적 특성에 맞게 생활적으로 정서있게 형상함으로써 역사상

처음으로 혁명적 유년동요의 본보기로 창조한 귀중한 유산으로 된다고 높이 평가하고 있다.

5. 강반석 편

강반석은 얼마간 학문적 수양을 갖추고 있은 듯하다. 강반석은 남편 김형직의 교육사업을 정성껏 도우면서 밤에는 야학을 지도하였으며 김형직이 먼길을 떠날 때에는 직접 명신학교학생들의 수업까지 맡아보았다 한다. 그리고 야학생들에게 나라를 지켜 싸운 애국명장들에 대한 전기를 비롯하여 재미나는 옛 이야기를 많이 들려주었으며 직접 노래도 배워주면서 청소년학생들의 가슴속에 반일애국의 불씨를 심어 주었다 한다.

강반석은 김형직이 직접 지은 자장가를 불러주면서 김일성의 작은 가슴에 나라 찾을 큰 뜻과 원대한 포부를 심어주었으며 자기도 짤막한 노래들과 시가들을 지어 자주 불러주면서 어린 김일성의 가슴속에 반일애국의 높은 뜻을 심어주었다. 이에 대해 김일성은 '나는 어렸을 때 어머니에게서 노래를 많이 들었는데 그 노래들은 후에 나로 하여금 낙천적으로 생활하고 투쟁하도록 고무하여 주었습니다'(<김일성저작집) 제32권 p.236)고 말하고 있다.

> 하늘은야 높고
> 땅은야 넓다
> 너는 그래 이다음에
> 하늘땅보다 더 크거라

강반석이 직접 지은 단절 가요 <하늘은요 높고>다. 여기에는 어린 김일성이 어서 커서 큰 사람이 되라는 기원을 나타내고 있다.

만경대에 봄이 와도
울아버지 안오시네
푸른 하늘 뭉게구름
훨훨 높이 잘도 난다
무얼 실러 어디 가나
별나라로 찾아가나
(후렴)아기별도 실어오소
장수별도 실어오소

대동강이 다 풀려도
울아버지 안오시네
푸른물에 돛단배는
바람타고 물결차며
어기여차 잘도간다
한산도로 찾아가나

남편 김형직이 왜놈들에게 체포된 후 지어 불렀다는 <만경대에 봄이 와요>다. 이 노래는 자식들의 입장에서 첫 두 구절 자연과 현실이 낙차를 이루는 가운데 어쩔 수 없는 현실적 상황 속에서 그 극복의지를 동심적 환상의 세계에서 잘 나타내고 있다. 그런데 그 극복의지는 마지막 '아기별도 실어오소/장수별도 실어오소'라는 후렴구에서 보여주다시피 어디까지나 자기보다 강한 타자에게 의탁하려는 아이들의 의뢰심리를 드러내 보이고 있다. 그래서 이 시가 그 만큼 동요시적인 맛이 나는지도 모르겠다.

강반석은 만경봉 그네터에 올라 어린 김일성을 안고 그네에 앉아 이 노래를 불러주면서 왜놈들에 대한 증오심을 키워주었으며 나라 찾을 큰 뜻과 굳센 각오를 가지고 기어이 독립을 이룩하고 착취 없고 압박 없는 인민의 새 세상을 세워야 한다는 사상을 가슴깊이 새겨주었다.

김일성은 이 가요와 관련해 다음과 같이 회억하고 있다.

"어머니는 어느날 나를 데리고 만경봉 그네터로 올라갔다. 나를 안고 그네에 걸터앉아 이런 말씀을 하였다.

'증손아, 저 앞의 대동강얼음이 다 풀리고 나뭇잎이 푸르러도 너의 아버지는 돌아오시지 않는구나. 아버지가 나라를 찾기 위하여 싸우셨는데 그것이 무슨 죄가 되겠느냐. 네가 어서 커서 아버지 원쑤를 갚아야 한다. … 너는 커서 꼭 나라를 찾는 영웅이 되어라.'"

어린 김일성에게 한 강반석의 말은 <만경봉에 봄이 와요>의 주제사상적 내용의 좋은 주석으로 된다. 실로 보잘 것 없이 보이는 듯한 동요에 거창하고도 대단한 의미적 내연이 부여되어 있는 셈이다.

<동심에 맞는 구성탐구-백두산여장군께서 들려주신 이야기를 중심으로>(안용준, <문학신문> 2000년 9월 23일)에 보면 '위대한 김정숙동지께서 간고한 항일무장투쟁과 새 조국건설시기 몸소 창조하신 이야기들은 어린이들의 나이와 심리적 특성에 맞게 선한 것과 악한 것, 옳은 것과 그른 것, 고운 것과 미운 것 등 아동들의 혁명적 교육교양에 절실히 필요한 것을 내용으로 하면서도 다양하고 독특한 구성조직으로 작품의 형상성을 보다 높이고 있다.

김정숙동지께서 들려주신 이야기의 구성조직에서 특징적인 것은 우선 인간관계가 단순하면서도 그것을 여러 측면에서 특색있게 조직한 것이다'고 하면서 김정숙이 창작했다는 <두 산골농민의 벼농사>, <다시 돌아온 곰>, <쫓겨난 여우>, <쫓겨난 거부기>, <오동나무잎>, <산삼고개> 등에 대해 긍정적 주인공 혹은 부정적 주인공 혹은 자연물을 중심에 놓고 혹은 대비적 혹은 반복적 수법으로 구성조직을 잘 짰다고 평가하고 있다. 그러면서 결론적으로 '이처럼 다양하고 독특한 구성수법들을 어린이들의 심리정서와 지향에 맞게 적극 활용함으로써 작품이 제기한 심오한 주제사상을 쉽게 전달시키고 있다'고 하고 있다.

6. 김철주 편

김철주는 1933년 안도일대에서 혁명활동을 벌릴 때 반제공동전선을 형성할 데 대한 김일성의 혁명적 방침을 관철하기 위하여 반제공동투쟁을 호소한 풍자희극 <승냥이와 여우는 때려잡아야 한다>를 창작 공연했다 한다.

작품은 '대영제국'의 수상, 미국대통령, '대일본제국'의 총리대신 등 제국주의열강의 두목들을 하나하나 등장시켜 놈들의 침략적 본성을 폭로하는 극적 형식을 취하고 있다. 작품은 미·영·일 제국주의자들의 음흉한 목적과 침략 기도, 그들 내부의 모순을 정론적 목소리로 예리하게 해부하면서 마지막에 붉은 오각별을 단 군모를 쓴 항일유격대원을 등장시켜 제국주의자들의 본성을 예리하게 폭로단죄하고 항일유격대의 숭고한 목적과 위업의 정당성, 승리의 필연성을 강조하고 있다.

작품은 이러한 형상을 통하여 제국주의자들은 침략적 목적의 공통성으로 하여 서로 연결되어 있으며 따라서 놈들을 물리치기 위해서는 항일무장투쟁을 중심으로 하여 전체 인민이 뭉치며 조·중인민이 굳게 단결하여 반일구국투쟁을 힘있게 벌려야 한다는 사상을 강조하고 있다. 이 작품은 인물들의 성격을 단 한사람의 연기로써 형상하는 獨演劇의 형식을 취하면서 인물들을 순차적으로 형상하는 구성상 특성을 보여주고 있다.

맺음말

본 연구는 어디까지나 소개성적인 초보단계에 불과하다. 필자의 자료 수집 상황에 의해 그 詳略이 정해졌다. 필자는 될 수 있는 한 객관적인 서술을 많이 하는 것으로 광복 후 북한 문학연구의 한 길잡이가 되고자 했다. 그런 만큼 주관적인 평가는 될 수 있는 한 적게 하도록 했다. 그럴진대 주관적인 분석과 평가를 하는 경우에는 좀 무단적이고 편협하게 흐른 지도 모르겠다. 그러나 무단적이고 편협하나마 필자 나름대로의 생각이나 관점 같은 것을 충분히 전한 줄로 안다. 북한 문학연구에서 이 방면의 연구는 아직 그 여지가 많다. 이를테면 「제2편 수령 및 준수령들이 창작한 문학작품연구」에서 북한에서 수령 및 준수령들의 다재다능의 위대성을 돋보이기 위해 문학창작재능까지 부여시키는 경향이 없지 않아 있기에 그 작품창작의 「親筆」15)여부에 대한 고증같은 문제는 1차적으로 해결해야 될 과제들이다. 그럼에도 불구하고 필자가 이 1차적인 문제를 떠나 2차적인 문제인 「親筆」 작품들의 내용적인 면을 고찰한 것은 자료 등 여러 면의 사정을 감안할 때 부득이한 사정임을 밝혀두면서 앞으로의 연구과제로 남겨둔다.

이 책이 여러분들의 연구에 다소나마 도움이 된다면 더 없는 행운으로 여기겠다.

---

15) 김일성 자신의 회고록 <세기와 더불어>(1)에 보면 <혈분만국회>, <안중근 이등박문을 쏘다>, <딸에게서 온 편지>와 같은 극작품을 거론함에 있어서 항상 「우리」가 창작공연했다는 「우리」라는 복수형을 쓰고 있는데 이것은 이런 작품들이 집체작임을 시사하는 바가 없지 않아 있다. 특히 연극예술의 경우에는 장르상 다분히 종합성적인 특색이 있는지라 집단적인 창작지혜를 요구하게 된다. 그리고 이런 작품들이 어디까지나 사상교육목적에서 창작되었다고 할 때 그 어떤 개인의 창작명예욕보다는 집단적 창작지혜의 집중이 더 절실했을 것이다. 그럼에도 불구하고 이런 작품들을 김일성 한 사람에게만 전적으로 돌리는 것은 수령 다재다능화의 현세의 정치적 요인이 가미된 줄로 안다. 김정일의 다음과 같은 말은 그간의 사정을 잘 말해주고 있는 것으로 보인다. '항일유격대에는 문학예술작품을 전문으로 창작하는 사람이 없었던 것만큼 창작을 언제나 집체적으로 하였습니다. 항일혁명투쟁시기에 창작된 많은 문학예술작품에는 유격대원들의 집체적 지혜가 깃들어 있습니다.'(<연극예술에 대하여> p.28)

부록 1

【총서 관련 주요 작가 소개】

♣ 천세봉(1915.2.10~1986.4.28) :

<혁명의 여명>, <은하수>, <조선의 봄>

1915년 함경남도 고원군 덕지리(당시 금수리) 머슴가정의 외아들로 태어났다. 이기영, 한설야 등 1세대 작가들을 이은 2세대 대표적인 작가이다. 1946에 처녀작 <영로(고개길)>이 함경남도 예술연맹의 현상응모에 당선되었다. 1947년에 단편소설 <새로운 맥박>, <오월>을 발표했는데 <새로운 맥박>이 전국문학예술축전에서 3등으로 당선되었으며 잡지 <조선문학> 창간호에 게재되었다. 이어서 1948년에 단편소설 <5월>, <땅의 서곡>, 1949년에 단편소설 <호랑영감>을 발표했다. 6·25동란기간에 장시 <승리의 노래>, 단편 <어머니>(1952년), 중편소설 <싸우는 마을사람들>, <흰 구름 피는 땅>을 발표했다. 전후 1957~1960년 사이에 장편소설 <석개울의 새봄>(1~3부)를 발표했다. 1959~1960년 기간에 조선작가동맹 소설분과장으로 있었다. 1962년 장편소설 <대하는 흐른다>(제1부)를 발표했다. 1962년 9월부터 1986년 4월 18일 세상을 떠날 때까지 조선작가동맹 중앙위원회 위원장으로 활약했다. 1964년에 3부작으로 계획된 장편소설 <고난의 역사>(제1부), <대하는 흐른다>, 1966년에 장편소설 <안개 흐르는 새 언덕>(상·하권)을 발표했다. 다부작 장편「충성의 한길에서」의 <제1부 유격구의 기수>를 1975년; <제2부 사령부로 가는 길>을 1979년에

발표했다. 그리고 1980년에 장편소설 <축원>을 발표했다. 천세봉은 전 생애에 걸쳐 장편 12권, 중편 2권, 단편 31권을 발표했다. 이외에 많은 가사, 장시, 평론 등을 발표했다. 그는 1972년에 【김일성상】 계관인이 되었고 1985년에는 【김일성훈장】을 수여 받았다. 이외에 많은 국가급 표창을 받았다. 그리고 1986년 10월에는 아세아·아프리카작가협회 문학상인 【노터스(연꽃)】상을 수여 받았다. 천세봉은 정치적으로도 활약했다. 1970년 조선노동당 제5차대회를 계기로 당중앙위원회 후보위원으로 당선, 후에는 정식 위원으로 사업했으며 1972년이후부터는 최고인민회의 대의원, 상설회의 위원으로 사업했다.

♣ 석윤기(1929~1989) :

<고난의 행군>, <두만강지구>, <대지는 푸르다>, <봄우뢰>

1929년 10월 22일 경상북도 달성군 동촌면의 빈농가에서 태어났다. 1946년에 처녀작 서정시 <출항>을 지방잡지에 발표했다. 1956년에 단편소설 <두 번째 대답>, 1960년에 중편소설 <전사들>을 발표했다. 1961년부터 현역작가로 활약하면서 4부작으로 계획된 장편소설 <시대의 탄생>(1~2부)를 1964~1966년 사이에 발표한다. 1963년에는 단편 <행복>을 발표했다. 4·15문학창작단에 들어가 활약하면서 1968년에 단편소설 <눈석이>를 발표한다. 이어서 1970년에 장편 <무성하는 해바라기들>(제1부), 1972년에 단편 <해빛>을 발표하고 1973년에 연극 <피바다>를 장편소설로 옮겼다. 1980년대에 들어서 김정일을 부각한 단편 <맑은 물소리>(1982년), <기억>(1985년), <소문봉의 폭풍>을 발표했다. 이외에 장편 <봄우뢰>(1985년) 등 소설이 있다. 석윤기는 최고인민회의 상설회의 위원, 조선작가동맹 중앙위원회 위원장, 4·15문학창작단 단장으로 사업했다. 그는 【김일성훈장】을 수여 받았으며 【김일성상】 계관인이고 【勞力영웅】이다.

♣ **권정웅** : <1932년>, <빛나는 아침>, <푸른 하늘>, <전환>

1925년 1월 평안북도 박천군의 노동자가정에서 출생했다. 광복 후 함경
도에서 지방간부로 행정사업을 보았다. 1958년에 작가학원에 들어가 1959
년에 졸업하여 작가동맹에서 당사업을 보았다. 처녀작으로 1959년에 단편
소설 <축원>을 발표한다. 1961년 <문학신문> 주필로 옮겨 앉았다. 이때
단편 <감자>, <역사의 자취>(1967년), 장편 <백일홍>(1974년) 등 소설작
품을 발표했다. 김일성의 새로운 혁명문학건설교시를 받들고 1962년에 장
편소설 <준엄한 길>을 창작하여 <평양신문>에 연재했다. 김정일의 교시
를 받들고 초창기부터 4·15문학창작단에 들어가 왕성한 창작활동을 진
행했다. 단편 <심장의 메아리>(1983년), 장편 <시대의 숨결>(1985년)을
발표했다. 그는 【김일성상】 계관인이고 【勞力영웅】이다.

♣ **김병훈** : <준엄한 전구>

1929년 함경북도 무산의 노동자가정에서 출생했다. 광복 후 시멘트공장
노동자로 일을 했다. 6·25동란이 터지자 참군했다. 제대 후 평양사범대학
에서 공부했다. 1956년에 첫 단편소설 <아버지의 노래>를 발표했다. 1957
년에 졸업 후 작가동맹출판사에 배치 받아 편집부장으로 창작을 진행했다.
1965년 장편소설 <숲은 설레인다>, 1970년에 장편소설 <불타는 시절>을
발표했다. 이외 대표작으로 단편소설 <해주-하성서 온 편지>(1960년), <길
동무들>(1960년), <고향길>(1983년), <귀격)(1984년), 중편소설 <봄소나
기>(1964년), 장편소설 <한 자위단의 운명> 등이 있다.

♣ **이종렬** :

<근거지의 봄>, <붉은 산줄기>, <예지>, <평양은 선언한다>

1934년 함경북도 부령군 빈농집에서 출생했다. 광복 후 학교에 다녔다.
1949년에 중학교를 졸업하고 홍남화학전문학교에 입학했다. 1954년에 제
대하여 작가학원에 들어가 1년간 작가수업을 했다. 1955년부터 기자생활
을 했다. 1962년부터 본격적으로 작가생활을 시작했다. 처녀작으로 1954

년 단편소설 <명령>을 발표했다. 1979년에 단편집 <명령>이 출판되었다. 1974년에 첫 장편 <돌파구>를 발표하고 1985년에 다부작 장편 「충성의 한길에서」의 <제5부 진달래>를 발표했다. 이외에 단편 <해빛을 안고 온 청년>(1976년), <불멸의영상>(1982년), <고요>(1984년), <산제비> (1990년), 중편으로 <불탄고지>, <불바람>(1977년), <시인의 소원>(1982년) 등이 있다. 그는 【김일성상】 계관인이다.

♣ 김수경 : <삼천리강산>, <승리>

1931년 오늘의 평양시순안구역재경리의 한 가난한 교원가정에서 태어났다. 6·25동란 때 의용군으로 참전하여 7년간의 군복무를 했다. 전쟁의 포화 속에서 당시 구하기 어려운 종이쪼박에 소설습작을 했다고 한다. 그리고 그 후 군복무 기간에 작가동맹에 단편소설을 투고하군 했다 한다. 제대 후 선후로 작가동맹기관지 <문학신문>에서 10년, 문예출판사에서 10년간 기자편집원 생활을 했다. 이 기간에 많은 실화문학과 인기작품 <무호섬>을 썼다. 그런데 외골박이 성미라 위에서 맡겨 준 다른 임무에만 매달리다 보니 20년간 소설을 그리 많이 쓰지 못했다. 그러다가 50고개를 넘겨 소설창작을 전업으로 하는 작가생활을 시작했다. 그 후 4·15문학창작단에 들어가 현재까지 老當益壯의 열정으로 꾸준히 창작을 해 왔다.

♣ 김삼복 : <대지의 전설>

노동자가정출신으로서 김일성종합대학조문학부 졸업하고 조선작가동맹에서 창작을 하다가 4·15문학창작단에 입단했다. 북한에서 독특한 「땅의 철학」을 가지고 땅을 자기의 창작적 토양으로 삼아온 「농촌작가」로 유명하다. 어느 호수가 마을의 자연풍치와 그 자연을 개조해 나가는 농민들의 소박하고 근면한 생활을 마치 한 푹의 아름다운 수채화처럼 감각적이고 정서적인 문채로 보여준 처녀작 <수풍호반사람들>(1972년)로부터 시작하여 농촌생활을 반영한 <우리 마을>, <고귀한 칭호>, <긴 들벌> 등 근 20편에 달하는 단편소설들과 <향토>(1988년)등 중편소설들을 창작

했다. 이외에 장편 <성장의 봄>(1982년), <세대>(1985년), <기념비>(1992
년)가 있다.

♣ 안동춘 : <50년여름>, <평양의 봉화>

군관의 아들로 태어나 작가양성반에서 작가적 수업을 받고 <조선문학>
편집원, 조선문학창작사심위원을 거쳐 1985년 5월에 4·15문학창작단에
입단했다. 단편 <영원>(1987년)등을 발표했다. 북한에서 전쟁제재소설로
인기있다. 사관시절에 처녀작 <당원>을 발표했다. <50년 여름> 등 30여
편 소설들은 모두 전쟁제재를 취급한 것이다. 이 가운데서 <돌파>, <영
원> (1987년), <삶>, <대지의 표정>은 대표작들이다. 전쟁제재가 아닌
<평양의 봉화>는 새로운 처녀지를 개간한 셈이다.

♣ 정기종 : <조선의 힘>, <역사의 대하>

1945년 함경남도 금야군의 한 노동자가정에서 태여 났다. 1963년부터 군
복무하는 기간에 첫 단편소설 <장군님의 해발아래>를 투고하여 인민군문
예작품현상모집에서 1등으로 당선되었다. 이어서 단편 <밀림의 바다로>,
<교두보>를 발표했다. 그러나 그의 개성이 뚜렷이 드러나기 시작한 것은
1985년 장편 <태백산줄기>로부터 보게 된다. 그 후 중편 <마지막 북행열
차>와 단편 <사랑과 위훈>, <행진곡 1번> 등을 한두 해 사이에 연속 발
표하여 군인작가로 문단의 주목을 끌었다. 그러다가 김정일의 배려로 4·
15문학창작단에 들어가 총서 작품 창작에 착수했다. 정기종은 25년간 군
복무를 했다. 그래서 그런지 현재까지 발표된 3편의 장편, 2편의 중편,
20여편의 단편을 보건대 절대 다수가 전쟁 및 군사물 주제로 일관되어 있
다. 그는 1992년에 「조선지식인대회」에 참가했으며 【김일성상】 계관인이
되었다.

♣ 이신현 : <전환의 연대>

북청고급중학교를 졸업하고 흥남비료공장에 노동자로 들어갔다. 여기서 당시 천리마운동의 시대상을 반영한 처녀작 <전속력으로>를 발표하여 김일성종합대학에 추천되어 간다. 대학기간에 <고동소리> 등 4편의 단편소설을 발표한다. 대학을 졸업하고 문학예술종합출판사 기자, 편집원으로 있었다. 그 후 4·15문학창작단에 들어가 <정다운 창문>, <지팽이>를 비롯한 여러 편의 단편과 장편 <생의 흐름>(1991년) 등 소설을 발표했다.

♣ 최학수 : <백두산기슭>, <압록강>

단편 <무궁화>(1960년), <큰 심장>(1967년), <맑은 아침>(1967), <햇빛 밝은 나라>(1975년), 장편 <그들은 함께 싸웠다>(1970년, 정순봉 공동창작) 등 소설을 창작했다. 장편 <평양시간>(1976년)은 전후 평양건설에서 「평양속도」를 창조했다는 평양건설자들을 노래한 대표작이다. 이외에 장편 <절정>(1989년) 등 소설을 발표했다.

♣ 백보흠, 송상원 : <영생>

백보흠은 단편 <천암산> 1982년, <우리의 벗>, 장편 <동트는 강산>(1986년) 등을 발표했고 송상원은 소설 <해발>(1988년) 등을 발표하고 시나리오 <혁명전사>(1987년), <영생>(전·후편 1988년) 등을 발표했다. 이 가운데 <혁명전사>, <영생>은 1980년대에 들어서 김철주형상을 부각한 대표적인 시나리오다.

♣ 박유학 : <혈로>

다부작 장편 「충성의 한 길에서」의 <제3부 광복의 해발>(1982년), <제4부 그리운 조국산천>(1985년), 단편 <거룩한 자욱>(1977년) 등 소설들을 발표했다.

♣ **진재환** : <잊지 못할 겨울>

단편 <보통날 아침>(1976년), 단편소설집 <고기떼는 강으로 나간다>(1978년) 등 작품을 발표했다.

♣ **김　정** : <닻은 올랐다>

장편 <일요일>(1984년), 단편 <생활의 향기> 1985년, <기다리는 마음> 등 소설을 발표했다.

♣ **최창학** : <위대한 사랑>

<애착>(1963년) 등 소설을 발표했다.

부 록 2

1. 「한국-조선 문학사관계 북한의 주요 학위논문」

논 문 제 목	취득자	발표년도	학위
1. 인민구두창작의 특수한 1부문으로서의 조선속담	고정옥	1956	석사
2. 위대한 수령 김일성동지의 주체적 문예사상에 기초한 문학유산연구	동근훈	1972	〃
3. 우리 나라 18세기말 19세기 전반기의 문학에서 나타난 근대적 경향과 그의 특성	박춘명	1976	〃
4. 김일성동지에 대한 충성의 열정으로 충만된 평화적 민주건설시기 시문학의 사상예슬적 특징	김웅한	〃	〃
5. <피바다>식 가극에서의 노래의 절가화	이창규	1979	〃
6. 우리 나라 중세국문문학의 언어현상	오승철	1980	〃
7. 항일혁명투쟁시기 창조된 혁명설화연구	장문필	〃	〃
8. 위대한 수령 김일성동지께 드리는 세계인민들의 영광의 노래, 충성의 혁명송가연구	김기찬	〃	〃
9. 탁월한 사실주의작가 연암 박지원연구	신구현	1981	〃
10. 위대한 수령 김일성동지를 칭송한 평화적 민주건설시기의 송가문학	최형식	〃	〃
11. 총서 「불멸의 역사」에 모셔진 위대한 수령 김일성 원수님의 형상에 대한 연구	최연경	〃	〃
12. 송가형식의 수령형상서사시문학연구	양석만	〃	〃
13. 우리 나라 전설연구	장권표	〃	〃
14. 주체예술의 대전성기 소설문학발전에 대한 연구	이종국	1982	〃
15. 패설문학의 발생발전과 그 특성	이준옥	〃	〃
16. 당을 노래한 가사의 사상예술적 특성	임춘도	〃	〃
17. 우리 시대 동화문학의 환상에 대한 연구	문재홍	1983	〃

제목	저자	연도	학위
18. 장편서사시 <백두산>에 대한 연구	송순호	〃	〃
19. 조선어고전문학작품에 반영된 문체론적 수법의 역사적 발전	김기종 (중국)	〃	〃
20. 조선고전문학에서 서사문학과 구전문학의 호상 관계와 그 발전의 합법칙성	문일환 (중국)	1984	〃
21. 조선근대소설에 대한 역사적 고찰	김병민 (중국)	〃	〃
22. 친애하는 지도자 김정일동지께서 청소년시절에 창작하신 시가에 대하여	조창록	〃	〃
23. 현실과 작가 윤세중	김선려	〃	〃
24. 주체예술의 대전성기에 창작된 위대한 수령 김일성동지를 칭송한 송가문학	천재규	〃	〃
25. 위대한 조국해방전쟁시기 문학이 창조한 영웅적 성격에 대한 연구	이근실	〃	〃
26. 혁명적 동화문학의 발전에 대한 연구	조상엽	〃	〃
27. 조선국어고전시가사 연구	현풍호	〃	〃
28. 조선 근대 및 해방전 현대 소설사연구	은종섭	1985	〃
29. 불요불굴의 공산주의혁명투사 김정숙동지의 빛나는 형상	김복희	〃	〃
30. 총서「불멸의 역사」 사상예술적 특성에 대한 연구	장희숙	〃	〃
31. 주체예술의 대전성기의 기본특징	김덕원	〃	〃
32. 우리 나라 비판적 사실주의 장편소설의 발전과정과 그 특성	김용화	1986	〃
33. 위대한 수령 김일성동지의 현명한 영도 밑에 개화 발전한 재일조선시가문학	김태경	〃	〃
34. 사회주의 현실과 경희극작품창작	정형섭	〃	〃
35. 조국해방전쟁시기 인민군전사들의 대중적 창작	남정수	〃	〃
36. 당을 노래한 가사의 사상예술적 특성	임솔도	1986	석사
37. 16세기우화소설연구	강정구	1987	〃
38. <임정유고>에 대한 문학적 고찰	김택성	〃	〃
39. 문학예술작품에서 정치조직선과 당일군의 형상	차수철	〃	〃
40. 우리 나라 의전전기체문학	석문호	〃	〃
41. 가사언어에 대한 연구	고명옥	〃	〃
42. 문학작품의 철학적 깊이 보장에서 인간관계의 형상적 위치와 그 미학적 기능에 대한 연구	박성진	〃	〃

43. 평화적 민주건설시기 가사문학의 사상예술적 특징에 대한 연구	주남철	1988	〃
44. 총서 「불멸의 역사」 중 장편소설들에서 형상의집약화, 집중화	엄용찬	〃	〃
45. 고대중세설화문학연구	박상암	〃	〃
46. 불후의 고전적 명작 〈피바다〉 연구	김하명	〃	〃
47. 전후 복구건설과 사회주의 기초건설을 형 상한 소설문학의 사상예술적 특성	방춘희	〃	〃
48. 불후의 고전적 명작 〈피바다〉 연구	전우송	〃	〃
49. 새조국건설시기 아동문학연구	이정빈	〃	〃
50. 천리마현실과 단편소설창작에 대한 연구	김영환	1989	〃
51. 1970~1980년대 창조적 노동주제서정 시가문학의 사상예술적 특성	이용현	1990	〃
52. 군민일치의 전통적미풍을 반영한 시가문 학연구	김성실	〃	〃
53. 해방후 우리 문학에 형성된 조국애	유춘희	〃	〃
54. 우리 나라 고전의인산문의 발생발전에 대 한 연구	이창유	〃	〃
55. 주체예술의 대전성기 동시문학에 대한 연구	심경봉	〃	〃
56. 주체의 세계관확립에 이바지하는 혁명적 장편소설의 특성	고철훈	〃	〃
57. 조국해방전쟁시기 실화문학연구	김명희	〃	〃
58. 1910년대~1930년대에 나온 진보적인 가요문학에 대한 연구	이숙영	〃	〃
59. 우리 시대 인민들의 주체적 입장과 시적 일반화	김성철	〃	〃
60. 위대한 수령 김일성동지를 칭송한 시가문학의 전면적 개화발전	이수점	〃	〃
61. 해방 후 현실을 반영한 문학에서의 여성형상에 관한 연구	이경준	〃	〃
62. 〈피바다〉식 가극가사문학에 대한 연구	백영무	〃	〃
63. 우리 문학에서 당일군의 형상	박승제	〃	〃
64. 우리 문학에 그려진 숨은 영웅의 형상	조유철	〃	〃
65. 전후복구건설과 사회주의기초건설시기 노동계급을 형상한 소설문학	김선려	〃	〃
66. 문학창작에 대한 미학적 고찰	오상순 (중국)	〃	〃
67. 우리 식 탐정영화문학에 대한 연구	김승룡	1991	〃
68. 위대한 조국해방전쟁시기의 소설문학에 대한 연구	정순희	〃	〃

69. 우리 민족의 생활세태를 반여한 민요에 대한 연구	김병찬	〃	〃
70. 무산계급의 생활과 계급적 각성과정을 반영한 초기 프로레타리아소설문학	김정심	〃	〃
71. 우리 문학예술에서 중산층의 형상	한영호	〃	〃
72. 해방전 프로레타리아 아동문학에 대한 연구	조선화	〃	〃
73. 친애하는 지도자 김정일동지를 형상한 단편소설연구	김광춘	〃	〃
74. 위대한 조국해방전쟁시기 후방과 적강점지역인민들의 투쟁을 형상한 문학작품의 사상예술적 특징	김용린	〃	〃
75. 참요에 대한 연구	임창덕	1992	석사
76. 전후복구건설시기 극문학에 대한 연구	전하진	〃	〃
77. 친애하는 지도자 김정일동지께서 들려 주신 이야기를 옮긴 동화들의 사상예술적 특성	김길은	〃	〃
78. <우리 나라 사회주의농촌문제에 대한 테제>의 빛발아래 전변된 농촌현실을 반영한 시분학연구	이영순	〃	〃
79. 주체예술의 대전성기가사문학의 전면적 개화발전	장홍덕	〃	〃
80. 주체문학예술의 대전성기 혁명전통을 노래한 시문학연구	안영주	〃	〃
81. 위대한 영도자 김정일동지께서 밝히신 영화노래가사창작에 관한 주체적 문예이론과 그 빛나는 실현	안은희	〃	〃
82. 80년대 가사문학 발전에 대한 연구	한춘옥	〃	〃
83. 자주적 인간의 형상창조	한병권	1993	〃
84. 해방후 현실을 반영한 소설문학에서의 인테리 형상에 대한 연구	석경희	〃	〃
85. 해방전 소설문학에서 진보적 인테리의 형상, 1920년대~1930년대	조선희	〃	〃
86. 우리 나라 평민시가문학연구	박길남	〃	〃
87. 조선근대문예비편사연구	신영호	〃	〃
88. 중세가사문학에 대한 연구	김성동	〃	〃
89. 구전문학의 한 형태로서의 속담에 대한 연구	박영숙	〃	〃
90. 위대한 조국해방전쟁시기 시가문학에 대한 연구	이정애	1994	〃
91. 16세기말-17세기 전반기 한자서정시에 대한 연구	김충기	〃	〃
92. 예술적 허구에 관한 주체적 문예이론연구	남석우	〃	〃
93. 유산을 통해 본 고려 시기 극문학예술	임영호	〃	〃
94. 우리 나라 유희동요에 대한 연구	박운길	〃	〃
95. 근대 진보적 시가문학발전에 대한 연구-창가, 신체시, 자유시를 중심으로-	이장성	〃	〃

96. 영화문학 <조선의 별>의 특성에 대한 연구	최경무	〃	〃
97. 위대한 영도자 김정일동지의 현명한 영도밑에 1990년대전반기에 찬란히 개화 발전한 가사문학에 대한 연구	김명환	〃	〃
98. 예술적 허구에 관한 주체적 문예이론연구	남석우	〃	〃
99. <지봉유설>, <지봉집>의 문학유산에 대한 연구	장광혁	1995	〃
100. 위대한 영도자 김정일동지께서 친필하신 불후의 고전적명작(시가)들에서의 언어현상의 특성에 대한 연구	이상득	〃	〃
101. 해방 후 유년동요의 사상예술적 특성 연구	김성희	〃	〃
102. <이조실록>(태조~선조)에 실린 문학관계자료에 대한 연구	윤문현	〃	〃
103. 중세풍자소설연구	박희왕	〃	〃
104. 우리 식 비극의 특성연구	오창봉	〃	〃
105. 동심과 아동문학창작	장영, 이연호	〃	〃
106. 주체문학예술의 대전성기 사회주의 현실주제 영화문학의 전환적 발전에 대한 연구	한이훈	1996	〃
107. 불요불굴의 공산주의혁명투사 김정숙동지를 노래한 시문학연구	김철민	〃	〃
108. 조선민화연구	황승일	〃	〃
109. 봉건말기 악부시문학 연구	김관수	〃	〃
110. 주체문학예술의 대전성기 우리 어린이들의 공산주의도덕풍모를 형상한 아동문학연구	김명희	〃	〃
111. 해방전 우리 나라 진보적 극문학발전에 대한 연구	임덕길	1996	석사
112. 위대한 영도자 기정일동지께서 수령형상소설 문학부문에 쌓아올리신 불멸의 영도업적	김정남	〃	〃
113. 1980~1990년대 청년전위들의 사상감정을 노래한 시가문학연구	김익현	1997	〃
114. 해방전 신민요가사문학유산에 대한 연구	전문원	〃	〃
115. 위대한 영도자 김정일동지의 혁명일화연구	김철호	〃	〃
116. 위대한 영도자 김정일동지의 현명한 영도밑에 1980~1990년의 전반기에 창조된 군사주제시가문학연구	박인철	〃	〃

번호 및 제목	저자		
117. 남조선민중극문학연구-마당극을 중심으로-	조희도	〃	〃
118. 위대한 영도자 김정일동지를 칭송한 아동시문학에 대한 연구	박명선	〃	〃
119. 송가형식의 수령형상서사시문학연구	전재규	〃	〃
120. 문학작품의 일화에 대한 창작이론적 고찰	이주범	〃	〃
121. 공산주의미풍선구자들을 형상한 1990년대 영화문학에 대한 연구	위명철	1998	〃
122. 해방후 아동소설에서 주인공의 성격형상	박길송	〃	〃
123. <신증동국여지승람>의 문학유산연구	김희옥	〃	〃
124. 18~19세기 패설집들에 실린 풍자산문유산연구	차일남	〃	〃
125. 봉건말기 악부시집에 반영된 설화유산연구	김윤성	〃	〃
126. 목은 이색의 시문학연구	김용철	〃	〃
127. 위대한 영도자 김정일동지의 위대성을 형상한 서사시문학에 대한 연구	이이선	〃	〃
128. <율곡전서>에 대한 연구	이상철	〃	〃
129. 다부작 장편소설 <석개울의 새봄>의 사상예슬적 특성 연구	박춘선 (중국)	〃	〃
130. 예술형상의 생리에 맞는 구성조직과 형상의 기본흐름	김문선	〃	〃
131. 1990년대 창작된 공산주의미풍주제의 단편설화문학연구	김화심	1999	〃
132. <남파집>에 실린 시문학유산에 대한 연구	김봉운	〃	〃
133. 해방전 단군관계문학작품들에 대한 연구	김명섭	〃	〃
134. 1970~1980년대에 창작된 동화에 대한 연구	김병수	〃	〃
135. 정음 김상현의 시문학연구	임영순	〃	〃
136. 중세 우리 나라 한자풍자시에 대한 연구	신장섭	〃	〃
137. 1920년대 조선아동시가문학의 발생과 발전에 관한 연구	육애화 (중국)	2001	〃
138. 9세기이전 우리 나라 민족문화의 발생발전에 대한 연구	현종호	??	〃
139. 우리 나라 노동민요연구	김수찬	〃	〃
140. 우리 식 텔레비죤문학에 대한 연구	최혜숙	〃	〃
141. 고전문학작품개작에 대한 연구	황하건	〃	〃
142. 19세기말-20세기초 일제침략을 폭로 단죄한 반일애국문학	정홍교	〃	〃

143. 조국해방전쟁주제 혁명적 작품창작에서 나서는 사상미학적 문제	최성국	〃	〃
144. 온 사회의 예술화방침 관철에 적극 이바지하는 대중문예활동과 소품형식발전에 대한 연구	지을세	〃	〃
145. 조선에서의 소설의 발생에 대하여	주유광	〃	〃
146. 위대한 수령 김일성동지의 현명한 영도밑에 찬란히 개화발전한 해방후 아동문학의 사상 예술적 특성	오정애	〃	〃
147. 조선고전문학예술의 찬란한 개화발전과 그 유구한 생활력	이규해	〃	〃
148. 15~19세기 기행문학연구	???	1995	석사
149. 아동소설에 모셔진 경애하는 수령 김일성대원수님의 숭고한 형상	〃	???	〃
150. 주체문학예술의 대전성기에 창작된 여성들의 공산주의 윤리도덕적 풍모를 반영한 소설문학연구	〃	〃	〃
151. 해방 후 아동소설에서 주인공의 성격형상	〃	〃	〃
152. 고전소설 <임진록>연구	〃	〃	〃
153. 조선에서의 소설의 발생에 대하여	〃	〃	〃
154. 위대한 영도자 김정일동지께서 수령형상소설문학부문에 쌓으신 불멸의 영도업적	〃	〃	〃
155. 조선고대설화연구	한용옥	〃	〃
156. 전후복구건설과 사회주의기초건설을 형상한 소설문학의 사상예술적 특성	???	〃	〃
157. 우리 나라 중세 꿈이야기형식의 중단편소설 문학에 대한 연구	〃	〃	〃
158. 친애하는 김정일동지를 형상한 단편소설연구	〃	〃	〃
159. 1980년 이후 시기 청년 과학자, 기술자들을 형상한 소설문학연구	〃	〃	〃
160. 중세 몽자소설연구	〃	〃	〃
161. 해방 전 농촌주제 소설문학과 장편소설<고향>	〃	〃	〃
162. 주체예술의 대전성기 소설문학발전에 대한 연구	〃	〃	〃
163. 주체의 형상론 연구	이동원	1985	박사
164. 조선문예발전사연구-14세기이전-	현종호	〃	〃
165. 조선고전소설사연구	김춘택	1986	〃
166. 조선근대 및 해방전 현대 소설사 연구 1.2	은종섭	〃	〃

논문제목	취득자	발표년도	학위
167. 위대한 수령 김일성동지를 칭송한 시가문학의 전면적 개화발전	이수림	1989	〃
168. 우리 식 극작법연구	강 진	1990	〃
169. 수령형상연구	윤기덕	1991	〃
170. 주체의 과학환상문학연구	황정상	1993	〃
171. 주체문예이론건설에 있어서의 위대한 장군님의 업적	박용학	???	〃
∞ …			

2. 「한국-조선 문학사관계 중국의 주요 학위논문」

논 문 제 목	취득자	발표년도	학위
1. 판소리계 소설의 근대적 성격을 논함	김호웅	1985	석사
2. 이조이전시기 조선고대산문과 중국문학의 관련양상에 대한 초보적인 고찰	김관웅	〃	〃
3. 조선실학파문학의 근대적 성격	채미화	1986	〃
4. 「나프」 문예사조와 조선카프사실주의문학	최웅권	〃	〃
5. 조선현대소설의 형성에 있어서 외국문학의 영향	윤윤진	1988	〃
6. 조선근대소설의 특성에 대하여	전룡화	〃	〃
7. 중국 傳奇문학에 대한 조선문학의 수용을 논함	이야	1989	〃
8. 일본과 조선의 자연주의 문학비교연구	최태범	〃	〃
9. 조선개화기문화의식의 변천과 문학	권수암	〃	〃
10. 1930년대 조선 <부르죠아> 소설문학의 사상예술적 특성	김 천	〃	〃
11. 항일시기 간도소설문학에 부각된 인간상	이광일	〃	〃
12. 조선족신화 속의 원시신앙	김영규	〃	〃
13. 무속원형질로 부터 본 조선판소리계소설-아울러 조선고대소설의 특징을 논함-	우상렬	1990	〃
14. 조선고대인물전기체소설의 인물부각패턴에 대하여	송성만	〃	〃
15. <춘향전>을 예술생명력을 논함	유 우	〃	〃
16. 조선고전시론에서의 정감론의 발전양상에 대한 약간한 고찰	정경호	〃	〃
17. <구운몽> 주제에 대한 재검토	최계화	1991	〃
18. 學蘇시기 이규보시가창작의 주체성	지수영	〃	〃

제목	저자	연도	학위
19. 중국조선족 향토전설의 형성과 그 심미적 특성	윤송봉	〃	〃
20. 시조에 반영된 시간의식-주로 도학시조와 강호시조를 둘러싸고-	김춘림	1992	〃
21. <옥루몽>과 <삼국연의> 비교연구	정봉희	〃	〃
22. 20년대 조선문학비평사 중 「내용형식 논쟁」	김경훈	〃	〃
23. 초기 단편소설을 통해 본 김동인의 인생탐구	김춘근	〃	〃
24. 시조의 발생에 대하여	임효려	〃	〃
25. 염상섭의 창작개성론에 대하여	이시학	1993	〃
26. 이덕무의 시학관을 논함	서동일	〃	〃
27. 김동인의 문예사상을 논함	장연고	〃	〃
28. <동인시화>의 이론가치를 논함	마금과	〃	〃
29. 중국시가창작에 대한 이규보의 심미적 비판	추지원	〃	〃
30. 허균의 시론 연구	손덕표	1994	〃
31. 정철연군시가연구	정일남	〃	〃
32. 똘스또이에 대한 춘원 이광수의 접수	김영금	〃	〃
33. 「我欲與君相知, 長命無絶衰」-노씨야조선의 민족문화심리로 부터 본 안나와 춘향의 사랑추구	유안평	〃	〃
34. 조선계몽소설에 대한 양계초의 영향	이광재	1995	〃
35. 정다산시가의 민족자주의식	김 일	〃	〃
36. 이규보의 <개원천보영사시>에 대한 연구	대세쌍	〃	〃
37. 춘향의 성격미	조 양	〃	〃
38. 해석의 시학-이상시의 발상의식연구	최창록	1996	〃
39. 이기영창작의 질변이공간-광복이전 후기단편연구	윤해연	1996	석사
40. 김억의 자유시연구	전춘매	1997	〃
41. 신채호문학과 외국문학의 관련연구	최옥산	〃	〃
42. 40년대 전반기 중국조선족 모더니즘시 연구	채성미 (한국)	〃	〃
43. 초정 박제가의 청대문학에 대한 비평과 수용 양상 연구	김 철	〃	〃
44. 고려시기 중요한 시학범주-「味」에 대한 시론	온조해	1998	〃
45. 이조소설에서의 가정내적 갈등의 양상과 그 의미	노성화	〃	〃
46. 조선고대소설예술구사에 대한 불교의 영향	이관복	〃	〃
47. 이상문학과 프로이드정신분석학의 관련문제-이상의 심리소설을 중심으로-	홍설화	〃	〃

제목	저자	연도	
48. 이조소설의 문화적 시각과 여성형상의 발전변화 -이조시기 애정소설을 중심으로-	장순애	〃	〃
49. 재중조선인시문학의 이미지특성연구	장영미	1999	〃
50. 현진건의 비판적 사실주의 문학과 노씨야비판적 사실주의 문학의 관련양상연구-체호브와의 관련을 중심으로	김장선	〃	〃
51. 조선현대작가들의 중국체험소설연구	최 일	〃	〃
52. 조선에 있어서의 「梁祝」 전설의 전파와 유전을 논함-아울러 이조 고전소설 <양산백전>의 형성 및 그 의의를 논함	유성운	〃	〃
53. 구소련과 한국 현대소설문학 속의 「이념선택 곤혹형인물형상」 연구-미하일 솔로호브의 <고요한 돈강>과 최인훈의 <광장>을 중심으로-	허련화	〃	〃
54. <춘향전>에 반영된 조선민족의 원초의식	이춘화	〃	〃
55. 조선식민지시대가요의 미적 정서연구	신광호	〃	〃
56. 가극 <아리랑> 텍스트와 음악미학특징연구	최선자	〃	〃
57. 함경도민요의 문화, 예술적 특성연구	이시운	〃	〃
58. 김학철산문연구	최미옥	2000	〃
59. 1930년대 조선농촌소설연구-<흙>, <고향>, <상록수>를 중심으로-	서성영	〃	〃
60. 1930년대 안함광의 문학비평연구	지미란	〃	〃
61. 조선개화기소설이론연구	이영남	〃	〃
62. 안수길의 소설집 <북원>연구-북향정신을 중심으로-	서옥란	〃	〃
63. 1950~60년대 중국조선족가요예술의 문화적 특성연구	장익선	〃	〃
64. 창가의 문화적 특성연구	최옥화	〃	〃
65. 김소월과 조기천 시에 나타난 언어적 표현수단에서의 차이	강용택	〃	〃
66. 1950~60년대 중국조선족가요예술의 문화특성연구	장익선	〃	〃
67. 조선개화기소설이론연구	이영남	〃	〃
68. 중조 '天婚'형 민간이야기비교연구	박명숙	2001	〃
69. 조선반도에 있어서의 두루미처녀형 이야기의 전승과 변이	박계옥	〃	〃
70. <민성보>연구-1928년, 30년의 시문을 중심으로	조선옥	〃	〃

71. 김조규시문학연구	김훈겸 (한국)	〃	〃
72. 나도향소설연구	김 흠	〃	〃
73. 조선북학파문학연구	김병민	1990	박사
74. 조선고대소설의 서사패턴연구	김관웅	1991	〃
75. 실학파문학관념연구	이 암	1992	〃
76. 조선20~30년대소설예술의 패턴연구	윤윤진	1994	〃
77. 고려문학미의식연구	채미화	〃	〃
78. 재만조선인문학연구	김호웅	1997	〃
79. 조선조중기산수전원문학연구	최웅권	〃	〃
80. 조선신화연구	허휘훈	1998	〃
81. 최승희연구-20세기 예술문화와의 관련 속에서	이애순	1999	〃
82. 休靜의 禪詩硏究	김형중 (한국)	2000	〃
83. 조선고대신화의 원형과 자연숭배	문일환	2001	〃
∞ …			

참고문헌

제1편(1) 수령형상창조문학연구 관련

1. <영화예술론> 김정일 조선노동당출판사 1973년 4월 11일.
2. <조선문학사>(1945~1958) 1978년, <조선문학사> (1959~1975) 과학, 백과사전출판사 1977년.
3. <총서 「불멸의 역사」에 모셔진 위대한 수령 김일성원수님의 형상에 대한 연구> 박연경 교육도서출판사 1981년.
4. <수령형상창조이론> 윤기덕 문예출판사 1984년.
5. <총서 「불멸의 역사」에 대하여> 1 최언경 교육도서출판사 1985년.
6. <조선문학개관> 2 조선·평양 사회과학출판사 1986년.
7. <친애하는 지도자 김정일동지문예사상의 진리성과 독창성> 최언경 문예출판사 1988년.
8. <총서 「불멸의 역사」 중 장편소설들에서 형상의 집약화, 집중화> 엄용찬 1988년.
9. <문예논문집> 4 과학백과사전종합출판사 1988년 p.70~110.
10. <빛나는 영상을 우러러> 허정숙, 금성청년출판사 1989년.
11. <혁명송가문학> 이수림 문예출판사 1989년.
12. <문예논문집> 5 사회과학출판사 1990년.
13. [주체사상의 창시과정을 형상한 불멸의 화폭-총서 「불멸의 역사」 중 장편소설 <혁명의 여명>에 대하여] 김성우 <문학신문> 1990년 4월 6일.
14. [위대한 조국해방전쟁의 전선에 빛발치는 태양의 눈부신 영상-총서 「불멸의 역사」 (해방 후편) 장편소설 <50년여름>을 출편] 윤상현 <문학신문> 1990년 4월 15일.
15. 논설 「수령형상문학예술의 찬란한 개화기를 펼친 자랑찬 10년」 윤상현, <문학신문> 1990년 6월 8일.
16. 「총서형식으로 하는 것이 좋겠다고 하시며」 본사기자 <문학신문> 1990년 6월 29일.
17. 「금보다 값있는 혁명소설들을 창작하게 하시여」 본사기자 <문학신문> 1990년 7월

20일.

18. [위대한 사랑에 매혹되어-총서 「불멸의 역사」 중 장편소설 <위대한 사랑>을 쓰면서] 최창학 <문학신문> 1990년 9월 14일.

19. 「문학예술의 대전성기를 마련한 우리 당의 위대성에 대한 빛나는 형상-장편소설 <예지>를 출판」 본사기자 <문학신문> 1990년 10월 10일.

20. <통이 큰 구상,   장중편소설 100편> 본사기자 <문학신문> 1990년 10월 26일.

21. <무용예술론> 김정일 조선노동당출판사 1990년 11월 30일.

22. <수령형상문학> 윤기덕 문예출판사 1991년.

23. 「주체예술의 새 역사를 펼친 위대한 향도에 대한 예술적 화폭. -장편소설 <예지>에 대하여」 김정웅 <문학신문> 1991년 2월 8일.

24. <건축예술론> 김정일 조선노동당출판사 1991년 5월 21일.

25. <음악예술론> "   " " 1991년 7월 17일.

26. <미술론>   "   " " 1991년 10월 16일.

27. <대전성기를 빛내고 있는 주체의 영화예술> 이대철 <문학신문>
    1991년 11월 15일.

28. <친애하는 지도자 김정일동지를 형상한 세계혁명송가문학연구>
    황경회, 노대현 사회과학출판사 1992년 4월 30일.

29. <위대한 수령 김일성동지 문학영도사> 2 장형준 문학예술종합출판사 1993년.

30. <주체문학의 재보> 장희숙 문학예술종합출판사 1995년 2월 16일.

31. <수령의 위대성을 폭넓게 형상하도록 이끄시여> <조선문학> 1996년 7월.

32. <김정일선집>(1991.8-1992.1) 12 조선노동당출판사 1997년.

33. <어머님과 노래> 김지현, 안봉수 문학예술종합출판사 1997년 10월 10일.

34. <조선문학사> 7~15 조선 사회과학출판사 1999년 6월.

35. <수령형상작품창작에서의 예술적 허구의 활용문제(2)> 남석우 <김일성종합대학 학보 어문학> 2000년 제46권 제1호.

36. <20세기를 빛나게 장식한 기념비적 명작-수령형상에 바쳐진 새형의 서사시를 두고> <조선문학> 2000년 2월.

37. [백두산 3대장군 형상에서의 혁신적 면모-총서 「불멸의 역사」 중 장편소설 <영생>과 단편소설 <눈보라>를 두고] 이금희 <문학신문> 2000년 2월 26일.

38. [평양의 새 모습을 마련하신 위인에 대한 품위 있는 예술적 형상-총서 「불멸의 역사」 중장편소설 <전환의 연대>에 대하여] 차수 <문학신문> 2000년 3월 18일.

39. <총서 「불멸의 향도」 중의 장편소설들은 우리 당 위대성 교양의 힘 있는 사상적

무가> 박용학 잡지 <근로자> 2000년 6월.

40. <절세위인의 숭고한 철학세계에 대한 빛나는 형상> 이윤근 <문학신문> 2000년
6월 17일.

41. [수령영생철학에 대한 독특한 형상체계-총서 「불멸의 역사」 중 장편소설 <영생>
의 형상화폭을 더듬에] 이금희 <문학신문> 2000년 7월 8일.

제1편⑵ 준수령 형상 창조문학 연구 관련

1. < 조선문학사> (1945~1958) 1978년, <조선문학사> (1959~1975) 1977년
과학, 백과사전출판사.

2. <조선문학개관> 2 박종원 · 류만, 조선 · 평양 1986년.

3. <조선문학사> 7~15 조선 사회과학출판사 1999년 6월.

제2편 수령 및 준수령이 창작한 문학작품 연구 관련

1. <불후의 고전적 명작들을 소설로 옮기는 역사적 위업의 빛나는 실현> 이종국
<어문학논문집 1> 김일성종합대학출판사 1982년.

2. <친애하는 지도자 김정일동지께서 불후의 고전적 명작들을 문학예술의 여러 형태
에 옮기는 사업과 수령형상창조사업에서 이룩하신 불멸의 업적> 윤기덕, <김일성
종합대학학보 사회과학 1>, 김일성종합대학출판사 1990년.

3. <문학예술에 바친 위대한 사색> 강두만 조국통일범민족연합재중국조선인본부
1996년 7월 30일.

4. <자주시대 문학예술의 위대한 영재 김일성동지> 조선 · 평양 1998년.

5. <용남산과 더불어 영원한 불멸의 명작들> 김려숙 <조선문학> 2000년 9월호

저자소개

선우상열

- 한국정신문화연구원 대학원 졸업(문학박사)
- 현재 연변대학 조문학부 교수

광복 후 북한현대문학 연구

인　쇄　2002년 05월 27일
발　행　2002년 06월 03일
지은이　선우상열
펴낸이　이 대 현
편　집　이은희 · 안영하
영　업　전성호
펴낸곳　도서출판 역락 / 서울 성동구 성수2가 3동 277-17
　　　　성수아카데미타워 422호(우133-123)
Tel 대표 · 영업 3409-2058 편집부 3409-2060 FAX 3409-2059
E-mail　yk3888@kornet.net / youkrack@hanmail.net
등　　록　1999년 4월 19일 제2-2803호

정가 12,000
ISBN 89-5556-152-0-93710

잘못된 책은 교환해 드립니다.